CRÍTICA DE CINEMA E REPRESSÃO

Margarida Maria Adamatti

CRÍTICA DE CINEMA E REPRESSÃO

Estética e política no jornal alternativo *Opinião*

alameda

Grafia atualizada segundo o Acordo Ortográfico da Língua Portuguesa de 1990, que entrou em vigor no Brasil em 2009.

Edição: Haroldo Ceravolo Sereza
Editora assistente: Danielly de Jesus Teles
Projeto gráfico, diagramação e capa: Danielly de Jesus Teles
Assistente acadêmica: Bruna Marques
Revisão: Alexandra Colontini
Imagem da capa: Textura de papel *pixabay.com*

Este livro contou com apoio da FAPESP, número do processo: 2016/01078-1.

As opiniões, hipóteses e conclusões ou recomendações expressas neste material são de responsabilidade da autora e não necessariamente refletem a visão da FAPESP

CIP-BRASIL. CATALOGAÇÃO-NA-FONTE
SINDICATO NACIONAL DOS EDITORES DE LIVROS, RJ

A173C

Adamatti, Margarida Maria
Crítica de cinema e repressão : estética e política no jornal alternativo *Opinião* / Margarida Maria Adamatti. - 1. ed. - São Paulo : Alameda, 2019.
; 21 cm.

Inclui bibliografia

ISBN: 978-85-7939-478-2

1. Ditadura - Brasil - História - Séc. XX. 2. Governo militar - Brasil - História - Séc. XX. 3. Imprensa e política. I. Título.

17-42361 CDD: 302.23
CDU: 302.23

ALAMEDA CASA EDITORIAL
Rua 13 de Maio, 353 – Bela Vista
CEP 01327-000 – São Paulo, SP
Tel. (11) 3012-2403
www.alamedaeditorial.com.br

Aos meus pais, Gentil Adamatti e
Maria Aparecida Andrade Bastos Adamatti

Sumário

Crítica de intervenção e resistência: convergências entre o passado e o presente

Eduardo Morettin

O livro de Margarida Adamatti, *Crítica de cinema e repressão: estética e política no jornal alternativo Opinião*, é atual por diferentes motivos.[1] O primeiro deles, mais evidente, diz respeito à revisitação dos anos 1970 e da ditadura no Brasil, tendo em vista o contexto em que vivemos, marcado pelo revisionismo histórico, pelo ataque, reincidente em nosso passado, às liberdades de expressão, e pelo encurralamento sofrido pelo setor cultural, visto com desconfiança e desprezo pelos setores reacionários que hoje governam o país.

A despeito desse quadro, mesmo que fossem outros os tempos,[2] o trabalho de Adamatti interessa aos estudiosos do jornalismo cultural, que podem recorrer ao livro para pensar o lugar desse formato na contemporaneidade, bem como aos que procu-

---

1 Este prefácio é dedicado à memória do crítico, professor e historiador Miguel Pereira, que nos deixou em 2019, sempre empenhado nas boas lutas.

2 E devemos lembrar aqui que o livro é oriundo de uma tese de doutorado, que tive o prazer de orientar, defendida junto ao Programa de Pós-Graduação em Meios e Processos Audiovisuais da Universidade de São Paulo em 2015, pesquisa e defesa, portanto, realizadas em momento distinto do hoje enfrentado por nós.

ram entender o papel desempenhado pela imprensa alternativa brasileira do período a fim de compreender as diferentes formas de resistência cultural à repressão e ao autoritarismo, experiências que devem ser levadas em conta dada à constatação de que os tempos sombrios voltaram e de que a democracia corre riscos.

A autora, em sua extensa pesquisa, se debruça sobre a crítica de cinema na seção cultural do jornal *Opinião*, criado por Fernando Gasparian, que circulou entre os anos 1972 e 1977. Essa produção é pensada em suas articulações com problemáticas de sua época, como os debates sobre os destinos do cinema brasileiro, os rumos da imprensa alternativa, o frentismo em suas diferentes acepções, a política cultural dos que se opunham à ditadura militar etc. Além de todas as edições de *Opinião*, a autora consultou documentação correlata, como cartas e primeiras versões de textos publicados,[3] e realizou inúmeras entrevistas, tanto com os críticos quanto com os editores da seção cultural, constituindo material riquíssimo e diversificado para recompor para o leitor o dia a dia da redação, as dissensões internas, e os problemas que se encontram na origem da dissolução do frentismo, movimento político de enfrentamento da ditadura do qual o jornal participava.

O livro preenche também importante lacuna. Faltam estudos de caráter mais sistemático sobre a crítica de cinema na imprensa.[4] Por isso, a contribuição trazida pela autora é fundamental,

3 Como foi o caso dos *rascunhos* de Jean-Claude Bernardet, pertencentes ao acervo da Cinemateca Brasileira, que permitiram a comparação entre a versão inicial e final.

4 Há estudos sobre temas específicos, como a questão da autoria em diversos críticos dos anos 1950 e 1960, sendo *O autor no Cinema* (São Paulo, Edusp/Brasiliense, 1994), de Jean-Claude Bernardet, exemplo emblemá-

não apenas pelo rigor com que examina as fontes, mas também pela maneira como os dados obtidos são articulados em uma narrativa que consegue recuperar as questões de ordem geral e, ao mesmo tempo, aprofundar a sua análise intrínseca, pensando os métodos de formulação de cada crítica. Vale destacar, nesta perspectiva, o primeiro capítulo e a elaboração do que Adamatti chama "estética do silêncio", estilo percebido nos textos que se relaciona à convivência com a censura vivida cotidianamente na redação de *Opinião*, opressão sofrida junto com inúmeros veículos de comunicação no período.

O jornal tinha em sua seção de cinema dois colaboradores mais frequentes: Jean-Claude Bernardet, figura central deste trabalho, e Sérgio Augusto. Além deles, a autora examina a produção crítica de Gustavo Dahl, José Carlos Avellar, Marcos Ribas de Faria, Clóvis Marques e Carlos Frederico.[5] Nesta análise, Adamatti se preocupa com três eixos: "a discussão estética sobre os filmes, o debate sobre a cultura popular a partir do Cinema Novo e o papel dos intelectuais na resistência". A autora explora a maneira como, por intermédio da crítica a determinado filme, o contexto permeia a argumentação: a defesa de um cine-

---

tico, ou trabalhos acerca da produção de um crítico, como encontramos em pesquisas sobre Paulo Emilio Salles Gomes um dos mais estudados neste sentido (ver, dentre outros, a tese de doutorado de Pedro Plaza Pinto, *Paulo Emilio e a emergência do cinema novo: débito, prudência e desajuste no diálogo com Glauber Rocha e David Neves,* defendida em 2008 na Escola de Comunicações e Artes da Universidade de São Paulo).

5 Como informa a autora, os críticos de cinema eram "editores contribuintes", sugerindo pautas e discutindo ideias com o editor, sem a necessidade de permanecer na redação, o que explica o fato de pouco acompanharem as reuniões de pauta.

ma político de linguagem acessível por se entender que assim um público amplo será atingido, debate muito presente desde os anos 1960, quando a articulação entre arte e política ganhou com o Cinema Novo outro patamar;[6] o exame de projetos governamentais para o setor cinematográfico em um cenário marcado tanto pela forte presença do Estado quanto pela formação e consolidação de um mercado consumidor de bens culturais que trazem para aqueles preocupados com o cinema de autor novos desafios. Como diz Adamatti, o jornal "é um espaço privilegiado para estudar estas divergências" observadas no campo do cinema e, em decorrência, na esfera cultural.

Assim, no que diz respeito à história da crítica de cinema no Brasil, o livro traz uma contribuição decisiva, pois situa para o leitor o posicionamento de cada colaborador da seção. Este enquadramento leva em consideração o que havia sido realizado antes, como foi o caso de Bernardet, cuja produção é pensada a partir da centralidade de *Brasil em Tempo de Cinema* (1967), obra de intervenção que mantém muitos laços com o que Bernardet escrevia em *Opinião*.

É importante elogiar a postura da autora de construir os sentidos a partir do exame do texto, evitando a busca de uma essência e estabelecendo os "parâmetros estéticos e políticos" na compreensão da cultura política construída pelo ato crítico. Do ponto de vista metodológico, portanto, Adamatti evita pensar os críticos a partir do que já se sabia sobre a sua atuação e participa-

6 Significativo desse interesse sobre a relação é a publicação, dentro de uma coleção de livros dirigida por Bernardet e Salles Gomes, de *Cinema e política* (Rio de Janeiro, Paz e Terra, 1976), de Leif Furhammar e Folke Isaksson, traduzido por Júlio César Montenegro, uma das personagens importantes desta história destrinchada em *Crítica de cinema e repressão*.

ção nos debates de época. Tal postura contribui na recuperação de trajetórias repletas de ambiguidades, em "uma análise do particular sem pretensões totalizantes sobre os críticos de cinema". Se há o mergulho na análise textual, conseguimos por outro lado recuperar por intermédio de *Crítica de cinema e repressão* a trajetória de *Opinião*, como os pontos em comum e as divergências na condução do jornal pelo seu criador, Fernando Gasparian, o editor-chefe até 1975, o jornalista Raimundo Pereira, e a editoria "Tendências e Cultura", em que Júlio César Montenegro Bastos desempenhou papel relevante.

A primeira parte do livro é dedicada à seção de cinema. No primeiro capítulo temos as tendências políticas que conviviam em *Opinião* e sua relação com a seção "Tendências e Cultura". A despeito dos críticos entrevistados pela autora não identificarem um projeto editorial claro, havia o enfrentamento da ditadura e, em especial, dos filmes que a tematizassem dentro do que era possível exprimir em um jornal constantemente censurado.[7] De maneira geral, predominava a "liberdade de pontos de vista" entre os críticos, em debate recuperado pela autora com muita riqueza de detalhes, sempre atenta às disputas internas e diversidade de posições, como já pontuamos.

Adamatti se debruça sobre as estratégias adotadas pelos críticos para enfrentar "o silêncio imposto pelo censor", avaliando "as formas de produção de sentido" face à violência imposta de fora para dentro do jornal. Dentre elas, a "*estratégia de migração de sentido* através da utilização de fatos históricos do passado

---

7 Bernardet, por exemplo, teve seus textos, a partir de outubro de 1973, integralmente vetados, o que o levou a adotar o pseudônimo de Carlos Murao, estratégia que lhe permitiu, segundo Adamatti, "até escrever textos mais 'duros', totalmente liberados".

para reinterpretação através de metáforas" (grifo da autora). Em textos que se referiam a filmes também censurados ou em processo de censura,[8] por vezes o crítico omite informações ou não realiza por completo a análise estética, em uma "área fronteiriça entre a censura, a autocensura e as estratégias de resistência na mesma zona discursiva. Se nos rascunhos, o estilo de Bernardet é claro e direto, muitas vezes em *Opinião* há frases indiretas, supressão de sentidos e lacunas".

O segundo capítulo realiza um panorama da crítica de cinema no semanário de Fernando Gasparian, localizando os seus "parâmetros conceituais (...) e o *específico* do jornal nos critérios comuns aos críticos". Para além do recorte que privilegia a dimensão autoral de cada articulista, sua produção é situada em relação ao que se faz em outros veículos, como é o caso também da análise dos artigos de José Carlos Avellar, para situar as concordâncias e as divergências existentes no interior do jornal acerca da avaliação de um filme[9] em que as dimensões políticas ("a arte como forma de ação sobre a sociedade brasileira" e a adesão ou não a filmes comprometidos politicamente) e estéticas (a valorização do específico fílmico e a questão da *mise en scène*) de uma obra convivem, ora se privilegiando um elemento, ora outro. Adamatti procura valorizar as tensões e como isso se

8 Para uma consulta aos pareceres dos censores e às respostas dos produtores e diretores às sentenças dadas pelos órgãos ligados ao Ministério da Justiça, ver os documentos coletados por Leonor Souza Pinto para o projeto "Memória da Censura no Cinema Brasileiro (1964 – 1985)", disponíveis no site http://www.memoriacinebr.com.br/, consultado em 05/05/2019.

9 As divergências não se resumem à percepção de posturas diferentes de cada crítico, mas da recuperação feita pela autora dos debates que surgiam com os leitores na seção de cartas "Tribuna de Opinião".

configura em cada um dos colaboradores da área de cinema no jornal, demonstrando que não se tratam de estâncias estanques, que se expressam em separado. Havia o esforço de deslindar as questões ideológicas a partir do estético não importando muito o tipo de filme a ser submetido a este confronto. Atitude crítica que revela as formas de engajamento possíveis em um contexto marcado pela repressão e, em também em decorrência disso, limitado em seu alcance em razão das dificuldades econômicas para se manter e circular.

Mais de cento e sessenta artigos são analisados no terceiro capítulo a fim de recuperar o perfil e método crítico de cada um colaboradores. Sempre que possível, o histórico de cada articulista é reconstituído com entrevistas que foram realizadas por Adamatti, seguido da análise dos textos mais representativos dentre os publicados em *Opinião* para explicar a metodologia empregada. Dentre eles, o exame da produção crítica de Bernardet ganha relevo na reflexão sobre o cinema brasileiro nos anos 1970. É primoroso o exercício de análise empreendido pela autora em diversas passagens do livro, como a recuperação da crítica de Bernardet a *Lição de Amor* (1975), de Eduardo Escorel, e os debates surgidos a partir deste texto. Adamatti sempre chama a nossa atenção à postura dos críticos que exigem do leitor um certo ativismo, no sentido de participar na construção da mensagem, preencher lacunas etc.

A segunda parte relaciona a seção de cinema com o contexto mais amplo, a dos debates da esquerda sobre o papel do intelectual e o questionamento da cultura do nacional e popular, sendo o cinema novo e a arte engajada eixos estruturantes destas discussões. Dois textos são particularmente esmiuçados: “Dez anos de Cinema Nacional: o discurso cinemanovistas nos novos tempos", coletânea de entrevistas com cineastas, especialmente os do Cinema Novo, publicada em duas edições de *Opinião* entre julho e agosto de 1973; e a já referida crítica de Bernardet a *Lição de amor*.

No primeiro caso, é central a preocupação com o mercado em postura que difere da valorização da experimentação presente nos anos 1960 em muitos dos diretores ligados ao cinema moderno brasileiro. Como reforça a autora, "não é a intenção política que está em jogo, mas a forma utilizada nos filmes para conquistar o público e o mercado". A inserção no mercado, com a "defesa do cinema autoral engajado", é, em depoimentos como os de Arnaldo Jabor, entendida como "uma atitude política", atitude que não é propriamente consensual. Como Adamatti demonstra, a dissonância se concretiza no momento em que os cineastas identificados ao Cinema Novo, como Gustavo Dahl, se posicionam sobre o cinema comercial e a linguagem a ser adotada tendo em vista a possibilidade, que se concretiza em 1974 com Roberto Farias assumindo a direção geral da Embrafilme, de participarem de forma mais ativa na gerência da política cinematográfica brasileira.

Por fim, o livro se encerra com o exame da posição dos críticos de cinema a respeito dos vínculos entre a cultura popular e a produção cinematográfica. Novamente Bernardet é central na argumentação de *Crítica de cinema e repressão*, sendo retomado em textos fundamentais sobre o tema, a saber, as reflexões publicadas em *Opinião* sobre *O Amuleto de Ogum* (1974) de Nelson Pereira dos Santos, *Nordeste: cordel, repente, canção* (1975) de Tânia Quaresma e *Xica da Silva* (1976) de Carlos Diegues.[10]

---

10 Enfrentar o popular implicava também em lidar com os filmes de grande sucesso de público, como *Ainda agarro essa vizinha* (1974), de Pedro Rovai, que rendeu grande polêmica pelo fato, dentre outros motivos, de

Adamatti neste momento entrelaça os pontos de vista que emergem das críticas com a revisão da cultura do nacional e popular empreendida pela chamada Nova Esquerda, composta por grupos trotskistas, da antiga Ação Popular, da esquerda católica e dos movimentos sociais e basistas. Esse percurso crítico se concretiza no pensamento cinematográfico fora de *Opinião*, com a publicação de *Cinema: repercussões em caixa de eco ideológica - as ideias de "nacional" e "popular" no pensamento cinematogrfico brasileiro*, publicado em 1983 por Jean-Claude Bernardet e Maria Rita Galvão, dentro de um projeto editorial destinado a empreender essa revisão em diversos campos artísticos.

Como demonstra Adamatti, em *Opinião* não havia convergência nesta revisão, pois tínhamos três grandes segmentos no jornal: "1. o núcleo do nacional popular, que perdia espaço dentro da seção cultural; 2. os opositores ao nacional popular e por último, 3. os liberais na figura de Fernando Gasparian". Neste sentido, o momento deflagrador da cisão é a reação negativa de José Arrabal à peça *Ponto de Partida*, de Gianfracesco Guarnieri, encenada por Fernando Peixoto, editor de *Opinião*, rejeição que se acentua por ocasião da estreia de *A gota d'água*, de Chico Buarque e Paulo Pontes, que foi objeto de texto que não chegou a ser publicado no semanário dado o seu teor crítico à peça. Como demonstra a autora, o questionamento feito pelos críticos aos artistas brasileiros engajados sempre era motivo de tensão, expondo formas de pensar as relações entre o estético e o político que não se encontravam plenamente resolvidas e que estão na origem da ruptura do frentismo no âmbito cultural.

Bernardet se ocupar com um filme de gênero, comédia erótica desprezada pela boa parcela da intelectualidade.

Assim, a posição adotada por *Opinião*, compartilhada por outros jornais como *Movimento*, sobre o filme *Xica da Silva* (1976), de Cacá Diegues, define um dos temas do debate cultural do final dos anos 1970. Dois anos depois, quando do lançamento de seu novo filme, *Chuvas de Verão*, o diretor cunhou o termo "patrulhas ideológicas" para se referir ao que considerou perseguição por parte da esquerda à representação do papel da mulher negra na escravidão, vista como excessivamente carnavalizada e erotizada. O alvo desta disputa foi Montenegro, cuja demissão do jornal revela as fissuras no campo da esquerda mais vinculada à tradição do nacional popular. *Crítica de cinema e repressão* se encerra com a recuperação da trajetória de Montenegro e da importância que teve na abertura de outras pautas até então pouco assimiladas pela esquerda, como corpo e sexo.

Se tanto aprendemos com esse livro atual, dadas as pautas que mobiliza, isso se deve à perspicácia da autora na competente seleção, arranjo e leitura das fontes. Pesquisadora exímia, Adamatti completa com este projeto editorial uma trajetória iniciada em seu mestrado, ainda inédito, dedicado ao exame das revistas de fãs nos anos 1950 no Brasil.[11] Esperamos que *Crítica de cinema e repressão* seja o primeiro de muitos livros!

---

11 Defendida em 2009 na Escola de Comunicações e Artes da USP, sob minha orientação, *A crítica cinematográfica e o star system nas revistas de fãs: Cena Muda e Cinelândia (1952-1955).*

Introdução

A crítica de cinema dos anos setenta no Brasil, tendo como ponto de partida o jornal alternativo *Opinião* (1972-1977). Esse é o primeiro objeto de pesquisa deste livro. Objeto construído quase de forma empírica, porque o estudo sobre a crítica brasileira de cinema da década de setenta carece não só de trabalhos descritivos, mas de reflexões em torno de seus métodos de análise. A grande referência continua a ser o trabalho de Jean-Claude Bernardet no livro *Trajetória Crítica* (1978), obra que inclui parâmetros vitais para entender os pressupostos críticos daqueles anos.

O estudo panorâmico e metodológico sobre a crítica de cinema dos anos setenta permanece quase inexplorado, assim como o nicho da crítica realizada na imprensa alternativa,[1] que nasceu para fazer a oposição ao regime militar brasileiro. O jornal alter-

1 Por causa do acirramento da censura prévia e do AI-5 (Ato Institucional n. 5 - dez. 1968), jornalistas e intelectuais reúnem-se em torno da imprensa alternativa, em jornais como *O Pasquim, Opinião, Movimento, Bondinho, Versus, Amanhã, Politika, Em Tempo*, etc. Caracterizada como instrumento de resistência ao regime militar, a imprensa alternativa sofreu com intensa censura, repressão e atentados à bomba. Ver Bernardo Kucinski (1991).

nativo *Opinião* (1972-1977)[2] é um dos mais importantes veículos da resistência. Mas mesmo com a presença de colaboradores renomados e com uma análise de peso sobre os filmes brasileiros, o semanário não foi objeto de pesquisa. Em suas páginas censuradas, surgiu um tipo de crítica de cinema progressista que marcou o período pela profundidade do debate político e estético. *Opinião* foi importante tribuna de discussão do campo cinematográfico e cultural. Dois articulistas colaboravam com frequência: Jean-Claude Bernardet e Sérgio Augusto. Cada um deles escreveu por volta de sessenta artigos. Além deles, participaram da seção Gustavo Dahl, José Carlos Avellar, Marcos Ribas de Faria, Clóvis Marques e Carlos Frederico.

Nacionalista e engajado pela cinematografia brasileira, *Opinião* não foi só espaço de discussão de cinema. Trata-se do jornal alternativo de base política mais importante da imprensa alternativa (Kucinski, 1991). O número zero do semanário foi lançado no Rio de Janeiro em 23 de outubro de 1972. O veículo pertencia a Fernando Gasparian, professor de economia do Mackenzie e diretor das fábricas de sua família, tradicional no ramo têxtil. Gasparian era dono da *Editora Paz e Terra* e da *Editora Inúbia*, onde editou *Opinião, Cadernos de Opinião* e a Revista *Argumento*. Aliado do governo de João Goulart, ele era representante de entidades empresariais e fazia parte do Conselho Nacional de Economia (entre 1963-1967), até ser destituído do cargo pelo governo militar. Nesse contexto, ele partiu para o exílio no início de 1970 e atuou como professor convidado em Oxford e na Universidade de Nova Iorque. O as-

---

2 A coleção completa de *Opinião* está disponível para consulta *on line* na Hemeroteca da Biblioteca Nacional.

sassinato do amigo deputado Rubens Paiva pelos órgãos de repressão em 1971 provocou nele o impulso final para criar um jornal de oposição ao regime militar. Foi Bernardo Kucinski, também em "exílio voluntário" em Londres, quem indicou o nome de Raimundo Rodrigues Pereira para ser o editor do futuro jornal. Os dois eram amigos desde o curso de Física da USP. Raimundo Pereira era o segundo jornalista mais importante da revista *Veja*, depois de Mino Carta. Expulso do curso de engenharia do Instituto Tecnológico da Aeronáutica (ITA), ele tinha sido editor da *Folha da Tarde*, repórter policial de *O Dia*, redator de revistas técnicas, além de participar da revista *Realidade*.

O que unia Fernando Gasparian e Raimundo Pereira era a ideia de criar um jornal de oposição contra o governo militar, portador de um projeto nacional. Mesmo assim, houve alguns desentendimentos durante a elaboração do acordo. Gasparian queria criar um periódico de intelectuais para a elite do país, enquanto Pereira desejava um semanário de propriedade coletiva de jornalistas com viés popular. A ideia de um jornal de Frente Política de Oposição nascia da vontade de lutar contra o regime por meio de uma aliança entre várias tendências políticas de esquerda,[3] passando por intelectuais, jornalistas, políticos e perseguidos pelo regime (que escreviam com pseudônimos). Gasparian conseguiu aglutinar muitos intelectuais de renome em torno de *Opinião*. Assim o jornal cumpriu a função de ponto de encontro da esquerda e canal de comunicação de intelectuais com seu público.

---

3 A ideia de criar uma aliança entre a esquerda para fazer a oposição ao regime militar remonta indiretamente à proposta da *Frente Única* do PCB, que foi reiterada pelo partido em vários documentos a partir de 1965. Ver Segatto (1981) e Lima (1995).

O semanário nasceu com três editorias principais: Economia, Política, Tendências e Cultura. Havia também um encarte com a tradução do *Le Monde*, além da publicação de uma seleção de textos do *The Guardian*, *The Washington Post*, *The New York Review of Book* e *New Statesman*. Esse material tinha a função, ao mesmo tempo, de autenticar o jornal em termos de qualidade internacional e gerar alarde caso a polícia censurasse os periódicos estrangeiros.

Opinião sofreu um processo de censura virulento. Nasceu e morreu censurado, enquanto a intervenção aos demais veículos da grande imprensa diminuiu a partir de janeiro de 1975, no contexto da abertura política. O semanário enfrentou um atentado à bomba em 1976, a prisão de seus dirigentes por desobediência à censura várias vezes, além de ameaças de violência e de morte. Mesmo com todos esses percalços, em pouco tempo, *Opinião* tornou-se um jornal de prestígio. Ele era uma referência obrigatória junto aos deputados de oposição em Brasília. Muitos deles faziam questão de aparecer em público com o semanário debaixo do braço. O periódico foi ponto de encontro e de debate da oposição, antecipando a discussão da dívida externa, dos direitos dos consumidores e das questões ambientais.

A aliança entre liberais e a esquerda em *Opinião* funcionou num primeiro momento. Mas com o passar do tempo, as tensões envolvendo o controle do jornal e as formas de fazer a resistência tornaram-se mais fortes. O livro é dedicado especialmente a essas disputas internas entre as alas do semanário que tomaram diferentes proporções e incidiram na seção cultural. Um dos conflitos residia no fato de que Fernando Gasparian pagava salários muito baixos para o mercado. Na verdade, a questão salarial foi decidida durante a elaboração do projeto junto com o editor-chefe. O proprietário de *Opinião* queria compor uma equipe pequena dentro do piso da categoria. Enquanto isso, Raimundo Pereira quis incorporar uma grande quantidade de colaboradores engajados que aceitaram receber pouco, porque queriam fazer a luta contra a ditadura na imprensa. Como os honorários eram baixos, a redação conseguiu o direito de comandar o jornal. Mas os atritos de poder entre a equipe e o dono do semanário causaram indiretamente a dissolução do acordo com Raimundo Pereira. A questão também era política. Gasparian apoiava a proposta de abertura do general Ernesto Geisel, enquanto a equipe se opôs ferozmente não só ao presidente, mas à forma de conduzir o processo político.

Para enfrentar o dono do jornal, a redação compôs matérias em torno do tema da abertura que causaram a demissão de Raimundo Pereira em 1975. Ele levou consigo 40 colaboradores para *Movimento* (1975-1981), tornando real o sonho de criar um periódico de propriedade coletiva de jornalistas. Depois do racha na redação, *Opinião* permaneceu no mercado por dois anos e meio. A censura era cada vez mais feroz com o semanário, causando uma crise financeira. Além disso, os jornalistas reclamavam por aumento salarial. Havia ainda confrontos diretos com Gasparian porque os colaboradores da seção cultural exigiam liberdade total de crítica. Em meio a todos esses problemas, o jornal fechou em 1977.

O livro analisa não só a crítica de cinema, mas também a seção cultural de *Opinião.* A trajetória do jornal é muito rica na seção *Tendências e Cultura* e permite compor variados ângulos de pesquisa. Concentramos nosso foco no estudo da crítica de cinema como parte da intelectualidade cinematográfica de esquerda. Procuramos avaliar como os articulistas reelaboram e reconstroem um projeto político e estético para o cinema brasileiro dos anos setenta. O viés nos permite conectar os temas específicos do campo do cinema com os da historiografia cultural da resistência, com especial atenção ao local onde ocorre este debate: o Jornalismo.

No número zero, *Opinião* apresentou-se como jornal sem vínculos partidários, voltado à defesa dos direitos dos cidadãos e das liberdades democráticas.[4] O projeto original de Fernando Gasparian previa um caráter de Frente Ampla.[5] O conceito significava a união entre várias tendências políticas de esquerda no combate ao regime militar.

Há muitas *Frentes* em *Opinião.* Bernardo Kucinski (1991, p. 83) observa o surgimento de um *espírito de Frente* e de convívio entre diversas correntes de oposição, desde a burguesia nacional até a extrema esquerda, como reflexo da solidariedade e sentimento de derrota que predominava nos jornais alternativos. Historicamente, a ideia da Frente em prol da democracia vinha das Frentes Populares e das Frentes Nacionais contra os regimes fascistas na sua luta pelos direitos dos cidadãos.[6] Se a união en-

---

4 *Opinião*, n. zero, 23 out. 1972, p. 1-2.

5 Faremos referência ao termo *Frente Ampla* ao longo do livro porque ele era utilizado com frequência em *Opinião* para demarcar a união entre os setores da esquerda. O termo também designava o movimento de 1966, que reuniu Juscelino Kubitscheck, João Goulart e Carlos Lacerda para lutar pela redemocratização do país. Ver Marchi (2001).

6 Historicamente o conceito de Frente tem mais de uma variável. A proposta da Frente Única pretendia criar entre os partidos uma unidade de ação da classe operária. Nos anos trinta, a ideia voltou como a coalizão de partidos de esquerda contrários ao fascismo. Depois desse período, houve uma nova fase de frentes ao redor do mundo, solicitando reivindi-

tre a esquerda era necessária para enfrentar o regime militar, a divergência entre as alas também era grande em *Opinião*. O termo *Frente Ampla* era muito usado no período e estará presente nos capítulos deste livro com algumas subdivisões. Trata-se de conectar a Frente no sentido de união entre as tendências de esquerda com o movimento da cultura e da seção de cinema do semanário. Entre as variações desenvolvidas neste livro, a primeira delas explica a especificidade da Frente Jornalística. Na sequência, o comparativo é feito com a área de cultura, na chamada Frente Cultural, que realizava a resistência através das artes. Por último, a Frente Cinematográfica de *Opinião* significava a reelaboração pela seção de cinema dos valores da Frente Cultural.

Foi em 1967, no periódico *Amanhã*,[7] liderado por Raimundo Pereira, que se colocou em prática pela primeira vez o mecanismo das *Frentes Jornalísticas* (Kucinski, 1991).[8] Trata-se da união

---

cações políticas, econômicas e a defesa das liberdades democráticas. Ver Bobbio (1998). O termo era usado no Brasil como a união entre tendências políticas de oposição para combater o regime militar.

7 *Amanhã* é o primeiro jornal na linha da imprensa alternativa de base política, criada por Raimundo Pereira. Dessa linhagem, surgiram oito jornais: *Opinião, Movimento, Assuntos, Um novo amanhã, Em tempo, Bloco, Brasil Extra, Retrato do Brasil.*

8 Segundo Kucinski (1991), não havia divergências táticas entre as alas dos periódicos nos primeiros anos da imprensa alternativa porque não havia propostas precisas. Naquele momento, os partidos de esquerda uniram-se para produzir jornais com um padrão técnico de mercado. Contudo, no final dos anos setenta, as frentes jornalísticas portadoras de projetos nacionais começaram a romper, antecipando a fragmentação da esquerda. O processo começou a partir de 1977, um ano antes da eclosão das greves operárias, por causa de profundas divergências entre seus integrantes. Para Kucinski, o sentido de condomínio forçado das frentes

entre várias tendências e partidos políticos de esquerda num jornal voltado ao mercado, cujo objetivo é lutar pelas liberdades democráticas. Essa aliança entre os diversos atores sociais contra o regime militar tinha alguns pontos consensuais sobre a maneira de realizar a resistência na área cultural. Este livro dedica-se a relacionar as bandeiras defendidas pelos críticos de cinema com os pontos de consenso e dissenso no campo cultural. O trabalho é feito através de um parâmetro comparativo maior. Marcos Napolitano (2011) delineou os pontos comuns de articulação da esquerda para a resistência cultural. Antes dele, Antonio Rubim (1987, 1988, 1988a) traçou o nascimento e a evolução nos anos cinquenta de algumas diretrizes culturais autônomas criadas pelos intelectuais comunistas, que muitas vezes estão na origem da discussão nos anos sessenta e setenta. O conceito de Frente Cultural desenvolvido por Napolitano fornece sustentação teórica para analisar as disputas internas da seção cultural de *Opinião*. Através dele, conectamos a recepção dos filmes no jornal com a temática da resistência na cultura. O Frentismo Cultural surgiu de uma série de pontos comuns delineados pelos principais atores da resistência: os liberais, os comunistas, a contracultura e a Nova Esquerda. Trata-se de um pacto político que marcou lutas e processos de transição para a democracia, amenizando as diferenças até a derrota do inimigo. O Frentismo Cultural caracterizava-se por alguns pilares centrais: a ocupação

jornalísticas perdia sentido à medida que se abria espaço para a rearticulação partidária. Por causa do contexto político, a imprensa alternativa funcionava como um substituto dos partidos, com assembleias, reuniões e debates. A partir de 1979, os partidos podiam se reorganizar sem precisar conviver com outras facções na imprensa alternativa, lançando seus próprios jornais. Era o começo do fim das frentes jornalísticas.

dos circuitos comerciais através de linguagem acessível, a busca por uma estética nacional popular e a afirmação do intelectual como arauto da sociedade. No final da década de sessenta, as bases de sustentação do Frentismo começaram a se fragmentar. A cada ano surgiam divergências maiores entre os atores sociais. Esse processo de afastamento seguiu nos anos setenta até a dissolução completa na década de oitenta. *Opinião* acompanhou o debate e essas divergências no seu dia a dia. Grande parte da riqueza da seção *Tendências e Cultura* vem destes choques e de um pensamento progressista em relação às bases comuns do Frentismo. Os pontos convergentes giravam em torno de três propostas principais da seção de cinema: *a discussão estética sobre os filmes, o debate sobre a cultura popular a partir do Cinema Novo e o papel dos intelectuais na resistência.* Esses três temas são recorrentes em todo o percurso crítico do semanário e dizem respeito ao debate interno da esquerda. A oposição utilizava a cultura como estratégia principal porque a conexão entre ela e a política parecia o terreno menos perigoso para afirmar a luta contra a ditadura. A escolha da cultura levava vantagem porque era vista como instrumento de grandeza nacional e conseguia reunir os diversos agrupamentos da esquerda em torno de temas comuns. Foi assim que a cultura tornou-se o mote para a reconfiguração da crítica política naqueles anos.

Se o regime era de direita e ditatorial, em contrapartida, a esquerda tinha relativa hegemonia do ponto de vista cultural (Schwarz, 2009). Porém, no percurso do golpe militar até a abertura, a esquerda fragmentou-se e rachou sobre as formas de realizar a resistência. Essas disputas internas, aplicadas ao cinema, fazem parte do nosso objeto de pesquisa. Na crítica de *Opinião*, por exemplo, um dos debates mais intensos recaía sobre a linguagem utilizada. Se o Cinema Novo tinha conquistado prêmios internacionais e criado uma linguagem original, ele falhava no contato com o público. Esse debate começou ainda na metade dos anos sessenta e se prolongou por toda a década seguinte com reverberações na história do jornal. Preocupados com a conquista do público e do mercado, ante o inimigo maior do imperialismo hollywoodiano, a *maior parte* dos críticos de *Opinião* oscilava entre defender o cinema clássico por seu maior poder de penetração no público ou realçar suas preferências estéticas pelo cinema moderno e pela experimentação. Esse debate fazia parte do campo do cinema e ao mesmo tempo das discussões sobre a arte engajada,[9] que queria conquistar o público para conscientizá-lo da situação brasileira.

A discussão sobre a linguagem cinematográfica será abordada neste livro junto aos demais pilares da resistência. Esses pontos são um desdobramento da Frente Cultural. Por isso usamos o termo *Frente Cinematográfica de Opinião* para dar conta das variações em torno do Frentismo. Com esse recorte, procuramos explicar quais são os conceitos desenvolvidos pelo jornal, além de revelar os valores conjuntos e os pontos de tensão com a Frente Cultural. A *Frente Cinematográfica de Opinião* resume e abrange os temas tratados neste livro. Ela possibilita conectar o campo específico da crítica de cinema de *Opinião* com as dis-

9 O engajamento é tomado por Marcos Napolitano (2001) como a atuação do intelectual numa esfera pública, em defesa das causas humanitárias, libertárias e de interesse coletivo. O termo arte engajada era utilizado como todo tipo de manifestação artístico-cultural de esquerda, empenhada em fazer críticas ao poder ou denunciar a desigualdade. A arte engajada brasileira buscava uma estética nacionalista e anti-imperialista e não desprezava o espetáculo por significar uma forma de contato com o público.

cussões da esquerda. Através dela, é possível acompanhar se os questionamentos internos do campo cultural de esquerda estão presentes no cotidiano dos críticos de cinema. Nosso objetivo é observar se *Opinião* participou deste debate ou se aprofundou o questionamento da cultura política[10] engajada.

Se os valores da Frente Cultural eram consensuais logo após o golpe militar,[11] por volta de 1968-69, eles passaram a ser cada

---

10 Norberto Bobbio (1998, p. 306-7) define a cultura política como o "conjunto de atitudes, normas, crenças, mais ou menos largamente compartilhadas pelos membros de uma determinada unidade social e tendo como objetivo fenômenos políticos". Este conjunto de crenças, ideias, linguagens, símbolos, normas, doutrinas e tradições formalizados tanto em partidos, quanto em instituições ou organizações políticas, dão um significado à vida política num determinado contexto. Importa aqui pensar como a cultura política de esquerda agia enquanto formação cultural nos críticos de *Opinião*.

11 Uma boa parte do núcleo da Frente Cultural é devedora do Partido Comunista, que teve ao longo das décadas importância premente na formação cultural da esquerda e de muitos intelectuais. A influência não nascia só através dos filiados e simpatizantes do partido, mas incluía os intelectuais que gravitavam em torno da cultura nacionalista de esquerda. Assim as bandeiras do partido para a área cultural, propagadas geralmente por artistas e intelectuais, alastraram-se por amplos setores da sociedade ao longo das décadas. Até mais ou menos o final dos anos sessenta, a linha cultural do partido teve sucesso majoritário, porque os artistas comunistas e simpatizantes constituíram um núcleo pensante e criador que conseguiu traduzir com sucesso algumas ideias conjuntas: a opção pelo nacionalismo, pelo realismo, por uma linguagem convencional para garantir a comunicação com o público, a defesa da cultura nacional popular, a luta contra o imperialismo, a atenção aos problemas da sociedade por meio do caráter social da arte, o papel mediador do artista-intelectual e a política de ocupação dos espaços culturais. Portanto, se o PCB perdia seu espaço hegemônico dentro da esquerda, o partido continuava forte

vez mais questionados no interior da esquerda,[12] seja pelos movimentos políticos dissidentes do PCB (Partido Comunista Brasileiro), seja pela vanguarda ou pelos estudos acadêmicos. Assim a emergência de dissensos internos da esquerda gerou a dissolução cada vez maior da *Frente Cultural* e dos consensos em torno da realização da resistência. Esse processo foi acompanhado do declínio gradativo da cultura política comunista. O PCB perdia sua influência por causa de seu afastamento gradual dos movimentos sociais,[13] como o movimento operário e o estudantil, que se tornaram uma oposição importante ao regime.

Logo após o golpe militar, os valores da Frente Cultural eram ainda homogêneos no interior da esquerda. Em primeiro lugar, havia consenso entre a intelectualidade engajada de esquerda so-

---

do ponto de vista cultural. Ver Rubim, (1987, 1988, 1988a) e Napolitano (2001, 2001a, 2011).

12 A partir de 1967-68, o campo artístico passou a sofrer com cisões e rupturas ligadas à linguagem utilizada e sua eficiência para atingir o público. Os debates giravam em torno do nacional e da relação conflituosa entre ocupar o mercado e se relacionar com a indústria cultural. O consenso estético e ideológico inicial não conseguia se sustentar mais na segunda metade dos anos setenta. Com a revisão da perspectiva do nacional popular, a influência cultural do PCB sofreu um grande abalo, estilhaçando cada vez mais os grupos da resistência. Ver Napolitano (2001, 2001a, 2011).

13 Ao longo do processo, o PCB perdeu sua vitalidade com a evasão e baixas dos militantes. Tomado de imobilismo e prudência excessiva, ele era o partido do não enfrentamento ao regime para acumular forças no futuro. O receio de atrapalhar a união entre a esquerda fazia com que o partido tivesse uma pequena participação nos movimentos sociais. Desencorajando as greves, o PCB não acompanhou o desabrochar dos movimentos sociais. A postura acabou isolando o partido. Ver Lima (1995).

bre a necessidade de *ocupar o mercado* cultural,[14] utilizando uma *linguagem acessível* à compreensão popular. A *cultura nacional popular*[15] significava a preferência por uma arte que deveria ter caráter social e nacional, com interesse pelos problemas populares. O trabalho ficaria a cargo de uma *intelectualidade que vai ao povo* e cumpre o papel de arauto da transformação social do país. Sempre à frente como vanguarda, a *intelligentsia* ajudaria no processo de elaboração da consciência popular (Napolitano 2001, 2001a, 2011).

Se estes valores eram consensuais, *Opinião* está inserido num processo de progressiva fragmentação da Frente Cultural. A ida ao povo era questionada como forma de ambição do intelectual

---

14 A ida ao mercado já fazia parte da estratégia dos artistas engajados antes do golpe militar. Ela não parecia incompatível com a vontade de atuar politicamente. Nesse sentido, a arte de espetáculo se assemelhava ao caminho natural para popularizar a cultura engajada (Napolitano, 2011).

15 Tomamos aqui o conceito desenvolvido por Marcos Napolitano (2001a) do nacional popular, entendido como cultura política engajada que pressupõe um movimento intelectual de "ida ao povo". Trata-se ao mesmo tempo de uma cultura política e uma política cultural das esquerdas, cujo sentido poderia ser traduzido na busca da expressão simbólica da nacionalidade. Napolitano mostra como o nacional popular transformou-se numa cultura política engajada e no projeto identitário, não só dos artistas e intelectuais ligados ao partido comunista, mas do setor nacionalista e de esquerda. Todos esses agentes culturais incorporaram a tarefa de ir ao povo e de articular esta consciência. Essa vontade de se aproximar do povo muitas vezes norteava a ação dos artistas e dos intelectuais. Por exemplo, o Cinema Novo teve uma inspiração política fundada em alguma medida no nacional popular. Ele tentava articular a expressão de uma consciência nacional orientada para a emancipação da nação, cujo sujeito político seria o povo. Depois do golpe militar, o nacional popular tornou-se o núcleo ético e político de construção de uma consciência de resistência.

de se ver como porta-voz[16] do povo. Enquanto isso, os valores do nacionalismo e da cultura brasileira passaram a ser vistos, *grosso modo*, como uma forma de ideologia pelos novos pensadores no campo acadêmico (entre eles, Roberto Schwarz e Carlos Guilherme Mota). Com isso, a cultura do nacional popular começava a ruir.[17] Frente à indústria cultural que transformava a produção engajada em mercadoria, os artistas e intelectuais se perguntavam se a ida ao povo e a ocupação do mercado eram suficientes para atingir realmente o público.

A imprensa alternativa fazia parte do espaço de discussão e de disputas acirradas entre a cultura política engajada e os dissensos da esquerda. Entre os críticos de cinema de *Opinião*, esse debate estava longe do consenso e narramos qual o caminho era trilhado por cada um deles. Os questionamentos e debates sobre o Frentismo atravessaram *Opinião* na análise fílmica e no debate sobre a política cinematográfica. É quase impossível falar dos filmes no jornal sem passar por estes temas. Portanto,

16 Os debates entre os intelectuais conduziram à revisão da perspectiva do nacional popular como eixo de articulação da esquerda. A tentativa do artista de construir uma temática popular na ida ao povo não experimentava o mesmo consenso de antes. No novo contexto, o modelo de intelectual engajado que se representava como porta voz das classes populares e dos interesses nacionais foi colocado em xeque. Ver Napolitano (2011), Hermeto (2010), Mota (2008).

17 A cultura nacional popular, típica da cultura política de esquerda, era cada vez mais criticada. A crise começou por volta de 1968-69 com o surgimento das vanguardas de experimentalismo estético, mas se aprofundou mesmo no final dos anos setenta. Os pontos de atrito giravam em torno da pretensão de buscar a nacionalidade e da absorção da cultura nacional popular pela indústria cultural e pelo regime militar, através de sua política cultural.

Opinião é um espaço privilegiado para estudar estas divergências. Analisamos o pensamento cinematográfico dos críticos na intersecção entre estas concordâncias e dissensos. Além desses temas, existia na crítica de *Opinião* uma tensão entre os valores da esquerda engajada e os conceitos do campo cinematográfico. Nosso objetivo é observar se o jornal permanecia atrelado aos valores do nacional popular ou se fornecia espaço ao mesmo tempo ao debate estético.

O estudo sobre as disputas internas do jornal tornou-se central para entender o andamento da Frente Cultural em *Opinião* e dos rachas internos da esquerda. O trabalho foi feito pela análise das matérias do jornal, pelas cartas de época e através dos depoimentos dos entrevistados. Deixamos de lado um tipo de construção da história que exclui o dissenso de opiniões entre os entrevistados. Longe de procurar uma visão consensual e linear sobre o jornal, trouxemos as razões da disputa interna porque o tema é a própria dissolução da Frente Jornalística. O trabalho foi também de resgate da memória dos críticos de cinema do jornal. Priorizando o acesso aos depoimentos, através do uso de aspas em perspectiva informativa, o material pode futuramente fundamentar análises sob o viés da construção da memória coletiva dos articulistas do *Opinião*. Entrevistamos Jean-Claude Bernardet, Sérgio Augusto, Marcos Ribas de Faria, Clóvis Marques e José Carlos Avellar, além dos editores da seção cultural, Júlio César Montenegro Bastos e o já citado Sérgio Augusto, além do crítico de teatro José Arrabal. Infelizmente não pudemos trazer todos os lados dessa história. Fernando Gasparian, Gustavo Dahl, Fernando Peixoto, Carlos Frederico e Beatriz Nascimento faleceram. Tentamos diversos contatos com Raimundo Pereira, mas não obtivemos resposta.

Os críticos de cinema de *Opinião* dispuseram de enorme tempo e generosidade para responder a todas as perguntas em detalhes. Eles contaram minuciosamente suas histórias, suas influências teóricas, assim como revisaram a trajetória no jornal. Narraram também o dia a dia do trabalho da crítica de cinema nos anos setenta. Além deles, sem a ajuda de Júlio César Montenegro não teria sido possível recontar com tantos detalhes a história de *Tendências e Cultura*. Afinal os críticos de cinema nem sempre estiveram presentes no dia a dia do jornal. Montenegro é uma figura central não só da seção cultural, mas da história da dissolução da Frente de *Opinião*. Ele comentou os bastidores das matérias e até ajudou a desvendar um mistério sobre a autoria de um artigo. Fez conosco um trabalho contínuo de puxar diversos fios da memória. Sempre disponível e solícito, expôs sua vida em livro aberto. Contou e recontou histórias ao vivo, por telefone, por emails e em forma de poesia. Enviou matérias e documentos do Ceará. Explicou em pormenores o dia a dia da seção *Tendências e Cultura* e da Frente Ampla no jornal. Sem a participação de Montenegro e dos críticos de cinema, o resultado final dessa história teria perdido muita riqueza.

O livro está dividido em *duas partes* e em cada tópico fazemos a discussão concomitante do campo do cinema e da questão da Frente Cultural. A primeira parte concentra-se no estudo geral da crítica de cinema de *Opinião*. O Capítulo 1 é introdutório e apresenta os editores da seção *Tendências e Cultura* e os críticos de cinema de modo panorâmico. A descrição inclui detalhes do dia a dia do semanário em busca de um projeto editorial. O primeiro capítulo antecipa algumas das polêmicas que envolveram a editoria. Na sequência, detalhamos as estratégias dos críticos de cinema para comentar os filmes censurados, num jornal também sob censura prévia. O padrão textual criado incide na forma do texto jornalístico, e cria o que chamamos de uma *estética do silêncio*. Muitos pesquisadores consultaram o periódico, mas não pensaram na forma do texto. *O que Opinião* diz é importante, mas o estudo sobre o *como* se impõe neste trabalho. Por isso a análise da forma do texto é vital para entender o discurso do semanário.

O capítulo 2 insere o debate da crítica de cinema de *Opinião* num panorama do exercício crítico daquele momento. Analisamos o que havia de comum entre os articulistas do jornal em busca de um projeto editorial. Afinal o semanário não é somente o local do exercício da escrita, mas também é determinante de um tipo de crítica de cinema dotada de um *específico*. Além disso, buscamos localizar pela análise vertical o paralelo entre o texto padrão do semanário e alguns antecedentes teóricos diretos das décadas anteriores, como, por exemplo, *Brasil em Tempo de Cinema* de Jean-Claude Bernardet, publicado pela primeira vez em 1967.

O capítulo seguinte é dedicado aos críticos de cinema do jornal. Detalhamos a composição principal do ato crítico de cada colaborador e decompomos um ou dois textos mais característicos deles. Jogamos luz no trabalho de articulistas, que ainda não tinham sido objeto de pesquisa. Para exemplificar as diferenças entre eles, dividimos a equipe a partir da tensão entre crítica estética e crítica política. Optamos por um texto o mais simples possível para tornar claro o processo de confecção de sentido. Neste capítulo, damos mais destaque à citação direta dos artigos para possibilitar ao leitor o contato com o pensamento dos críticos.

A segunda parte do livro é dedicada a analisar a relação entre a crítica de cinema e os conflitos com a esquerda ou com o campo do cinema. Aqui a discussão da *Frente Ampla* ganha contornos mais nítidos sobre o papel da intelectualidade e da cultura popular. No Capítulo 4, adentramos nas discussões teóricas sobre a função do intelectual. Isso inclui um debate sobre a transição da noção de arauto, para a de intelectual *porta voz neutro* que traduz os anseios populares como uma *correia de transmissão*. Não se trata de um tema apenas local. Ao longo do século XX, reafirmava-se a noção de engajamento do intelectual em prol da democracia e da libertação nacional, empurrando a *intelligentsia* para a esquerda. Essa discussão está calcada na noção do intelectual engajado, inaugurada por Jean-Paul Sartre (1945). Para esse debate partimos de Antonio Gramsci (1968) para explicar não somente o primeiro sentido de intelectual em pauta em *Opinião*, como também o projeto da imprensa alternativa. A discussão prossegue a partir dos conceitos de Pierre Bourdieu (1996, 2007) sobre a distinção simbólica e sobre o paradoxo entre a autonomia da arte e a política. Não se trata de enfatizar as motivações políticas desses intelectuais, como fez Daniel Pécaut (1990). A proposta é revelar a construção desse discurso e a reconstrução do intelectual cinemanovista como alguém "neutro". O mapeamento dos temas do jornal em relação ao cinema brasileiro tem por objetivo entender como certos diretores alcançaram uma alta legitimação discursiva e quais foram os artigos que problematizaram a função do cineasta na sociedade.

O último capítulo é dedicado às discussões sobre a cultura popular na última fase do jornal, quando o nacional popular é posto à prova. Revelamos nessa parte do livro como os atritos com o nacional popular aparecem na crítica de cinema de *Opinião* e qual era a reação do campo a esses questionamentos. Narramos em detalhes os bastidores da seção cultural e a razão das polêmicas internas entre as alas do jornal, porque essas disputas motivaram não só o confronto final do jornal, mas anteciparam a dissolução da Frente Jornalística.

Nos dois últimos capítulos, aprofundamos o tema do intelectual e da cultura popular a partir do eixo comum do Cinema Novo. Indiretamente não avaliamos só o jornal, mas também o discurso dos cineastas sobre si mesmos. O estudo permite observar se o semanário endossou ou questionou os diretores do Cinema Novo. *Opinião* é um local privilegiado para pesquisar o entrelaçamento ou as tensões entre o discurso dos cineastas e dos críticos, porque se concede um espaço muito grande aos entrevistados. Os capítulos 4 e 5 observam a evolução do pensamento cinemanovista nos anos setenta e o seu processo de legitimação perante o público. Algumas indagações iniciais norteiam a segunda parte do livro: a aproximação do grupo do Cinema Novo com o Estado em torno da política cinematográfica gerava reações negativas na imprensa e no jornal *Opinião*? Como os cinemanovistas se afirmavam perante a sociedade naquele momento de crise do nacional popular? Que imagem o Cinema Novo construía de si mesmo? O grupo foi questionado no semanário em algum momento?

O diálogo de *Opinião* com o Cinema Novo sintetiza o percurso de uma geração de críticos de cinema que se formou sob o impacto deste movimento. Os três colunistas do jornal mais frequentes já atuavam como críticos durante a eclosão do Cinema Novo. São eles: Jean-Claude Bernardet, Sérgio Augusto e Gustavo Dahl. O primeiro tornou-se o maior pensador do Cinema Novo entre os críticos. Bernardet escreveu ainda em 1965 a primeira análise consistente sobre o movimento, publicada dois anos depois no livro *Brasil em tempo de cinema* (2007).

Sérgio Augusto era colega de redação dos cinemanovistas no jornal *Metropolitano* ainda na eclosão do movimento. Gustavo Dahl atuava como crítico de cinema do *Estado de S. Paulo* quando o movimento surgiu, mas pouco tempo depois ele se tornou cinemanovista, misturando as fronteiras entre a realização cinematográfica e a crítica de cinema. Desde o início do movimento, os três debateram em alguma medida o Cinema Novo. Dez anos depois, em *Opinião*, esses críticos fecharam o ciclo e discutiram não só estética, mas a política e a função do cinema dentro de um contexto autoritário.

Nesse percurso de dez anos do Cinema Novo, dois componentes entraram em cena, imprimindo um novo rumo à discussão. O peso cada vez maior do mercado e o regime ditatorial com sua política de cinema influenciaram em alguma medida o pensamento cinematográfico não só dos cinemanovistas, mas também dos críticos aqui estudados. Por causa desses dois componentes, a discussão do cinema brasileiro em *Opinião* vai passar quase que obrigatoriamente pelo *extra*-fílmico, pela política, pelo mercado. O cinema autoral é repensado sempre em função desses imperativos. Jean-Claude Bernardet fez esse reconhecimento logo na primeira vez que escreveu em *Opinião*.[18] Nesse primeiro texto, ele explicava que os tempos eram outros. Não se tratava mais de cineastas, mas de empresários. A luta dos cinemanovistas nos anos setenta tentava inserir o cinema no campo do mercado e da resistência ao regime. Esses dois inimigos-parceiros exigiam um viés de análise eminentemente político, que imprimiu uma marca ao jornal: o cinema brasileiro não é mais visto enquanto arte isola-

---

18 Bernardet, Jean-Claude. "O empresário substitui o gênio?" *Opinião*, n. 1, 06 a 13 nov. 1972, p. 24.

da, mas faz parte do contexto político e cultural. Assim os filmes brasileiros em *Opinião*, via de regra, não são pensados só como estética e enveredam pela discussão política.

Muitos cânones de *Opinião* não eram somente consensuais no campo da esquerda engajada. Se alguns desses temas eram bandeiras da luta da esquerda cinematográfica desde os primeiros congressos do cinema brasileiro nos anos cinquenta, eles tinham se tornado uma proposta conjunta do campo cinematográfico. Geralmente essas influências eram também implícitas e funcionavam como uma tradição e um repertório comum, às vezes de forma não consciente e secundária. Agiam como uma espécie de homologia das estruturas significativas goldmanianas. É inegável que a cultura política engajada estava presente em *Opinião*. Mas na prática não há culturas políticas puras; só há culturas políticas de tipo misto, resultante da combinação de variadas tendências (Bobbio, 1998). Entre uma cultura política engajada e a cultura cinematográfica voltada à estética do cinema, analisamos se *Opinião* foi refém do engajamento, se ampliou a discussão estética ou se balanceou os dois lados. A cultura política de esquerda pode até ter grande peso sobre essas formulações, mas jamais é o único fator sobre os críticos.

Um dos pontos mais interessantes deste debate é estudar como *Opinião* trouxe os principais pontos de atrito da Frente Cultural. Muitos textos são problematizantes e cheios de nuances que misturam o debate do cinema com a tensão entre política e estética. O livro não se concentra somente na análise histórica sobre o papel do intelectual, da cultura popular e das balizas estéticas defendidas pelos críticos. Chegamos a esses conceitos através do estudo específico sobre as críticas de cinema e sobre a recepção dos filmes brasileiros. Portanto, esses dois aspectos têm papel central no trabalho.

Procuramos adequar alguns parâmetros de outras áreas para observar os matizes de pensamento da crítica voltada à arte ou ao imperativo político. Nesse percurso, adaptamos conceitos de outros campos para aplicá-los à crítica de cinema. Transitando pelo universo do jornalismo, da história da resistência e do cinema, o livro não segue a risca um único modelo. Pegamos de empréstimo paradigmas do intercâmbio entre estes três universos para tentar construir alguns aportes metodológicos à crítica de cinema.

Contudo, isso não significa um abandono de outras preocupações teóricas. Afinal a análise histórica não deve prescindir da reflexão estética, fornecendo ao cinema autonomia de discussão por sua condição de campo independente. Fugimos da perspectiva de ver o cinema somente como ilustração de uma possível participação política dos críticos, porque esse viés reduziria o jornal a uma elucidação da linha política dos seus atores sociais. Pensamos os críticos de *Opinião* na articulação complexa entre seus parâmetros estéticos e políticos. Estes são também fruto do imaginário e de condicionantes culturais através da cultura política, mas sozinhos eles não explicariam a totalidade do ato crítico. Portanto, o estudo dos parâmetros estéticos conectados ao estudo político dos críticos de *Opinião* fica aqui realçado em primeiro plano.

Tomamos também alguma inspiração da *história cultural*, que é o estudo dos processos e práticas, através dos quais se constroem sentidos, identidades e significados no mundo social. A cultura é sua fonte de compreensão e de problematização. Nascida da crise de paradigmas, a história cultural é difícil de classificar do ponto de vista metodológico. Não há uma postura teórica clara, partindo de uma subjetividade epistemológica e uma objetividade metodológica, ou seja, o objeto se define pelo método, sem se apoiar numa teoria pronta. Ela se caracteriza pela heterogeneidade das referências, gerada no fim das discussões das grandes utopias. Trata-se do desafio de ao mesmo tempo estudar o particular e o geral, buscando delinear os parâmetros do imaginário do período. Lynn Hunt (1992) revela como pouco a pouco, os historiadores de 1960-70 abandonaram os relatos tradicionais de instituições políticas e se direcionaram para a compreensão social da vida das minorias. Até os estudos marxistas se aproximaram do que os franceses denominam de *mentalité*, mostrando que as relações econômicas e sociais não determinam as relações culturais. Assim, a história cultural deve ir além das *mentalidades*, num estudo minucioso de textos, imagens e ações. Trata-se de uma ciência interpretativa, cuja tarefa fundamental é a decifração de significados. Partimos, portanto, de um estudo sem um modelo teórico pré-definido, através do imaginário dos intelectuais atuantes na crítica de cinema de *Opinião*. Buscamos adentrar no pensamento político e nas linhas de atuação destes críticos, trilhando uma história de como esta intelectualidade se debruçou sobre si mesma para avaliação. A pesquisa tenta ir além de um relato parcial da representação do cinema brasileiro no pensamento dos cronistas de *Opinião*. Pretende apresentar as ambiguidades da visão dos críticos sobre o cinema brasileiro, visto ao mesmo tempo como subdesenvolvido, autêntico, ideológico, atrasado, nacional, artificial, cosmopolita, popular, popularesco, burguês, porque todas essas nuances refletem um pouco do pensamento da época.

Conectamos nesse trabalho a análise interna e a externa, com o primado da primeira, porque a forma e o *como* são muito importantes para pensar *Opinião*. Nesse sentido, tomamos como princípio norteador de nosso trabalho o conceito de *es-*

trutura explicado por Antonio Candido (2011a), porque reconhecemos que os textos críticos são obras autônomas. Mas essa autonomia é formada por elementos externos e pela cultura política, por influências da sociedade, pela ideologia de seu tempo, etc. Esse cotejo com a análise externa é, portanto, vital, mas faz parte também da estrutura interna da obra. Não se trata jamais de afirmar sem dados suficientes que um texto crítico possui um ponto de vista determinado, porque é um reflexo de seu tempo e de suas instituições políticas. Só a análise da estrutura externa ou do contexto não explica na totalidade a crítica de cinema, sem levar em conta a forma, e o estudo de *como* os textos constituem as mensagens políticas vinculadas. Mais do que explicar o conteúdo de *Opinião*, através dos princípios da Frente Cultural, procuramos conectar este estudo com a *forma* do texto. Pretendemos observar quais são os elementos externos (da realidade social ou os conceitos teóricos) que se transformam em estrutura interna para os artigos. Nesse sentido, procuramos proceder conforme a natureza da obra analisada. Isto é, pensar os textos pelo que eles nos falam e pelos referenciais solicitados, mais do que tentar encaixar um modelo de análise, a partir das considerações políticas daquele momento. Trata-se de uma análise do particular sem pretensões totalizantes sobre os críticos de cinema.

Nosso objetivo é auxiliar a desenvolver dispositivos críticos a partir do estudo das particularidades, sem nos afastar da totalidade do fenômeno da crítica da imprensa alternativa. Quando observa uma fragilidade na reflexão acadêmica sobre teorias e procedimentos para realizar a crítica de mídia, Rosana de Lima Soares (Soares; Silva, 2013) lembra que a crítica ainda reclama ser tratada como campo particular de pesquisa. Afinal, os estudos da particularidade vão auxiliar a compor dispositivos críticos porque eles dialogam com a totalidade, terminando por configurar o campo teórico e geral sobre o assunto. *Opinião* tem um debate muito rico exatamente porque geralmente se nega ao universal e parte do particular e do ensaístico. O campo da crítica de cinema ainda não dispõe de um dispositivo crítico com pretensões à universalidade, sendo que as maneiras de criticar a mídia vêm dos produtos específicos. E provavelmente nunca o terá, segundo Rosana Soares, porque a maneira de se fazer crítica é plural por diferentes vias de acesso à obra, com variada gama de métodos analíticos e de procedimentos explicativos. Logo a crítica resulta "inacabável" em seu gênero e "infinita em número", explica Soares, como "infinito é o processo interpretativo" do qual participa.

Parte I

Opinião e a crítica de cinema

1. A seção de cinema de *Opinião*

O primeiro tópico deste capítulo reconta o cotidiano da seção de cinema e as polêmicas da rubrica *Tendências e Cultura*. Em seguida, explicamos as estratégias para lidar com a censura e o quanto ela altera o texto jornalístico do semanário, criando o que chamamos de uma estética do silêncio. O trabalho é feito especialmente a partir das entrevistas que fizemos com Jean-Claude Bernardet, Sérgio Augusto, Marcos Ribas de Faria, Clóvis Marques, José Carlos Avellar, José Arrabal, além dos dois editores de cultura do jornal: Júlio César Montenegro e o já citado Sérgio Augusto.

O dia a dia da seção de cinema

O jornal carioca *Opinião* (1972-1977) foi comandado de 1972 a 1975 pelo editor-chefe Raimundo Rodrigues Pereira.[1] A seção cultural *Tendências e Cultura* teve mais de um editor. No começo ninguém ficava no cargo muito tempo. Passaram por ela

1 Fizemos diversos contatos com Raimundo Pereira por email e por telefone, mas não obtivemos resposta. Além dessa ausência, infelizmente Fernando Gasparian, Gustavo Dahl e Carlos Frederico faleceram.

tanto os jornalistas Flávio Pinheiro quanto Abel Silva. Outros ajudaram interinamente, como Tárik de Souza até a entrada de Júlio César Montenegro Bastos. Ele seguiu no comando até a demissão de Raimundo Pereira em fevereiro de 1975, quando grande parte da equipe abandonou *Opinião* para apoiar o editor-chefe. Nessa época, Raimundo Pereira fundou com parte desse grupo o seminário alternativo *Movimento* (1975-1981), jornal de propriedade coletiva de jornalistas.

Com a perda de tantos colaboradores, *Opinião* enfrentou uma queda nas vendas. Para reverter o quadro, Fernando Gasparian contratou uma equipe de jornalistas "profissionais" que permaneceram no jornal por um ano (1975-1976). O escolhido para substituir Raimundo Pereira foi Argemiro Ferreira, editor da seção internacional do *Jornal do Brasil*, que trouxe vários colegas junto com ele. Para comandar a equipe de cultura, Argemiro convidou Sérgio Augusto, que já era crítico de *Opinião*, do *JB* e do jornal *O Pasquim*.

Depois de um ano, em meio à forte censura, Fernando Gasparian estava sem recursos para pagar os salários da redação. Foi quando se dissolveu o acordo com Argemiro Ferreira. Então o proprietário do jornal chamou de volta os "engajados", que aceitavam receber salários irrisórios, porque viam o jornal como parte da luta contra a ditadura. Montenegro conta que nessa época foi fazer uma entrevista com Gasparian para *O Globo*. Foi quando ele recebeu um convite para retornar à Editora Inúbia. Primeiro Montenegro comandou o *Jornal de Debates*[2] como redator-chefe, mas ele publicou tantas cartas

---

2 O semanário *Jornal de Debates* circulou de abril de 1972 a 1976, com algumas interrupções. Na última fase, o jornal concedeu grande espaço aos leitores, através da temática da liberdade (Kucinski, 1991).

de leitores sobre homossexualismo e racismo, que Gasparian o mandou de volta para *Opinião.* O ex-editor esclarece que o dono do jornal não tinha total confiança nele, por isso o colocou na editoria de cultura. Ele aceitou voltar quando soube que seu amigo Genilson César estaria no comando, dando total liberdade a todos. Durante 1976-1977, Montenegro mudou a cara da seção cultural. Trouxe vários colaboradores, deu dinâmica aos textos, abriu espaço para debater a própria função do jornalismo cultural. Ele é, em síntese, a figura chave de *Tendências e Cultura.*

Os críticos de cinema eram "editores contribuintes". O termo foi cunhado no semanário por Sérgio Augusto e tomado de empréstimo do jornalismo americano. Cada colaborador sugeria suas pautas, discutia as ideias com o editor, escrevia as matérias, mas não precisava ficar na redação. Geralmente os críticos só passavam pelo jornal para entregar os textos. Esse regime explica porque os articulistas de cinema acompanharam pouco as reuniões de pauta. A separação dos críticos do restante da equipe era também física. A editoria de cultura funciona nos fundos de uma "enorme casa de burguês", no Jardim Botânico, como conta Jean-Claude Bernardet. O contato com as demais seções era reduzido porque a equipe de cultura ficava na edícula.

O jornal tinha um time de críticos de cinema de peso com uma carreira consolidada na função desde os anos sessenta. Jean-Claude Bernardet e Sérgio Augusto escreveram mais de sessenta artigos cada um para *Opinião*. Bernardet começou a exercer a crítica no *Suplemento Literário* do jornal *O Estado de S. Paulo*. Perseguido político, durante a participação no *Opinião*, ele já era professor e teórico de cinema. Naquela época, Sérgio Augusto era crítico de cinema do *Jornal do Brasil.* Logo na primeira edição, Bernardet publicou um texto no jornal. O nome de Sérgio Augusto consta no jornal *Opinião* um mês depois. Os dois escreveram com maior frequência até 1976. De outubro de 1973 até dezembro de 1974, Bernardet recorreu ao pseudônimo Carlos Murao para poder publicar artigos em *Opinião* por causa da censura. Gustavo Dahl participou do projeto entre 1974-1975, antes de entrar para a Embrafilme. Ao lado de Bernardet, ele também começou a carreira de crítico de cinema no *Suplemento Literário*, antes de se tornar cinemanovista. Durante sua gestão, Sérgio Augusto trouxe para o jornal um novo time de críticos: José Carlos Avellar, Marcos Ribas de Faria e o então estreante Clóvis Marques. Tanto Avellar quanto Ribas de Faria eram críticos de cinema do *Jornal do Brasil* de longa data. Entre o final de 1976 e o início de 1977, a equipe mudou.[3] Entraram novos atores sociais, como o cineasta marginal Carlos Frederico, mas geralmente os convidados escreveram poucos artigos. Não eram só os críticos de cinema que participavam do jornal. Diversos cineastas, produtores e renomados intelectuais faziam parte do debate nas seções de cartas ao longo dos anos.

Abaixo reproduzimos a lista dos editores de cultura de Eduard Marquard (2003), feito a partir do quadro de colaboradores publicado em *Opinião:*

3 Não há datas precisas de entrada e saída dos críticos em *Opinião*. A equipe era muito extensa, compondo um tipo de trabalho *freelancer*. Mesmo na gestão de Argemiro Ferreira, Bernardet publicou artigos.

<table>
<tr><th colspan="2">Opinião</th><th colspan="2">Tendências e Cultura</th></tr>
<tr><td rowspan="3">Raimundo Rodrigues Pereira</td><td rowspan="3">out. 1972–fev. 1975</td><td>Flávio Pinheiro</td><td>out. 1972–fev. 1973</td></tr>
<tr><td>Abel Silva</td><td>fev. 1973–set. 1973</td></tr>
<tr><td>Julio César Montenegro</td><td>set. 1973–mar. 1975</td></tr>
<tr><td rowspan="2">Argemiro Ferreira</td><td rowspan="2">mar. 1975–jun. 1976</td><td>sem editor</td><td>mar. 1975–maio 1975</td></tr>
<tr><td>Sérgio Augusto</td><td>maio 1975–jun. 1976</td></tr>
<tr><td>sem editor</td><td>jun. 1976–abr. 1977</td><td>Julio César Montenegro</td><td>jun. 1976–abr. 1977</td></tr>
</table>

Montenegro explica que a editoria cultural era chamada de bólide porque ninguém ficava muito tempo nela. A seção dava errado sucessivamente; os editores se envolviam em outros projetos e abandonavam o barco. Não parava de entrar e sair gente. Interinamente, Montenegro foi ajudar Tárik de Souza na cobertura da morte de Pablo Picasso, em abril de 1973. Ele estava voltando para o Rio de Janeiro depois de trabalhar como correspondente em Brasília, enquanto o antecessor deixava a seção. Foi Tárik quem sugeriu o nome de Montenegro a Raimundo Pereira para substituí-lo e comandar *Tendências e Cultura*. Ele foi chamado literalmente para "apagar o fogo", porque muitas pessoas estavam saindo da editoria. Portanto, Montenegro assumiu o cargo oficialmente sete meses após o nascimento do jornal, em setembro de 1973.

Se a seção propiciou a Montenegro um "cartaz brutal", como ele diz, o espaço não era considerado pela chefia o carro chefe da casa. O forte do jornal era a parte de política, enquanto a cultura era vista como "de segunda", como "frescura" ou "perfumaria", resumem tanto Júlio César Montenegro [4] quanto Jean-Claude Bernardet. O proprietário de *Opinião* era um liberal progressista, enquanto Raimundo Pereira representava o universo de matizes comunistas no jornal. O editor-chefe tomou cuidado para compor uma equipe com diversas tendências políticas entre seus colegas de *Realidade, Veja e Amanhã*. Amigo de Raimundo Pereira desde a época do ITA, Júlio César Montenegro Bastos é trotskista até hoje, mas nunca se filiou a nenhum partido. Motivado pelo ódio à ditadura e às instituições, ele abandonou uma carreira de sucesso. Antes de ir trabalhar no Rio de Janeiro como jornalista no começo dos anos setenta, atuou como engenheiro e administrador de empresas. Quando decidiu se engajar na resistência, era Diretor Administrativo da Telefônica de Fortaleza. Antes disso, foi engenheiro do Departamento de Estradas do Ceará e administrou as frentes de emergência para os agricultores sem safra na Sudene, cujo objetivo era evitar o êxodo rural durante a seca de 1966. Na época da Telefônica, Montenegro ajudava o "pessoal subversivo" da cidade, como gosta de dizer. Distribuía panfletos à noite, mesmo sob o risco de prisão e dava consultoria aos bancários que queriam fazer greve. Além disso, incentivou a associação dos funcionários da telefônica, quando o movimento sindical era quase proibido. Começou como administrador de *Opinião* e de tanto dar "palpite" foi logo convidado a compor a equipe. Primeiro trabalhou como correspondente de política em Brasília por seis meses, mas ficou aborrecido de ficar sozinho

4 Montenegro, Júlio César. "O refresco da cultura". *Opinião,* n. 219, 14 jan. 1977, p. 21.

na cidade. Voltou para o Rio de Janeiro e assumiu o trabalho interno do jornal.

Os liberais, comunistas e os trotskistas não eram as únicas tendências políticas do jornal. Havia também os independentes de esquerda. Eles quase compõem uma subcategoria, a dos jornalistas "profissionais". Sérgio Augusto, Marcos Ribas de Faria e Clóvis Marques definem o interesse pelo semanário alternativo *Opinião* como um "projeto interessante de jornalismo". Para eles, a experiência foi maravilhosa porque o jornal era aberto, democrático e não faltava espaço para escrever. Sérgio Augusto achava importante existir um veículo para afrontar o regime militar de alguma forma, mas para ele o trabalho não tinha o sentido de resistência. Augusto só saiu de *Opinião* porque Gasparian iria diminuir ainda mais os salários, já muito inferiores em relação ao mercado. "Abaixo disso não havia condições", relembra Augusto.

Montenegro incorporava cada vez mais articulistas na seção. "Vinha gente diferente", da universidade, "de toda parte". "O pessoal me adorou", relembra. A seção funcionava de maneira bem aberta, sem uma estrutura rígida. As pessoas ofereciam os textos, Montenegro discutia o assunto e os artigos eram publicados. Se um colaborador esporádico fosse por conta própria a um festival de cinema, combinava antes com o editor para enviar um artigo. Raimundo Pereira ficava muito satisfeito com essa forma de organização interna.

A seção *Tendências e Cultura* era vista como "estratégia de combate" contra a ditadura. Esse tom de enfrentamento aparecia na reunião de pauta. Toda a equipe discutia o que ia sair na próxima edição. Porém os colaboradores de cinema nem sempre tomavam parte no processo, com exceção de Marcos Ribas de Faria, que também era editor da seção internacional. Os críticos de cinema não identificam hoje um projeto editorial para a seção de cultura de *Opinião*, mas observam a preferência na reunião de pauta pela visão política contrária à ditadura ou pelos filmes estrangeiros que incomodavam naquele momento. Repensando o assunto na entrevista, Jean-Claude Bernardet conclui que talvez o projeto do jornal fosse mesmo abordar filmes com problemas com a ditadura ou que dissessem algo sobre ela.

Talvez nesses breves relatos, relampejos de memória motivados pelas entrevistas, tenhamos aqui e acolá um pequeno indício de dois projetos editoriais diferentes para a seção de cinema. De um lado o viés político da resistência presente nas reuniões de pauta e de outro lado o dia a dia com a liberdade de pontos de vista de *Tendências e Cultura*. Raimundo Pereira lia e comentava todas as matérias. Não ficava preso ao texto inteiro, mas ao assunto e à forma de exposição, explica Júlio César Montenegro. Outras vezes o critério dependia da ação da censura. Se houvesse grande interdição ao conteúdo da editoria de política, a equipe aumentava o volume de matérias de cultura, e vice versa.

Nenhum dos críticos de cinema lembra-se da existência de um projeto editorial para a seção cultural. Mas todos relatam em coro a imensa liberdade e autonomia que Júlio César Montenegro dava a todos eles. A lembrança sobre a seção cultural do jornal está centrada na figura, realmente irradiadora, de Montenegro. Para Sérgio Augusto, Montenegro é muito simpático, inteligente, engraçado e leve. "Só tenho boas lembranças dele. Não tenho nenhuma queixa dele, muito pelo contrário. Montenegro era totalmente aberto, não tinha nenhum tipo de dogmatismo. Anti extremo. Ele era o oposto do Partidão; era a esquerda libertária".

A chave do que era publicado ou não em *Opinião* na seção de cinema gira em torno de Montenegro. Tudo era discutido com ele. Segundo Bernardet, ele realmente exerceu muito bem a função de editor; era excelente. "Tudo era muito maleável com o Júlio, não tinha diretriz, era tudo muito livre. Sempre tive super apoio do Júlio. Confiava totalmente nele. Não tinha essa conexão com o Raimundo."

O contato com os críticos era feito através do editor de cultura, sem nenhum tipo de interferência superior. Havia liberdade total para escrever sobre o que cada um queria. Por exemplo, Bernardet declara que não estava interessado em fazer exatamente crítica de cinema. Ele queria abordar "questões mais amplas" [de política cultural]. Essa total abertura parece ser uma das maiores saudades deixadas em quem conhecia de perto o ambiente das redações dos grandes jornais. Marcos Ribas de Faria relata que usava seus critérios como espectador para escolher as pautas. Nem sequer havia uma obrigação em comentar a produção em cartaz, isso nem na gestão de Montenegro, nem na de Sérgio Augusto. No máximo, às vezes Montenegro pedia um artigo sobre um filme importante ou respondia que determinado lançamento não merecia aparecer no jornal.

A gestão de Sérgio Augusto seguiu a mesma trilha do antecessor. Era totalmente livre, tão livre que havia espaço até para discordar dele nas seções de cartas, como aconteceu mais de uma vez. Talvez uma das diferenças seja a preocupação jornalística forte de Augusto com o *gancho*, com o acontecimento. As pautas vinham do que estava acontecendo no momento.

Os comentários atuais dos críticos de cinema sobre a total autonomia diferem das descrições do passado sobre a seção cultural de *Opinião*. Vani Kenski (1990) e Bernardo Kucinski (1991) relataram o quanto a editoria de cultura foi palco de várias divergências. As polêmicas passavam por duas questões de ordem política.

A primeira gira em torno do suposto controle secreto do jornal pelos partidos clandestinos através da figura de Raimundo Pereira. Ele teria submetido o projeto do jornal somente aos dirigentes do PCdoB (Partido Comunista do Brasil) [5] e da AP (Ação Popular).[6] Além disso, Raimundo Pereira era acusado pela equipe de exercer censura interna,[7] isto é, suprimir trechos ou o conteúdo completo de matérias, sob pretexto técnico, sem pedir autorização aos autores. Raimundo acusava o grupo dos "intelectuais" de desconhecer os procedimentos de edição do Jornalismo. Fato é que num ambiente de extrema radicalidade por causa do regime, qualquer corte era visto como censura po-

5 O PCdoB (Partido Comunista do Brasil) surgiu do racha do PCB (Partido Comunista Brasileiro) em 1962. Enquanto o PCB defendia a revolução etapista e a aliança entre diversos setores da sociedade para reconquistar as liberdades democráticas, as dissidências do partido, como o PCdoB, defendiam a luta armada contra o regime militar. Ver Aarão; Sá (2006); Segatto (1981).

6 Formada em 1963, a partir dos quadros da Juventude Universitária Católica (JUC), a Ação Popular (AP) passou a defender a luta armada e se fundiu com o PCdoB em 1973 (Aarão; Sá, 2006). O partido tinha um contato secreto com *Opinião* através do jornalista Carlos Azevedo, que na clandestinidade sugeria pautas e enviava textos para Raimundo Pereira. Sobre esse assunto ver os dois lados do debate: Kucinski e a defesa de Carlos Azevedo (2011), contato da AP com Raimundo Pereira. Segundo Azevedo, a AP teria muitas divergências com *Opinião* por ser um Jornal de Frente. Assim, a proximidade com figuras dos partidos não significaria exercer o controle do jornal. O discurso de Raimundo traz versões flutuantes sobre a influência dos partidos clandestinos nos jornais conduzidos por ele.

7 Censura interna é um termo utilizado para caracterizar a presença do censor da Polícia Federal dentro das redações. Em *Opinião,* a palavra foi incorporada pelos jornalistas para se referir ao poder de veto de Raimundo Pereira e de Fernando Gasparian às matérias.

lítica e se convertia numa saia justa. A equipe queria uma edição 100% democrática e com espaço para cada tendência de pensamento, porque o semanário era de *Frente Ampla*. Raimundo discordava e defendia uma coordenação política única. Já no começo do jornal, o editor de cultura Júlio César Montenegro escreveu uma carta a Raimundo Pereira reclamando de censura interna e solicitando que toda a equipe tivesse o direito de decidir a publicação dos textos (Kucinski, 1991).

Parte destas indagações fogem ao nosso recorte sobre a crítica de cinema, apontando para a existência de maiores disputas na relação com a direção do jornal. De qualquer modo, o termo censura interna significa projetar no colega jornalista a figura de um censor. Para Montenegro, não é pertinente tentar "traçar uma linha torcendo numa direção, o que na época, fluía com fusões. Eram muitas trajetórias para entrelaçar histórias". Quem resume bem a questão da radicalidade é Tônico Ferreira (Herzog, 2011), ao lembrar que "todos nós" éramos um pouco autoritários no período, com pouco jogo de cintura. Havia briga para tudo na redação, até para demitir um *motoboy*.

O clima daquele período pode ser sentido numa breve história contada em separado tanto por Montenegro, quanto por Bernardet. Ela ilustra uma diferença de pensamento entre as tendências políticas. Raimundo é descrito como um "xiita" que trabalhava "o tempo inteiro". Certo dia, Bernardet e Montenegro resolveram ir à praia e voltaram queimados de sol. Na volta, Raimundo os repreendeu: "como vocês podem ficar na praia, quando o mais importante é a luta contra a ditadura?" Se a história pode parecer inocente à primeira vista, ela revela o quanto Raimundo incorporou a ideia de missão e sacrifício à causa, típica do então PC [Partido Comunista] (Sá Motta, 1997).

Após uma pausa para pensar durante as entrevistas, os críticos reavaliam hoje que a censura interna não existiu no jornal. Jean-Claude Bernardet relembra que jamais Raimundo Pereira nem Fernando Gasparian se envolveram ou intrometeram na área cultural. Nunca vieram comentar nada sobre os textos dele. Caso houvesse algum tipo de pressão, "Montenegro nos protegeria". O "bom humor" dele e a "ironia" aliviavam as tensões, explica. Contudo, Bernardet não nega que ante à tranquilidade da seção de cinema, a de música e teatro eram mais turbulentas. Ele se refere à presença "isolada" do crítico teatral Fernando Peixoto, do PCB. Existiria uma tensão entre o projeto do nacional popular em Peixoto e sua oposição na figura de Montenegro. A disputa se dava em torno do imperativo do engajamento, enquanto Montenegro lutava para fazer no jornal a própria crítica da esquerda (ver Capítulo 5).

Com mais conhecimento de causa sobre o assunto, Júlio César Montenegro nega a existência de um controle dos textos e o comando único por um partido no semanário. Segundo o ex-editor, só no final do jornal, Fernando Gasparian teria exercido a censura interna, imitando a "hegemonia" de Raimundo em *Movimento*. Montenegro liderou uma disputa interna que ficou famosa na história do jornal, conhecida como o caso dos "Dissidentes da Cultura". O grupo lutava contra o controle interno que o proprietário do jornal tentava exercer. A disputa se dava em torno da autonomia *total* de criticar quem se quisesse na área cultural, enquanto Gasparian não admitia a crítica aos artistas consagrados no campo ou aos seus amigos pessoais. Segundo Kucinski (1991), Montenegro permanecia impaciente com a corrente do nacional popular, comandada pelo crítico de teatro Fernando Peixoto. Do outro lado, os dissidentes da cultura exigiam autonomia e liberdade total para a seção de cultura e contavam com o apoio de Luís Renato Martins, Genilson César e Jean-Claude Bernardet.

Se estas discussões correm o risco de enveredar por um viés personalista, interessa aqui relacionar a trajetória pessoal com as tendências políticas internas da esquerda para entender a fase final do jornal e suas polêmicas internas. A briga girou em torno da cultura do nacional popular que ruía como cultura política no período, mas ainda era o pilar de sustentação do jornal. Comandada por Júlio César Montenegro na fase final, a seção cultural começou a fazer uma oposição cerrada aos valores do nacional popular (ver Capítulo 5).

Um relato de época na primeira pessoa da poetisa Ana Cristina César, através do biógrafo Ítalo Moriconi (1996), destrincha o sentimento da equipe cultural no calor do momento, algo que inexiste hoje nos relatos. Em cartas, a autora contava um pouco sobre o dia a dia de *Tendências e Cultura* e explicava quais alas existiam no jornal. Para ela, a tensão girava em torno do nacional popular e da "esquerda libertária". Ela descrevia Fernando Gasparian como um "liberal conservador", sem coragem de bater de frente contra os artistas ligados ao nacional popular. O proprietário do jornal queria fazer "jornalismo cultural de esclarecimento humanista", baseado na ideia de "cultura universal". Para Ana Cristina César, Raimundo representava um "autoritário a serviço da política nacionalista", "populista" e "stalinista do PCdoB". Era comprometido com a "denúncia social" e com uma perspectiva "realista socialista". Caberia a ele como editor-chefe administrar as tensões entre a "Frente Ampla Cultural", ou seja, entre Gasparian, a ala do nacional popular e os partidos clandestinos. Sob o comando do proprietário e de

Raimundo, a arte engajada foi privilegiada, deixando de lado a politização das questões subjetivas.

O clima de tensão entre as alas do jornal teria se intensificado no final, após a saída de Raimundo Pereira. Contrária à política cultural da Frente Ampla, Ana Cristina César descrevia a seção cultural como uma esquerda "autêntica" e como vanguarda de pensamento tentando barrar as influências dos liberais conservadores, dos sociais democratas e do Partidão. O confronto final se deu porque a equipe de cultura sonhava com a autogestão. Com Montenegro à frente e Ronaldo Brito ao lado, a seção passou a trazer os temas comuns da contracultura, diversificando a pauta em torno do rock, do corpo, da TV e dos debates sobre Jornalismo Cultural entre 1976-1977. Se a recepção do público teria sido boa, afinal a redação recebia longas cartas de comentários aos artigos, a postura acirrou os ânimos do proprietário e da cultura do nacional popular. Como consequência dessas disputas, houve dois episódios de censura interna, que comentaremos no Capítulo 5: *Xica da Silva* (1976) de Carlos Diegues e de *Gota d'água* de Paulo Pontes e Chico Buarque.

A estética do silêncio e a escrita do crítico censurado

Opinião foi mutilado pela censura do início ao fim. Nasceu e morreu sobre intensa repressão. Um mês após o lançamento, na edição número 8, a situação piorou quando se instituiu a censura prévia.[8] Três dias antes do fechamento, o jornal era obrigado a arcar com os custos do envio de todas as matérias à sede da Polícia Federal em Brasília. O processo atrasava o fechamento do jornal. Por isso quando a edição ia para as bancas, ela já es-

8 A edição zero do jornal é de 06 a 13 de novembro de 1972. Quando Gas-

tava desatualizada. A consequência foi uma queda crescente nas tiragens. Para enfrentar a tesoura, a equipe produzia em média uma quantidade suficiente para preencher duas edições na esperança de ver publicadas as tradicionais 24 páginas do semanário. A censura em *Opinião* acabava por incidir em toda a imprensa. Os jornais eram proibidos de noticiar as apreensões e cortes ao semanário de Fernando Gasparian. Para comprovar é só ler a lista de ordens de censura à imprensa (Marconi, 1980) e observar quantas vezes os jornais não podiam citar a apreensão de *Opinião* ou a prisão de seus dirigentes.

Enquanto a censura à imprensa diminuía por volta de 1975, quando os censores deixaram a redação do jornal *O Estado de S. Paulo*, já no contexto de abertura política, a repressão tornava-se cada vez mais feroz em *Opinião*.[9] Das dez mil páginas escritas, os leitores só tiveram contato com seis mil.[10]

Opinião já era vigiado pelo Departamento de Segurança e Informação (DSI) desde o lançamento, quando os colaboradores são acusados de possuir "vínculos" com o Partido Comunista

parian conseguiu vencer um processo no Supremo Tribunal Federal, provando que a intervenção censória à imprensa era inconstitucional, o presidente Emilio Garrastazu Médici institucionalizou a censura prévia ao *Opinião* como "decreto legal" baseado no AI-5. A partir da edição n. 8 (25 dez. 1972 a 01 jan. 1973), a censura foi transferida para Brasília.

9 Se os censores deixaram a redação do *Estadão* em janeiro de 1975, a imprensa alternativa só ficou livre da censura prévia em 1978, junto com alguns órgãos da grande imprensa, como a *Tribuna da Imprensa*. Sobre um histórico da censura à imprensa ver Marconi (1980), Lins da Silva; Festa (1986).

10 Em números exatos, calcula-se que 100 mil laudas de *Opinião* não chegaram a ser impressas. "Fim de uma etapa (editorial)". *Opinião*, n. 230, 01 abr. 1977, p. 6.

Brasileiro e de divulgar propaganda subversiva".[11] A lista não poupava nomes; passava não só pelo dono do jornal e pelo editor-chefe, mas também por Jean-Claude Bernardet, os três com "antecedentes". Nem Paulo Francis e Washington Novaes escaparam à listagem, que incluía também Antonio Carlos Callado, Fernando Henrique Cardoso, Millôr Fernandes, Celso Furtado, Hélio Jaguaribe e Otto Maria Carpeaux. O jornal é denunciado por ser veículo de difusão do pensamento das organizações de esquerda e de "outros notórios comunistas não estruturados".

Algumas palavras como exílio, censura, ditadura, golpe, revolução, tortura, ou temas de natureza social, como assembleias, debates ou reivindicações estavam sempre na mira da censura, segundo Flavio Aguiar (Carneiro, 2002). Podiam ser vetadas com a menor suspeita de que fossem uma alusão ao Brasil, mesmo que remota. O jargão marxista era recebido com tremenda fúria, sobretudo se relacionado aos itens anteriores, ou se descrevesse algo do Brasil. Parágrafos com palavras como classe, burguesia, proletariado, luta de classe eram passíveis de sumir, especialmente se o contexto sugerisse confronto. Algumas personalidades, como Nelson Werneck Sodré, raramente poderiam ser citadas ou escrever para o jornal. Às vezes não se admitia a menção aos cassados ou intelectuais exilados nos textos. Marcos Gomes (Herzog, 2011) lembra que os intelectuais, como Celso Furtado, se arriscavam ao conceder entrevistas ao *Opinião*.

---

11 Há vários processos internos da censura contra *Opinião* no site *Memórias Reveladas* do Arquivo Nacional. Os processos citados aqui são os seguintes: Processo DSI/MJ n. 01.022 e Processo Secom n. 54.414.Disponível em: <http:na.gov.br/mr/Multinivel?Exibe_Pesquisa.asp?v_CodReferencia_ID=41201> Acesso em 09 abr. 2014.

De acordo com Tonico Ferreira (Azevedo, 2011), a censura interna durou pouco porque a polícia percebeu que o editor-chefe, Raimundo Pereira, conseguia persuadir os censores internos através do contato pessoal. Para enfrentar a censura, a equipe usava todos os estratagemas possíveis. Como o nome de Ferreira Gullar estava proibido, o editor de cultura, Sérgio Augusto, alterava a grafia para Frederico Gullar. Depois, na gráfica, ele voltava a colocar *Ferreira Gullar*. A estratégia nunca foi descoberta. Mesmo exilado e "vetado", Gullar podia contribuir com textos de reflexões sobre arte. Só não podia compor artigos provocadores para não chamar a atenção. "Era assim que a gente conseguia driblar aqui e ali", conta Augusto. Os censores tinham cismas e cortavam os textos, mas a equipe tentava enganá-los o tempo todo. Por exemplo, Raimundo fazia o papel de irritado, enquanto Tônico encarnava o de apaziguador, que conversava com os censores. Às vezes a dupla ficava sabendo dos fatos exatamente pelas proibições da censura. Não era também raro uma matéria censurada numa semana ser liberada na semana seguinte. É consensual entre os articulistas entrevistados que a crítica de cinema era pouco censurada, seja na imprensa alternativa ou na grande imprensa.

A equipe utilizava algumas estratégias para evitar os cortes: baixar as matérias apenas de madrugada ou tentar vencer os censores pelo cansaço. Os espaços criados pelos cortes eram preenchidos com desenhos, frases ou com uma tarja negra, onde se lia "Assine e Leia Opinião." O semanário alterava a grafia típica do jornal ou errava de propósito o número das páginas para causar estranheza no leitor. Se os espaços em branco eram proibidos, às vezes alguns deles bem pequenos apareciam.

Para agilizar o processo, *Opinião* contratou um responsável para retirar o material censurado na Polícia Federal de Brasília e transmitir os cortes por telefone à redação. Tônico Ferreira (Azevedo, 2011) e Flavio Aguiar (Carneiro, 2002) detalham como esse processo de leitura era tenso tanto em *Opinião* quanto em *Movimento*. Depois de diagramar todo o jornal com lápis e régua, toda a redação acompanhava por duas a quatro horas a leitura da lista de cortes, linha a linha, não só do texto, mas das ilustrações, charges e manchetes. Até a coluna de xadrez não escapava. A responsabilidade era muito grande, porque ao menor erro, toda a edição poderia ser apreendida (Azevedo, 2011).

Bernardet era muito consciente de fazer no jornal uma "cultura de resistência" dentro de "limites viáveis". A luta dependia do que era possível escrever, "evitando qualquer tipo de provocação". Mesmo respeitando esses limites, a partir de outubro de 1973, os textos dele foram totalmente vetados pelo censor. Nada no conteúdo justificava a proibição. A solução foi procurar um tom mais ameno ainda. Mas isso não adiantou porque a interdição dos artigos era total. Montenegro, Raimundo Pereira e Bernardet levaram três semanas para concluir que a censura não era ao conteúdo, mas ao nome dele. A partir daquele momento, Bernardet passou a usar o pseudônimo Carlos Murao. O nome falso possibilitava até escrever textos mais "duros", totalmente liberados.

A censura estava presente no cotidiano do trabalho de todos os críticos de cinema de *Opinião*. Clóvis Marques ficava mais preocupado com a interdição ao próprio texto do que com a censura aos filmes. Qualquer texto dele era escrito na forma de um diálogo com um "militar fantasmagórico de direita. Escrevíamos sabendo que estávamos sendo observados", explica. Por isso os textos são "tão cheios de alusões e metáforas". Alguns percalços relatados acima também existiam nas redações dos grandes veículos.

As proibições aos nomes dos diretores e dos filmes chegavam aos jornais por ordem de censura, seja por telefone ou pessoalmente.

A censura não incidia somente na crítica de cinema de *Opinião*. Vários textos de José Carlos Avellar no *Jornal do Brasil* foram motivo de queixa direta da censura. Foi por um desses atritos que ele passou a escrever no jornal *Opinião*. Certa vez, o *JB* estava proibido pela censura de citar os contratos de risco da Petrobrás, mas o crítico aproveitou o lançamento de um filme estrangeiro para estabelecer comparações entre a história e a situação daquele momento. A trama girava em torno de um contrato feito com um assassino. Sem entrar no mérito político, Avellar estabelecia um paralelo entre o significado de um contrato de risco no filme e nas operações econômicas da estatal brasileira. A linha política permanecia subentendida, mas conseguia encaminhar uma leitura sobre a situação. O texto foi a porta de entrada para Avellar participar de *Opinião*, porque houve um desentendimento com os chefes do *JB* em função do comentário. Ele continuou nas funções internas, mas parou de escrever crítica de cinema por alguns meses. Um contexto muito parecido o levou ao *Movimento* em outro momento.

O breve resumo acima exposto não tem a intenção de encerrar o tema. Os casos servem como referência para analisar na sequência as estratégias que os críticos de *Opinião* usaram para denunciar a interdição da censura ou para transmitir significados políticos indiretamente. O foco do estudo é observar a *forma textual* do semanário porque o entendimento dos artigos passa por essa relação. A historiografia às vezes cita algumas matérias de *Opinião*, mas em alguns casos há perdas em termos de interpretação, porque a análise da forma do texto censurado permanece em segundo plano. Afinal a censura é um dado determinante sobre o conteúdo e a apresentação dos artigos. Para destrinchar as características da *crítica espiral-lacunar* de *Opinião,* tomamos como princípio de análise as estratégias tomadas contra o silêncio imposto pelo censor. Está em curso pensar não só o conteúdo da mensagem, mas também a construção textual frente à intervenção censória.

Opinião criou uma metalinguagem na qual o leitor deveria apreender o conteúdo, extrapolando o sentido linear do texto (Kenski, 1990). Com o passar do tempo, a compreensão do jornal tornou-se cada vez mais ambivalente, por causa da instauração da censura prévia. O processo gerou um tipo de linguagem codificada, de difícil entendimento que foi analisada por Vani Kenski (1990). Segundo ela, a maior parte dos leitores do semanário não compreendia as estratégias utilizadas para explicitar a intervenção. Muitos deles nem percebiam os espaços em branco ou o excesso de publicidade do próprio jornal, como forma de demonstrar a censura.

Não era para esse público que Montenegro dava preferência quando escrevia. Num artigo para a *Revista de Cultura Vozes* (Montenegro, 1976), ele declarou que o público de *Opinião* provavelmente entendia o trabalho dele de transmitir significados no texto e nas ilustrações. Esse público, descrito pelo editor de cultura, foi estudado por Vani Kenski (1990). "Fascinados" pelo jornal, eles tinham o hábito de reler diversas vezes as matérias em busca dos sinais da censura. A simples participação na lista de assinantes ou o deslocamento até a banca de jornal mais próxima para comprar *Opinião* significava para essas pessoas um risco, próximo ao da ilegalidade.

Para os que liam o semanário como um grande quebra-cabeças e enigma a desvendar, parece ter sido feita a primeira edição de *Opinião*. Um desses artigos fez uma menção indireta à censura na forma de uma entrevista sobre a função da imprensa com a participação de renomados jornalistas.[12] Como uma aula sobre a leitura de jornais censurados, José Hamilton Ribeiro explicita a necessidade de entender o texto nas entrelinhas: "A propaganda (...) está na sua quando diz que certo dentifrício destrói o mau hálito sem dizer que um de seus componentes é agente do câncer. A imprensa, não. (...) Bem, talvez a maior função da imprensa no Brasil, hoje, *seja dizer mais do que vai escrito* [*grifo nosso*]".

"Dizer mais do que vai escrito": eis o princípio para se ler *Opinião*. E logo nesse primeiro número, isso é revelado na matéria. Dessa forma, o jornal era obrigado a trabalhar no regime da *política do silêncio*, isto é, se a censura determinava o limite do dizer, o jornalista tentava encontrar as formas de afirmar algo, mediante o apagamento de outros sentidos possíveis. Assim os textos tinham de lidar com a censura que instaura a interdição do dizível para poder dizer, sem dar declarações explícitas. Nesse trabalho, o jornalista procurava revelar o que do dizível não se podia dizer e o que era preciso não dizer para poder dizer.

A base informativa dos textos do jornal está nas elipses, que revelam as formas de produção de sentido utilizadas pelo silêncio para agir através do não-dito e das significações implícitas. "O silêncio não fala. O silêncio é. Ele *significa*. Ou melhor: no silêncio, o sentido é". (Orlandi, 1997, p. 31). Se o objetivo da censura era silenciar e limitar o sujeito no seu percurso de produção de sentido, a forma desse texto revelava as estratégias discursivas encontradas para significar em outros locais. Afinal, o sentido

12 "Qual a função da imprensa?" *Opinião*, n. 1, 6 a 13 nov. 1972, p. 22.

não está alocado em um único lugar. Ele não pára, mas muda de lugar e se produz na relação entre os sujeitos.

Para enfrentar a censura, *Opinião* recorre com frequência ao gênero *informativo*. O número de matérias com este formato é muito maior do que a utilização do tom opinativo, provavelmente para evitar a interdição dos textos. Um dos exemplos é a discussão sobre a criação do Conselho Superior de Censura (CSC). No segundo semestre de 1975, é divulgada na imprensa a disposição do governo de regulamentar o Conselho como uma instância para os artistas recorrerem. Naquela época, *Opinião* publica dois artigos sobre o tema. No primeiro, o tom geral é informativo. O jornal apenas declara ser cedo para avaliar a iniciativa do governo, sem se posicionar diretamente.[13] No segundo, apresenta-se um material opinativo, mas com o cuidado de designar as informações como *versões de terceiros*, para evitar a responsabilidade.[14] O semanário toma o cuidado de colher e balancear informações de artistas e intelectuais contrários e a favor da criação do Conselho. Enquanto Nelson Werneck Sodré declara não admitir "em hipótese alguma" a censura, Arnaldo Jabor toma outro rumo. Não responde à pergunta feita, e inverte o alvo. Segundo ele, a censura deveria existir para reprimir a "desconfiguração cultural e moral causada no público brasileiro pelos filmes estrangeiros". Assim, sem precisar explicitar sua opinião, o jornal transmite mais de uma forma de refletir sobre a notícia.

13 "A criação do conselho superior de censura". *Opinião,* n. 118, 07 fev. 1975, p. 4.

14 "A criação do conselho superior de censura – O que pensam os intelectuais". *Opinião*, n. 118, 07 fev. 1975, p. 5.

O semanário procura manter no público o hábito da intervenção, mas às vezes algo foge ao leitor. É nestes casos que os jornalistas conseguem gerar uma significação outra. A partir da repetição dos fatos, se produz, portanto, outra significação. Era muito comum em *Opinião* a *estratégia de migração de sentido* através da utilização de fatos históricos do passado para reinterpretação através de metáforas. Constrói-se aqui um *outro sentido* que não é exatamente um sentido contrário ou uma denegação, mas o sentido a que o autor faz referência (Orlandi, 1997). Através da alusão, se diz outra coisa. Assim o texto passa a significar pelo avesso, pelo seu duplo.

Noutros momentos, a mensagem era dirigida a um público mais restrito ainda, através de lacunas textuais que pressupõem um conhecedor da história do cinema. Num desses casos, o autor anônimo [15] cita uma declaração de Roberto Farias sobre a importância do filme histórico como forma de estimular o sentimento nacionalista do povo. A conclusão aparece em forma lacunar. "Como nos tempos da UFA?". A frase não faz referência só à tradicional empresa cinematográfica alemã (Universum Film AG), mas a sua existência durante o regime nazista. A comparação entre os dois regimes autoritários ficava a cargo de um leitor proficiente. O mecanismo pressupõe uma ordem de leitura. Para alcançar a significação *implícita*, o leitor deve passar primeiro pela significação *literal* (Ducrot, 1977). Contudo, cabe ao destinatário responder com a significação escolhida. Da sensação de *estranhamento* porque faltam informações básicas jornalísticas sobre o que seria a UFA, por exemplo, se tenta levar o

15 "Um cinema edificante". *Opinião*, n. 161, 05 dez. 1975, p. 23. Pelo estilo e construção, o texto parece ter sido escrito por Jean-Claude Bernardet.

receptor a "completar" os dados faltantes. Aqui o "dizer" precisa da *falta*. Assim, o leitor mais atento é levado a *preencher lacunas*, através da "costura" das notícias.

Certa vez *Opinião* virou o feitiço contra o feiticeiro. O jornal publicou na íntegra o próprio documento *oficial* do regime militar, contendo as proibições da censura. A matéria em questão chamava-se *Documento - A advertência do Ministério da Educação* com os temas interditos para a área cultural.[16] Segundo o material, o cinema é uma das mais poderosas armas de subversivos para facilitar a divulgação de mensagens. Os "comunistas" usam este meio para "difundir mensagens", explorando temas como a política, a violência e a pornografia. De maneira concreta, o parecer cita nomes:

> No Brasil essa forma vem sendo paulatinamente difundida e desenvolvida, encabeçada por alguns cineastas como Glauber Rocha, Rui Guerra, discípulos e seguidores de Godard. (...) Sob o rótulo de Cinema Novo, eles usam temas regionais para insuflar a luta armada contra o poder opressor, mostrando a violência policial de uma forma exagerada, gerando uma animosidade do povo em relação ao poder constituído. O próprio Glauber diz que o Cinema Novo no Brasil só terá sentido se estiver na vanguarda da mais agressiva e imediata luta sem reconciliação. 'Temos de fazer o cinema da miséria, na cultura da fome'.

16 "Documento - A advertência do Ministério da Educação". *Opinião*, n. 66, 11 fev. 1974, p. 5.

A publicação deste documento oficial na íntegra permitia expor a proibição aos leitores. Além disso, o teor de "absurdo" do comunicado tornava mais fácil o entendimento da mensagem, sem que o jornal tivesse de enumerar os nomes dos diretores censurados e "subversivos". Com esse subterfúgio, *Opinião* faz do documento oficial uma arma contra a censura. A afirmação de Glauber Rocha no final do texto torna possível a existência de duas zonas de significação. Se o objetivo do órgão oficial era destacar seu caráter "subversivo", a frase com aspas permitia realizar uma "propaganda" das ideias do cineasta: "Temos de fazer o cinema da miséria". Chama a atenção também o uso polissêmico da palavra "poder opressor" no texto oficial. Trata-se, portanto, de uma forma clássica de *migração de sentido* do discurso da opressão com o mesmo enunciado deslocado para o sentido de enfrentamento à ditadura.

O trecho revela o quanto o discurso da censura e o discurso da resistência coexistem no mesmo sistema discursivo (Orlandi, 1997). A retórica da dominação caminha lado a lado à retórica da resistência. Ao silêncio imposto pela censura, a resistência responde com o silêncio de outros significados constituídos numa outra área, onde é preciso não dizer para poder dizer. Enquanto o autoritarismo procura impor um entendimento único para toda a sociedade, a resistência diz "o mesmo", através do que é permitido declarar. No entanto, ela relata outra coisa, quando revela o proibido. Por causa disso, não há censura completamente eficaz, afinal os sentidos sempre escapam. Dessa forma, *Opinião* consegue denunciar a censura aos cineastas brasileiros ao transcrever o discurso oficial.

Os dois críticos de cinema de *Opinião* responsáveis por discutir mais de perto a censura são Sérgio Augusto e Gustavo Dahl.

O primeiro artigo do jornal a comentar a interdição ao cinema é de Augusto.[17] Em tom de contestação, ele enfrenta a censura textualmente: "Nada de corte ou interdições. Cabe ao público decidir o que vai assistir". E o espectador "quer ver a versão integral", declara. Se este texto é anterior à instituição da censura prévia, depois dela, Sérgio Augusto vai ainda mais longe. Ele chega a declarar: "Estaremos cobrando junto ao INC e o Ministro Jarbas Passarinho uma alteração na legislação cinematográfica, e lembrando ao Ministro da Justiça que num Brasil em ritmo de país grande não faz sentido uma censura tão retrógrada como a nossa".[18] Esse tom contestador de Sérgio Augusto foi corajoso e inédito em *Opinião*, porque a Polícia Federal passou a proibir a publicação de críticas ao sistema de censura ou a qualquer notícia contra o órgão censor desde 4 de junho de 1972. É por esse motivo que nas primeiras edições há mais declarações explícitas contra a censura no semanário, indicando uma "liberdade" um pouco maior. Na comparação com outros jornais, é possível observar o quanto o ato de citar o nome dos filmes censurados sem rodeios, como fez Sérgio Augusto nas duas matérias citadas acima, não era muito comum. O colega de redação do *JB*, José Carlos Avellar relata como era difícil escrever sobre os filmes de Glauber Rocha ou de Costa-Gravas. Existia uma proibição de falar qualquer coisa sobre *Z* (1969). A equipe do *JB* tentava fazer uma menção aqui e acolá, indicando quais os filmes passavam no exterior, mas não no Brasil. *Opinião* usava o mesmo critério.

Enquanto Augusto recorre ao gênero informativo, inserindo opinião no meio das notícias, Gustavo Dahl utiliza a estratégia

---

17 Augusto, Sérgio. "O que se pode ver". *Opinião,* n. 6, 11 a 18 dez. 1972, p. 19.

18 Augusto, Sérgio. "Ajuste de contas". *Opinião,* n. 10, 8 a 15 jan. 1973, p. 21.

do ensaio para falar da censura em tom analítico e opinativo. Nos seus dois artigos sobre esse assunto, ele não contesta o direito de o Estado exercer a censura. Para permitir a publicação, o articulista aproveita para fazer elogios a Geisel.[19] Mas logo em seguida, Dahl comenta a "decepção" com a distensão lenta e gradual do presidente, que teve o "mérito" de ter ferido questões totalmente fechadas, dentre elas a censura.[20]

Se num primeiro momento, Dahl parece não contestar o direito à censura, a continuação prevê uma leitura irônica. "Quando proíbe ou corta, baseada na mesma fonte de direito que permite o uso de armas pelos policiais ou fecha com grades as prisões: a meta é a defesa da sociedade como um todo, a repressão aos que estejam fora da lei". O trecho é tipicamente uma zona discursiva mista, porque Dahl completa que a censura afeta toda a população.

O segundo artigo de Gustavo Dahl [21] pode ser lido como uma zona interdiscursiva. Ao mesmo tempo, Dahl traz um discurso conciliador, mas expressa um viés irônico de resistência. O trecho final reserva uma crítica indireta à censura: como a cultura aceita a censura, esta última também deveria encarar a cultura e a renovação de valores como necessidade da população. Se todos têm a "utopia de um Brasil melhor", resta definir, "se do ponto de vista da censura, do poder, do estado, a cultura tem alguma contribuição a dar para tornar esta utopia possível". A indagação deste trecho procura fazer o público preencher os espaços e impor ao destinatário (tanto o leitor quanto o censor) esta dúvida. Ducrot

---

19 Dahl, Gustavo. "Censura e cultura II". *Opinião,* n. 125, 28 mar. 1975, p. 24.

20 Dahl, Gustavo. "Censura e Cultura I". *Opinião*, n. 124, 21 mar. 1975 p. 22.

21 Dahl, Gustavo. "Censura e cultura II". *Opinião,* n. 125, 28 mar. 1975, p. 24.

(1977) mostra como o ato indireto de interrogar o leitor tem a função de afirmar de modo implícito um direito à indagação, tal qual o crítico fez. Depois da publicação deste artigo, Dahl parou de escrever em *Opinião*. Logo depois, ele tornou-se assessor de Roberto Farias e diretor de Distribuição da Embrafilme.

O filme censurado que recebe maior espaço em *Opinião* é de longe *São Bernardo* (1972) de Leon Hirszman. O lançamento só ocorreu um ano e meio depois, porque a obra ficou retida na censura por sete meses, gerando a falência da empresa *Saga*, de propriedade do diretor (Simões, 1999). *Opinião* publicou dois artigos sobre ele. O primeiro deles, de autoria de Jean-Claude Bernardet,[22] considera o filme uma produção inesperada e uma interrogação lançada ao público culto. As escrever que as situações apresentadas pelos personagens são também uma "síntese das contradições sociais brasileiras", o autor não explica como. Só lança indagações. Neste texto, Bernardet não analisa as cenas, como costumava fazer, talvez para evitar transmitir informações aos censores.

Dois anos depois, Jean-Claude Bernardet voltou ao tema, quando o filme foi lançado, numa entrevista com Leon Hirzsman. O artigo foi escrito com o pseudônimo de Carlos Murao por causa da censura. Mesmo num jornal sob repressão, o entrevistador pergunta se o livro dialoga com o presente e com a realidade atual:[23] "A adaptação de um livro antigo para falar do presente foi apenas uma opção de criação ou a busca de um amparo numa obra clássica embora polêmica?" Depois Bernardet

---

22 Bernardet, Jean-Claude. "Uma voz inesperada". *Opinião*, n. 7, 18 a 25 dez. 1972, p. 22.

23 "Ninguém vai sozinho ao paraíso". Entrevista concedida a Carlos Murao (pseudônimo de Jean-Claude Bernardet). *Opinião*, n. 87, 08 jul. 1974, p. 16.

questiona se a adaptação de livros "não corre o risco de afastar o cineasta de uma análise da realidade atual", falando só "através de alusões" ao passado.

Hirszman muda de assunto e sai pela tangente. Antes o cineasta tinha explicado que os filmes importantes revelam a realidade brasileira. Portanto, a construção do sentido depende, na verdade, da reelaboração e repetição do conteúdo da pergunta anterior. O trecho revela a função da *incompletude* (Orlandi, 1997) que é fundamental no dizer e produz a possibilidade do múltiplo. É exatamente o silêncio discursivo de Hirzsman na entrevista quem preside essa possibilidade. Ele significa o nada se multiplicando em sentidos. Quanto maior o silêncio de Hirszman, maior será o espaço para outras significações. A falta de resposta do cineasta e o caráter incompleto da linguagem utilizada fundamentam o movimento de interpretação do leitor, trazendo a condição de pluralidade da língua.

Este *silêncio* do diretor se caracteriza como uma *deixa* para o leitor refletir sobre as cenas do filme. *São Bernardo* conta a trajetória do comerciante Paulo Honório até conseguir a posse de uma fazenda. Indiretamente a trama revela a situação social dos agricultores porque o fazendeiro coloca em prática a ideia de "coisificação do homem" pelo sistema econômico.

Após meses de luta para liberar a obra, Hirszman não iria explicar como *São Bernardo* revelava o presente, nem iria detalhar as sequências onde realizou uma forma de denúncia social mais clara. O mecanismo evita que uma informação explicitada torne-se tema de discussão. Se o subentendido tem a vantagem de poder sempre se retratar, como fica a responsabilidade do dizer nesta entrevista? A resposta está na descrição das *manobras estilísticas* de Oswald Ducrot. A responsabilidade do locutor está restrita à significação literal. O destinador procura trazer o destinatário para seu jogo e dirige seu raciocínio à distância. Para tal, ele fornece os dados suscetíveis de levar o leitor a esta ou aquela conclusão. Nesse jogo, o autor pode suscitar certas opiniões no destinatário, sem correr risco. Assim, a significação implícita não parece prevista pelo locutor e garante que o autor negue suas intenções. Portanto, a manobra estilística só surte efeito se fundada numa condição de *segredo*. O sucesso dela depende do não-reconhecimento. Assim o locutor só pode negar ter dito, porque, de fato, ele não disse.

O que não se podia dizer neste artigo? Não se deveria revelar que a forma encontrada para analisar a sociedade atual, a crítica implícita à exploração do trabalho, estava não só na história do fazendeiro, mas também na parte final do filme. Bernardet só faz menção à ideia de "coisificação do homem pelo processo econômico" para perguntar como esse processo se reflete nos dias atuais. Nas cenas finais de *São Bernardo*, as cenas documentais revelam camponeses em condições de vida precárias. As imagens completam as sequências apresentadas durante a trama e tem um caráter de denúncia: são imagens "atuais" da pobreza no campo. Essa foi a forma encontrada para mostrar a situação social "do presente" por Hirszman, de que tanto fala Jean-Claude Bernardet, sem explicar como.

A matéria abre uma pergunta: era possível escrever sobre filmes censurados em *Opinião*? Sérgio Augusto explica em entrevista que não havia como escrever, porque o processo era uma luta inglória, afinal os textos "não saíam". Compor um texto sobre algo que vai ser censurado ou considerado provocador significava para ele uma perda de tempo e uma espécie de "autocensura". Para comentar filmes recém-liberados, como *São Bernardo*, era preciso ter "muita cautela". Só era possível transmitir mensagens na entrelinha se fosse "bem indireto", relembra o crítico.

Para comentar os filmes realizados no exterior por Glauber Rocha, *Opinião* citava a crítica internacional e terminava com um comentário do tipo "infelizmente a obra não chegará ao Brasil.[24] Sem explicar o porquê, os leitores teriam de *costurar* o nome de Glauber Rocha como diretor taxado de "subversivo" pelo documento oficial publicado antes em *Opinião*,[25] como vimos. Assim era possível entender a razão da não importação. O processo de preenchimento das lacunas ficava por conta do público. Se Glauber Rocha não recebeu uma matéria sequer em *Opinião*, só pequenas notas, o silêncio tentava significar mais que a *aparição* do nome dele.

***

É possível adentrar mais no processo de confecção do jornalismo mediante a censura, a partir do material não publicado do *Opinião*. A partir dos *rascunhos* de Jean-Claude Bernardet, disponíveis na Cinemateca Brasileira, analisamos seu processo de confecção crítica por meio de um trabalho comparativo. Para o número zero, o crítico preparou um artigo sobre os filmes históricos, destacando especialmente *Os inconfidentes* de Joaquim Pedro de Andrade (1972),[26] mas o texto não foi publicado. Quase três anos depois, por causa do lançamento de *Guerra Conjugal* (1974), Bernardet retoma a análise da obra de Joaquim Pedro de

24 "A clareza de Glauber". *Opinião*, n. 143, 01 ago. 1975, p. 23.

25 "Documento - A advertência do Ministério da Educação". *Opinião*, n. 66, 11 fev. 1974, p. 5.

26 Acervo Jean-Claude Bernardet. Cinemateca Brasileira. Pasta DJ/13. Anotações, rascunhos e textos originais publicados em *Opinião* 1972-1973.

Andrade em *Opinião*.[27] Para poder falar do filme, ele recorre a um eufemismo. Declara apenas que o cineasta *aceita as armas do inimigo*. Isto é, Joaquim Pedro usa o incentivo do governo ao filme histórico nos *Inconfidentes*. Diferente desse viés lacunar, no rascunho do jornal, Bernardet explica *abertamente* ao público que "*Os Inconfidentes* é um filme mais interessado no intelectual de hoje no Brasil do que na inconfidência mineira." No artigo publicado em *Opinião*, essa mesma informação aparece indiretamente:

> Joaquim Pedro finge aceitar a regra do jogo, penetra e mina por dentro. *Os Inconfidentes* não apresentou uma concepção gloriosa e heróica, e no fundo marcada e ingênua, da história do Brasil. *Os Inconfidentes* representa o mais alto grau de contradições a que chegaram os intelectuais-cineastas na época, e o grande valor do filme é justamente o de ter feito aflorar claramente estas contradições.

A análise ampliada do filme foi publicada no livro *Piranha no mar de rosas* no texto *O caso Tiradentes, notas* (Bernardet, 1982, p. 69-84). O texto descreve o mecanismo da quebra da quarta parede, quando os atores se dirigem ao público, rompendo com o espaço ficcional. Primeiro Bernardet explica ao público como o filme histórico só significa para o presente. Depois, ele analisa *Os Inconfidentes* à luz da política cinematográfica para mostrar como o incentivo a esse tipo de produção tem fins ideológicos. Como no caso de *São Bernardo*, Jean-Claude Bernardet tinha um motivo para não completar a análise fílmica em *Opinião*.

27 Bernardet, Jean-Claude. "Com as armas do inimigo". *Opinião*, n. 127, 11 abr. 1975, p. 20.

Os censores liberaram o filme, mas ficaram intrigados com algo que não sabiam determinar (Simões, 1999). Portanto, em casos como este, o próprio estilo textual de Bernardet muda para evitar dar informações à censura. Estamos aqui numa área fronteiriça entre a censura, a auto-censura e as estratégias de resistência na mesma zona discursiva. Se nos rascunhos, o estilo de Bernardet é claro e direto, muitas vezes em *Opinião* há frases indiretas, supressão de sentidos e lacunas.

É possível também fazer um estudo intermediário sobre *o processo de edição jornalístico* dos entrevistados do semanário. O caso demonstra o quanto *Opinião* era mais censurado e o quanto essa forma *espiral-lacunar* incidia até nas declarações dos entrevistados. Tomamos como exemplo o mesmo filme. Em *Opinião,* Joaquim Pedro de Andrade apenas comentou que não teria feito *Os Inconfidentes* sem o apoio da TV italiana. Para provar a afirmação, o diretor usa eufemismos para explicar que o filme fala do presente [28] e cita somente uma "espécie de hipocrisia", porque "as pessoas em cinema estão proibidas de tratar com verdade de uma série de temas".

Enquanto isso, na revista *Visão,*[29] Joaquim Pedro fala abertamente de como *Os Inconfidentes* dialoga com a realidade:

> As possibilidades de fazer um filme como o que eu fiz, *Os inconfidentes*, de crítica política, com um espírito independente em relação às fórmulas aprovadas e toleradas, são raras. (...). *O filme só foi liberado, depois de muito tempo na censura, porque escolheu um cami-*

28 Holanda, Heloisa B. de; Brito, Antonio Carlos de. "Dez anos de cinema nacional". *Opinião,* n. 32, 11 a 18 jun. 1973, p. 17-19.

29 Ventura, Zuenir. "Os impasses da cultura". *Visão*, v. 43, n. 6, ago. 1973.

> *nho que tornava possível sua liberação: eu me abriguei sob a veracidade histórica dos ataques da censura. E consegui um filme que podia discutir, ainda que indiretamente, problemas atuais brasileiros, principalmente os da resistência* [grifo nosso] das ideias políticas de um homem, das ideias maiores que uma pessoa pode ter debaixo de uma repressão forte e concreta - um problema bastante atual.

Um depoimento assim explícito é inimaginável em *Opinião*. Na entrevista à *Visão*, Joaquim Pedro continua a fazer críticas a governo. No comparativo entre as duas matérias, observa-se o quanto a censura ao *Opinião* era muito mais forte. Não quisemos aqui frisar à mutilação aos textos, mas demonstrar o quanto a censura gerou no jornal um texto problematizante e múltiplo em significações. Se os censores tentaram impedir o acesso à informação, não impediram a elaboração histórica de sentido.

2. Panorama da Crítica de Cinema de *Opinião*

Em Busca de um Projeto Editorial para o Semanário

Depois de apresentar brevemente o semanário de Fernando Gasparian, procuramos localizar os parâmetros conceituais da crítica de *Opinião* e o *específico* do jornal nos critérios comuns aos críticos. Não procuramos por totalizações ou pelo estilo de cada articulista. Nossa intenção é compreender a constituição do campo da crítica de cinema nos anos setenta e as disputas internas sobre as formas de avaliar um filme. Naquele período, a crítica de cinema brasileira sedimentava novas formas de análise, cunhadas nos anos sessenta. Depois de uma busca inicial pelo específico do cinema e pela autoria, ela passava a privilegiar seu trabalho como uma ferramenta de mudanças sociais, encarando os vínculos entre cinema e ação política. No contexto do Pós-68, a crítica de cinema incorporava as discussões de outros campos, como a ciência da linguagem, a psicanálise, a crítica marxista. No caso específico de *Opinião*, são representantes dessa preocupação com o vínculo da política tanto Jean-Claude Bernardet quanto Gustavo Dahl.

A crítica brasileira engajada acompanhava a crise da ferramenta conceitual da *mise en scène*. A abordagem era questionada por causa das exigências dos elementos políticos externos ao filme. Naquele momento, críticos como Jean-Claude Bernardet e Gustavo Dahl aproximaram-se gradualmente da definição de autoria do Cinema Novo e ocuparam cada vez menos espaço em seus textos com o tema da autoria, já a partir dos anos sessenta. Se a miséria deveria determinar uma estética revolucionária para o movimento cinemanovista, o debate sobre a essência da arte ou sobre a qualidade cinematográfica era visto como a escolha de imagens decorativas e como forma de expressão da burguesia. Como decorrência deste processo, caberia ao crítico de cinema trazer um critério de análise social e explicar ao público se o filme era reacionário ou se fazia uma crítica à burguesia.

Com a politização crescente do campo cinematográfico em meados dos anos cinquenta e sessenta, e com a eclosão da tese *Uma situação colonial?* (Gomes, 1981, p. 286-291) de Paulo Emilio Salles Gomes, críticos como Jean-Claude Bernardet e Gustavo Dahl repensaram seu ato crítico em relação ao cinema brasileiro. Naquele momento, os intelectuais reconsideravam seu papel, tendo em vista alterar a realidade do país (Candido, 2011). Portanto, o debate em torno da função da crítica de cinema enquanto ferramenta de mudança social faz parte desse contexto. Surgia, então, uma *nova crítica* que defendia a transformação social em perspectiva política. Não era mais possível o crítico tomar o cinema brasileiro como produção inferior no comparativo com a produção estrangeira, fornecendo notas matemáticas em separado para a direção, a fotografia, a atuação dos atores (Bernardet, 1979). Foi nesse movimento que Jean-Claude Bernardet (1978) deixou de exercer a crítica impressionista [1] e

1 Sobre a crítica impressionista, ver o capítulo 3.

passou a defender a crítica *participativa*. Se o intuito era realizar uma crítica de intervenção para influenciar a produção brasileira, Bernardet acreditava que só o cinema produzido no nosso país conseguiria gerar um contato mais próximo entre o crítico de cinema e o cineasta. Essa mudança de perspectiva dele teve relação direta com a eclosão do Cinema Novo; que exigia do crítico uma postura também participativa.

Se naqueles primeiros tempos, havia uma vontade de realçar mais o viés político, em *Opinião*, a abordagem política e a estética coexistem. Trata-se de duas maneiras de ver o mesmo objeto. Ao longo da história do cinema foi mais comum a crítica de cinema pensar as obras como parte do contexto e como veículo de transmissão de mensagens ou valores. Essa preferência levou a numerosas formas de análise, tais como: a crítica sociológica, a crítica histórica, a crítica política, a crítica atrelada à psicologia, a crítica marxista, a crítica voltada à ética ou a moralista (Coutinho, 1975). A crítica sociológica analisa as obras para pensar a sociedade, enquanto a crítica política vê a arte como forma de ação e participação. Enquanto isso, a crítica marxista procura o valor da obra na ação sobre o público, analisando o fenômeno artístico através da classe social do artista. Do lado oposto, o estudo formal do cinema busca na experiência estética um valor e finalidade em si mesmo. Seu objetivo é atingir a beleza e a compreensão do sentido da obra, geralmente com um viés purista, por exemplo, na questão da autoria. De qualquer modo, em *Opinião* tanto a crítica voltada ao específico do cinema ou à política não é de forma alguma estanque. Ao contrário, a riqueza do semanário está exatamente no entrelaçamento e tensão entre estes dois polos em cada articulista.

Se por um bom tempo prevaleceu a ilustração de fatores extra-cinematográficos nos textos, a reversão desse processo atinge seu ápice com o estudo sobre a *mise en scène*, a partir da *caméra-stylo* de Alexandre Astruc e da *Política dos Autores*, levada a cabo pela equipe de *Cahiers du Cinéma*. Com a abertura do campo do cinema às discussões de cunho mais político nos anos sessenta houve nova inversão, por exemplo, na própria *Cahiers*. Assim a crítica mudou de novo e se viu como parte de um instrumento de transformação social. Vendo a crítica de cinema como parte dessa trajetória alargada, interessa-nos especialmente observar o quanto *Opinião* reconstrói os conceitos estéticos e políticos ao mesmo tempo.

Essa divisão possibilita pensar em dois núcleos dentro do jornal. *Grosso modo*, o primeiro é o da crítica voltada à estética, que trabalha com a questão da *mise en scène*, do específico do cinema através da análise imanente. O segundo núcleo é o da política, que nem sempre parte dos filmes e discute a arte como forma de ação sobre a sociedade brasileira. Se esses dois núcleos não são estanques, essa perspectiva didática permite abordar as variações ao longo do livro. Muitas vezes os críticos voltados à análise da sociedade centram seus artigos no específico do cinema. Outras vezes, os articulistas mais atrelados à estética esbarram nos imperativos políticos da resistência. Mais do que buscar uma disputa entre os modelos, o mais interessante é observar a integração entre os momentos em cada crítico. Cada núcleo tem um peso variável conforme o crítico em questão ou o filme analisado. Nesse sentido, cabe demonstrar como os articulistas resolvem essa questão na composição de seu *ato crítico*,[2] apontando

2 O ato crítico é descrito por Antonio Cândido (2011, p. 156) como a "disposição de empenhar a personalidade, por meio da inteligência e da sen-

para a matriz estética e/ou política como metodologia de análise. Por exemplo, Sérgio Augusto pensa muito mais o específico do cinema do que a política. No outro polo, Jean-Claude Bernardet afastou-se em meados de sessenta da discussão da *mise en scène*. Mas através da análise imanente, ele procura encontrar as obras que revelam na *forma* a problematização da sociedade brasileira. Bernardet está longe de desprezar o específico do cinema. Ao contrário, seu objetivo é analisar a forma como política.

Procurando o que havia de comum nas formas de analisar os filmes entre os críticos do jornal, observa-se que o desejo de participar ativamente da produção e informar o público sobre a situação do país trazia junto quase uma metodologia de trabalho. De qualquer forma, não há uma única formulação teórica que dê conta de explicar todo esse contexto, mas algumas influências foram fundamentais. Havia uma presença muito forte de um *ethos revolucionarista* (Lahuerta, 1999) genericamente influenciado por referências marxistas, às vezes com grande radicalidade política por causa do ambiente repressivo. Esse marxismo difuso permaneceu como a principal referência teórica até pelo menos a primeira metade dos anos oitenta e conseguiu se difundir muito além dos setores do partido comunista (Pécaut, 1990), porque teve um papel central no debate intelectual (Rubim, 1987). Em torno dessas ideias formou-se uma cultura política fecunda que sobreviveu ao golpe militar, tornando o paradigma marxista significativo para realizar a oposição ao regime. A presença dessas ideias explica porque de uma forma ou de outra os críticos de

sibilidade, através da interpretação das obras". O crítico o atinge através da harmonia entre dois momentos importantes: o conhecimento racional e o momento intuitivo de percepção sensorial. Se o momento racional é decisivo, o processo começa com a participação afetiva do crítico.

Opinião, mesmo os contrários a essas teorias, se influenciavam por seus referenciais de análise.

O fenômeno descrito aqui não foi somente brasileiro. Os debates dos anos sessenta alteraram substancialmente a crítica de cinema ao redor do mundo, reverberando nas revistas *Cahiers du Cinéma, Positif, Cinéthique.* O ano de 1968 significou, conforme Robert Stam (2003), a diáspora do político pela teoria cinematográfica, quando o cinema se transformou num instrumento de luta política. Para alguns, a câmera transformava-se um instrumento autoritário de subjugação, cúmplice da ideologia burguesa. Enquanto isso, uma ala influenciada por Brecht passou a considerar a autoreflexão do cinema uma obrigação. A solução seria trazer para o primeiro plano o trabalho de produção em textos autoreflexivos, como muitas vezes acontecia no semanário brasileiro. O padrão de *Opinião* pode ser comparado com a *crítica teórica* ou *ideológica* (Bywater; Sobchack, 1989) que conjuga as influências do estruturalismo, do marxismo, mas também da semiologia. O foco é o discurso fílmico e a produção de sentido através da discussão sobre o modelo de produção e o contexto sociopolítico ideológico. O intuito é localizar os valores dominantes do sistema engendrados pela ideologia e aumentar a consciência nos leitores dos efeitos inconscientes de produção de sentido na linguagem.

Um pouco do caminho que toma a crítica de cinema de *Opinião* pode ser sintetizado no percurso de Jean-Claude Bernardet. As ferramentas usadas para trazer o diálogo com a realidade brasileira naquele momento formavam uma *tríade* composta pela *crítica sociológica, pela crítica conteudística e pela crítica à ideologia.* As três estão muito presentes nos textos de *Opinião* e significavam uma grande atenção dada ao enredo e conteúdo do filme. Foi no

Última Hora que Bernardet (1978) colocou em prática pela primeira vez a crítica *conteudística* para auxiliar no desenvolvimento analítico do espectador. Deixando as preocupações estéticas de lado, ele realçava o conteúdo mais imediato do filme, porque escrevia para um público preso ao enredo. Essa matriz se mantém de alguma forma em *Opinião* nos artigos de leitura facilitada, amparados pelo entendimento sociológico do filme e de sua representação da sociedade, cujo objetivo é explicar a produção dentro do contexto político brasileiro.

O desejo da crítica engajada de desmascarar a ideologia dos filmes pode ser comparado ao padrão da crítica marxista (Eagleton, 2011, Coutinho, 1968). Em *Opinião* há desde a crítica marxista vulgar (Eagleton, 2011), que vê a arte como mero reflexo do modo de produção, até os artigos atentos à forma do cinema. Em ambos os casos, a vontade de influenciar a recepção do público era questionada por Bernardet (1978) por não levar em conta a quem conscientizar. O autor parte do pressuposto de que nenhuma consciência se transforma só com informações sobre o filme.

Encontramos nessa *tríade* o *específico* do semanário na ideia de buscar o *discurso político dos filmes*, embora nem todos os textos sigam esse modelo. Essa junção caracteriza o jornal e funciona como um ponto de encontro entre os críticos. Um dos exemplos é o artigo de Jean-Claude Bernardet:[3]

> *Desejo de matar* prega a formação de uma força parapolicial. (...) O 'herói' é bem situado na vida (...). É como qualquer um de nós. (...) Chamado para a guerra da Coréia, não foi para a frente para não matar. É

3 Bernardet, Jean-Claude. "Viva a morte". *Opinião*, n. 115, 17 jan. 1975, p. 24.

> um pacifista. (...) Eis que a esposa desse doce homem é violentada e assassinada por jovens marginais. Mas a polícia, (...), não localiza os assassinos. Faz o que faria qualquer homem de bem: arma-se. (...) A polícia passa a procurar o assassino de marginais, mas não os marginais. Diante disso, o homem de bem continua a matar, já não mais em legítima defesa. Já se tornou uma missão.
>
> Diante da ineficiência da polícia, e da inflação de criminalidade, não há outra solução senão os homens de bem, inclusive os pacifistas, se armarem e passarem a matar. E quem não fizer isso, é covarde. Insinua-se também que este tipo de covardia chama-se civilização. A demonstração é tão lógica que, quando o homem de bem começa a matar, a plateia aplaude (...).

Em casos como este, os artigos decompõem o discurso dos filmes e explicam o funcionamento da sociedade e da ideologia. Essa forma de análise atenta ao conteúdo era aplicada ao cinema de gênero e aos grandes lançamentos provavelmente pela ausência de virtudes artísticas canonizadas. Trata-se, portanto, de um *quase* projeto editorial de *Opinião* para a área de cinema. Explicamos aqui a utilização da palavra *quase*. Os entrevistados negam veementemente a existência de um projeto editorial na seção de cinema. Todos afirmam que Júlio César Montenegro dava total autonomia aos críticos e era avesso a *qualquer* tipo de atitude didática. Ao observar a constância de artigos voltados a explicar o discurso dos filmes ao longo dos anos, observamos que independente do editor de cultura e da intenção consciente dos críticos, estava presente em alguma medida a cultura política engajada. Há também uma segunda possibilidade. Quando os dirigentes sugeriam nas reuniões de pauta dar destaque aos filmes contrários à ditadura, como vimos, essa postura poderia ser traduzida em artigos como este que decompõem o funcionamento do discurso autoritário no cinema.

Uma provável fonte histórica para o texto padrão de *Opinião* está no livro *Mitologias* de Roland Barthes, publicado em 1957. Com um estilo textual muito parecido, ambos procuram desmascarar a ideologia professada pelo cinema através do enredo dos filmes, como se vê no trecho abaixo:

> O filme de Kazan, *Sur les quais* [*Sindicato de Ladrões*], é um bom exemplo de mistificação. Trata-se, como todo mundo certamente já sabe, de um belo estivador indolente e um tanto bruto (Marlon Brando) cuja consciência vai despertando aos poucos, graças ao Amor e à Igreja (...); houve quem pensasse que poderia tratar-se de filme corajoso, um filme de 'esquerda', destinado a mostrar ao público americano o problema do operário.
>
> Basta, porém, descrever objetivamente os papéis do filme de Kazan para estabelecer, sem a mínima contestação, o seu poder mistificador: o proletariado é constituído por um grupo de seres apáticos, curvando-se sob o peso de uma servidão que constatam sem coragem de abalar; o Estado (capitalista) confunde-se com a Justiça absoluta; é o único recurso possível contra o crime e a exploração: se o operário consegue chegar ao Estado, à sua política e às suas comissões de inquérito, está salvo (Barthes, 2003, p. 68-9).

Opinião parece herdar de *Mitologias* a vontade de desmistificar o mito e desnudar a ideologia por detrás da produção cinematográfica. Se a cultura burguesa procura naturalizar a ideologia como algo universal, a solução proposta por Barthes e pela crítica engajada de *Opinião* é permanecer em nível político e se opor ao mito. Nesses casos, a aposta ficava a cargo da linguagem revolucionária pela capacidade do cinema moderno de forçar o espectador a refletir sobre a realidade.

Se a ideia era perfeita na teoria, na prática Jean-Claude Bernardet (2011) observou que a empreitada não saiu a contento porque o público alvo não lia crítica de cinema. Ainda nos anos setenta, Bernardet problematizava as ferramentas de trabalho disponíveis. Para ele, a crítica sociológica era incapaz de analisar a integridade das obras, porque deixava o fator estético de lado. Mas por causa da impossibilidade de assistir ao filme na moviola, Bernardet (1978) ainda tentava unir a crítica sociológica ao estudo específico do cinema, adequando a análise interna ao estudo do contexto.

Um pouco dessa segunda proposta estaria no conceito de *crítica integral* de Antonio Candido (2011a), como a fusão entre texto e contexto numa interpretação dialética. Para o autor, a produção artística não deve ser vista como reflexo passivo da base econômica, muito menos sair mecanicamente do texto para a ideologia. Longe de determinismos, a proposta entende as obras como parte de um amplo processo social autônomo que dialoga com os textos, o estilo e a forma. São os casos abordados no próximo capítulo, quando os críticos de *Opinião* aprofundam o grau máximo entre estética e política e investigam como o estético trabalha historicamente (Eagleton, 2011). Esses artigos avançam em direção à análise das imagens e trazem um diferencial do jornal, atrelando, por exemplo, a análise interna com o específico do cinema, ou traçando a conexão entre a obra e a situação histórica.

As polêmicas com os leitores em torno da estética e da política

Depois de trilhar o caminho comum entre os críticos de cinema e as características do *quase* projeto editorial do jornal, nos voltamos às polêmicas criadas com os leitores na seção de cartas *Tribuna de Opinião*, onde o foco do atrito se dava entre o binômio estética e política. O espaço constitui uma verdadeira Tribuna da Opinião, na qual não só o público em geral, mas especialmente os cineastas, produtores e acadêmicos tomavam parte. A ideia da polêmica toma conta desta seção, num exercício constante de pluralidade, estimulado pela redação. Toda a equipe ficava encarregada de ajudar na edição das inúmeras missivas que chegavam semanalmente. É na seção de cartas que as teorias apresentadas pelos críticos geram discussões acaloradas e com contornos ainda mais definidos entre a estética e a política.

Não foram poucas as polêmicas entre os críticos do jornal com o público ou com o meio cinematográfico. A comparação entre *Ainda agarro essa vizinha* (1974) de Pedro Rovai com *Os Condenados* (1973) de Zelito Viana rendeu a Jean-Claude Bernardet um artigo amargo do produtor Miguel Faria Júnior,[4] encerrando todo o debate. Se as controversas com Bernardet envolviam geralmente o meio cinematográfico, a maior de todas as polêmicas da crítica de cinema em número de cartas enviadas envolveu Sérgio Augusto e sua análise de *Sacco e Vanzetti* (1971)

4 Murao, Carlos (pseudônimo de Jean-Claude Bernardet). "A pornochanchada contra a cultura culta". *Opinião*, n. 99, 27 set. 1974, p. 23. Faria Junior, Miguel. "Cultura culta x pornochanchada". *Opinião,* n. 101, 11 out. 1974, p. 24.

de Guiliano Montaldo.[5] O crítico tomou a obra como didática e como falso filme militante. O motivo do atrito girou em torno do público tomar o comentário sobre a opção pelo melodrama como um ataque frontal ao cinema político.

O tema do processo judicial verídico de dois imigrantes italianos anarquistas condenados à cadeira elétrica por cometer um atentado nos Estados Unidos era controverso desde os anos vinte pela falta de comprovação da culpa, acendendo a possibilidade da sentença ter sido dada pelas ideias políticas dos acusados. Augusto enumera as diversas dúvidas sobre o caso e aponta como Guiliano Montaldo deixou de lado as ambiguidades, compondo um retrato humanizado e muito "didático" sobre a inocência dos acusados. Sem a preocupação com a "verdade histórica", o filme "descamba" para o "mais deslavado melodrama de tribunal e maniqueísmo, resume o crítico.

Sacco e Vanzetti era considerado um filme político de esquerda em todo o mundo e a polêmica criada na coluna dos leitores gerou um clima hostil até mesmo na redação do jornal. Certo dia, um tradutor de *Opinião* disse que teria demitido Augusto, se fosse o diretor do semanário. "Era a esquerda raivosa dogmática", explica o crítico que rebateu as acusações num artigo condenando o fanatismo religioso dos leitores e a visão utilitarista da arte na dependência da política.[6] É como se Augusto sofresse com esse texto um processo de retaliação dentro da própria imprensa alternativa por supostamente desprezar os critérios da cultura engajada e "retroceder" à estética. Enquanto os colaboradores tentavam desmistificar os falsos filmes de esquerda ou

5 "Um melodrama de tribunal". *Opinião,* n. 20, 19 a 26 mar. 1973, p. 21.

6 "Polêmica provinciana e estéril". *Opinião,* n. 25, 23 a 29 abr. 1973, p. 2.

a produção melodramática, a maior parte dos leitores defendia um cinema com fins políticos, didático com mensagem clara e sem ambiguidade. Portanto, na seção de cartas parecia quase impossível ao público defender a estética por si.

A base de contestação dos leitores baseia-se na comparação entre a bibliografia sobre o caso original e o filme de Montaldo,[7] ou seja, na ideia de que o cinema deve ser fiel à literatura e à história. Os missivistas tentam invalidar Sérgio Augusto por ser um crítico "ahistórico e apolítico" que passa por cima dos cânones da esquerda e pensa o cinema como arte autônoma da política num jornal da resistência. Além disso, estava em discussão o direito da crítica de cinema pensar somente o específico do cinema.

Essa acusação não foi única. O missivista José Luiz condena Sérgio Augusto por ter elogiado *Ensina-me a viver* (1971) de Hal Ashby, que seria uma produção sem conteúdo político.[8] Ele tenta descredenciar as preferências hollywoodianas desengajadas do crítico. Por detrás do argumento, José Luiz vê a produção norte-americana como externa à nossa realidade e como maneira apolítica simplesmente por seu lugar de origem. Para ele, era inconcebível que um crítico apreciasse uma produção alheia ao debate em torno da ideologia.

Se Augusto tinha admitido na já citada carta para *Opinião* que teria sido "excessivamente condescendente" com o filme de Hal Ashby por ser mais "afetado" do que "significativo e politizado", o artigo dele estrutura-se na oposição constante entre o encantamento cinéfilo e as inúmeras restrições feitas à ironia

---

7 "Sacco e Vanzetti, um debate". *Opinião,* n. 23, 9 a 16 abr. 1973, p. 2; 23.

8 Augusto, Sérgio. "O Love Story do Protesto". *Opinião,* n. 14, 05 a 12 fev. 1973, p. 20.

pseudopolítica do cinema americano. Augusto sabe muito bem que *Ensina-me a viver* não se encaixa no projeto ideológico do jornal, na resistência ou no engajamento, mas ousa quebrar esse imperativo em nome do bom cinema.

As duas polêmicas centradas em Augusto apontam não só para o debate sobre a autonomia da arte frente à política, mas também para o direito de escolha do crítico. A tensão com o público é gerada porque o articulista cumpre a função de defender a autonomia da arte num jornal onde a cultura política engajada é muito forte. Augusto não se deixa subjugar pelo imperativo político. Do lado oposto, os missivistas veem qualquer manifestação contrária aos fins políticos como provas de alienação. Há, inclusive, uma quase exclusão do direito de subjetividade do crítico e quase um desprezo à polissemia da arte (Adorno, 1973).

O debate possibilita repensar o papel das vanguardas formalistas na tradição da arte engajada. Segundo Marcos Napolitano (2011), ele precisa ser revisto. Sérgio Augusto desempenha, portanto, a função de um representante da matriz estética dentro da resistência. Por causa disso, converte-se num *phármakon* ao defender a arte acima do imperativo político dentro da esquerda. Se a entrada no debate político pela intelectualidade significa uma luta pelo direito à discussão estética (Bourdieu, 1996), o problema começa quando essa disputa ocorre num jornal de resistência. Augusto não está interessado em debater a forma dos filmes como parte da política. Prefere a discussão do próprio cinema, mas isso não significa um desprezo pela política como elemento criador.

Ao comentar os filmes, Sérgio Augusto exige o direito à subjetividade e se apoia na autoridade conquistada no campo artístico contra a moralidade do conteúdo político de esquerda. Ele sintetiza a descrição de Bourdieu (1996) sobre a dualidade entre a arte e o engajamento do intelectual. Entra, portanto, na discussão política em nome da autonomia da arte e se posiciona contra os defensores da arte somente com fins sociais. O critério artístico por si só (Bourdieu, 1996) está calcado na noção de gratuidade, desinteresse, ausência de função e primado da forma. Do lado oposto, há nas missivas uma quase oposição ao conceito de beleza definido somente pela satisfação estética. Para a matriz política dos leitores, a crítica estética tem uma concepção idealista e conservadora que mantém as estruturas de poder (Ginzburg, 2012). A postura deixaria de lado as tensões históricas e os conflitos sociais. Os leitores não aceitam a premissa de um conhecimento desinteressado do cinema americano, porque ele indicaria um afastamento das preocupações sociais. Contudo, Sérgio Augusto não caiu nesses pressupostos. Ele procurava os antagonismos da realidade na forma ou na temática do filme, sem deixar de lado o contexto de produção.

Estamos aqui longe de querer afirmar a primazia de um dos núcleos, mas demonstrar suas metodologias. Se o polo engajado despreza a discussão da arte pela arte, há ainda uma preocupação de ordem moral com o destino dos homens, que é condenada pelo núcleo estético (Bourdieu, 1996). A formulação dos leitores de oposição à arte pela arte desaprova a constituição de uma essência universal feita à custa de uma *des-historicização* da obra, porque ela ignora o contexto social e as condições de produção. No fundo, a ideia de valor remete a cânones nunca explicitados (Bourdieu, 2007). Contudo, esse núcleo também esqueceu em alguma medida de historicizar suas próprias referências. É mais fácil para a matriz política condenar o ornamento, a ausência de função, a procura pela forma, etc. Quando os leitores declaram a necessidade de uma função social ao cinema, a política torna-se uma essência, isto é, um valor em si mesmo que nunca é explicitado. Tudo sob o imperativo da resistência. Essa essência é definida pela busca de um conteúdo nacional, popular ou pela presença da realidade nas imagens. A *mise en scène* sai de cena e no seu lugar fica o nacional na forma de uma essência, nunca historicizada. Portanto o polo político faz um movimento pendular. Ele foge da arte pela arte, mas volta para outra essência: o cinema nacional, especialmente o engajado. Mesmo sem acreditar numa noção de cópia do real, a crença na possibilidade de acesso à estrutura da sociedade brasileira, mesmo feita com a noção de discurso, às vezes transforma-se numa essência. Uns conseguem tocá-la, outros a distorcem. No fundo, não se questiona que a preferência por alguns autores indique na verdade o cinema autoral e uma eleição da arte "superior". Para fugir desse viés, a matriz política deveria historicizar mais suas preferências. O processo significaria deixar o leitor a par das lutas internas pelo poder de nomeação entre as vertentes do cinema (exemplo entre Cinema Novo e Cinema Marginal). Significaria também criar um debate auto-reflexivo sobre a constituição do campo cultural e das regras da arte. Nestes casos, haveria a possibilidade de explicitar a escolha por um ponto de vista político como projeto editorial. O ato de tornar claras as preferências significaria expôr ao leitor *as escolhas*, sem instituí-las como cânones ou como verdade em si. Mas em *Opinião*, o estudo sobre a historicidade só é feito para os inimigos.

A presença diária de *Brasil em Tempo de Cinema*

Se a crítica de cinema de *Opinião* não nasce de geração espontânea, ela dialoga com obras importantes do período, tais como *Brasil em Tempo de Cinema* de Jean-Claude Bernardet, ou com matrizes de pensamento antecedentes, no caso a obra de Lucien Goldman e o livro *Mitologias* de Roland Barthes. O objetivo aqui é revelar as reapropriações, continuidades e rupturas, localizando alguns antecedentes teóricos e metodológicos da crítica engajada do semanário.

O livro de Bernardet foi escrito como parte da dissertação de mestrado que ele iria defender na Universidade de Brasília. Realizada sem recuo histórico, a pesquisa analisava a produção brasileira do início dos anos sessenta, pouco tempo depois dos lançamentos. Bernardet relacionava a representação do povo nos filmes com a classe social dos diretores. A correlação estabelecida entre os cineastas brasileiros e a classe média causou muita polêmica no campo do cinema, porque muitos realizadores, especialmente os do Cinema Novo, viam-se como sujeitos responsáveis por fazer aflorar a cultura popular. Com a invasão da universidade pelos militares em 1965, Bernardet foi impedido de defender o trabalho. Só em 1967, *Brasil em Tempo de Cinema* foi lançado em livro.

Não há dúvida que *Brasil em Tempo de Cinema* é a principal referência metodológica brasileira empregada no que chamamos de um quase projeto editorial para a área de cinema de *Opinião*. Sérgio Augusto conta que o livro foi "fundamental" para os críticos, porque inaugurou a reflexão sobre o Cinema Novo de uma forma mais densa. É com *Brasil em Tempo de Cinema* que os articulistas de *Opinião* dialogam; o que pode ser visto também no depoimento concedido por Clóvis Marques:

> Li esse livro nessa época. O Bernardet era a leitura importante na época. Esse livro foi talvez o que chamou mais a atenção na década de setenta para a contextualização sócio político-econômico-estética

> do cinema brasileiro. Foi assim uma espécie de um clarão para a crítica de cinema brasileira nessa época; é como se com o Bernardet, ela tivesse alcançado uma maioridade intelectual e política que não tinha ainda.

Além da referência entre os críticos de cinema, o livro abre um diálogo com os realizadores que alcança *Opinião* cronologicamente. Nas entrevistas para o jornal, tanto Nelson Pereira dos Santos, Oswaldo Caldeira ou Pedro Rovai procuram responder às indagações da obra de 1967 e retomam conceitos teóricos de cultura popular e da função do intelectual de *Brasil em Tempo de Cinema*, especialmente a aplicação dada ao cinema sociológico. Bernardet nos conta que só soube desse diálogo aberto entre sua obra e os realizadores quando o *Festival É tudo verdade* lhe fez uma homenagem. Foi quando Eduardo Coutinho declarou publicamente que fez *Cabra marcado para morrer* para ele. O depoimento foi parar no prefácio da reedição de *Brasil em tempo de cinema.* "Evidentemente tem muita ênfase e generosidade nessa fala, mas o Coutinho tinha sido abalado e preocupado com o livro".

Para analisar o diálogo entre *Opinião* e *Brasil em Tempo de Cinema*, começamos pela recepção de *Toda nudez será castigada* (1972) de Arnaldo Jabor, filme recebido com quase silêncio no semanário durante seu lançamento. O único comentário feito em *Opinião* na época da estreia é de Sérgio Augusto.[9] O breve artigo elogia a produção sem "vulgaridades" e abre uma comparação com *O último tango em Paris* (1972) de Bernardo Bertolucci. Ambos são vistos como parte do gênero erótico, mas Jabor teria exagerado na dose de cenas artísticas e sofisticação.

9 Augusto, Sérgio. "O último tango em Botafogo". *Opinião,* n. 20, 19 a 26 mar. 1973, p. 22.

A recepção da crítica de cinema da grande imprensa foi variada. Muitos elogiaram o filme pelo nível técnico e pela solução empresarial, embora a maior parte dos cronistas tenha visto *Toda nudez* como parte do gênero erótico. De qualquer forma, os comentários negativos foram mais numerosos porque a ridicularização dos personagens em chave dramática não foi vista como um diferencial. As condenações parecem indicar um preconceito em relação à utilização dos elementos do cinema tido como popular, tais como o melodrama e a comédia erótica. Quando de fato, Jabor foi buscar um efeito catártico e um viés crítico nos gêneros estigmatizados (Ramos, 1987).

Dois anos após a estreia de *Toda nudez será castigada*, Jean-Claude Bernardet publica um artigo sobre o filme em *Opinião*. Os comentários fogem totalmente da análise interna da obra e permanecem nos fatores externos, a partir da comparação com *A estrela sobe* (1974) de Bruno Barreto:[10]

> (...) Esse cinema para obter sucesso tanto de bilheteria como cultura, tem que recorrer a uma certa banalidade temática e dramatúrgica, bem como a um artesanato que permita dizer à média dos espectadores: 'é bem feito'. Tanto *Toda nudez* quanto *A estrela sobe* enquadram-se neste esquema. (...) O que se entende por bom acabamento – o chamado lado estético dos filmes – dá uma imagem 'digna' do Brasil (não são mais aqueles filmes que mostravam um Brasil popular e miserável). Um estilo bem comportado.

10 Bernardet, Jean Claude. "O cinema brasileiro sobe". *Opinião,* n. 121, 28 fev. 1975, p. 24.

Se o foco do artigo é a relação entre cineasta e público, o comentário sobre o cinema ornamental [11] ou o filme "bem feito" esconde um critério de análise comum, que foi usado em *Opinião* por Marcos Ribas de Faria, Gustavo Dahl e José Carlos Avellar. A matriz desse pensamento nos anos sessenta tem uma origem no livro *Brasil em Tempo de Cinema*, que sintetiza em Walter Hugo Khouri todos os defeitos de um cineasta ornamental ou formalista. Nem mesmo David Neves, Júlio Bressane e Gustavo Dahl escaparam dessa mesma pecha no livro, por causa da postura contemplativa da câmera ou da falta de contextualização dos problemas retratados.

A desaprovação ao formalismo tem como foco a tentativa de excluir a miséria e as ambiguidades da representação. Trata-se de um ataque da arte engajada à arte pura, cujo objetivo era revelar ao público que a forma é ideológica e não está interessada em alterar a estrutura da sociedade. Portanto, um filme brasileiro autoral de linguagem acessível, mas sem postura engajada, é desaprovado sempre em *Opinião,* seja pelos críticos estetas ou políticos. Esta terminologia indica uma presença difusa da cultura política marxista que rejeita a arte pela arte por causa do conteúdo sem política (Rubim, 1987, 1988, 1988a).

É com esses valores que Marcos Ribas de Faria em *Opinião* vai referir-se a Arnaldo Jabor como um *cineasta burguês* por causa de *O casamento* (1976).[12] Ele descreve o filme como a "pura quantificação dos efeitos: o luxo do cenário, a cromatização da

11 O debate sobre o ornamento ficou famoso pelas mãos de Siegried Kracauer (2009), mas a análise feita se distancia do conceito aplicado em *Opinião.*

12 Faria, Marcos Ribas de. "O casamento, fracassado". *Opinião,* n. 169, 30 jan. 1976, p. 18.

cinegrafia, a morbidez e as taras afloradas no roteiro, as lágrimas dos atores." Ele vê a "revolta" e a "crítica" da obra como inofensivas porque o diretor condena a linguagem da burguesia, mas deixa o aspecto político intocado. Assim, "qualquer movimento contestatário encontra rapidamente a sua ruína". Faria prefere concentrar-se nos dados externos à obra, sem relacionar as afirmações na análise interna. Trata-se de um artigo teórico interessado em repensar a relação com o público e medir a eficiência de conscientização do espectador de sua condição burguesa. Empenhado em explicar o procedimento adotado pelo burguês para mascarar sua condição, Faria se baseia em *Mitologias* de Roland Barthes. Seguindo esse raciocínio, se os personagens são estereotipados, o excesso impede o burguês de se identificar com as imagens na tela. Por esse motivo, *O casamento* não cumpre a tarefa de conscientizar o público sobre sua própria classe social:

> Mas tanto o cinismo quanto a negação são reações exatamente esperáveis e dedutíveis porque encerram aquilo que Barthes, em *Mithologies*, chama de identificação; isto é, o pequeno-burguês é um homem incapaz de imaginar o outro (...). É que o outro constitui um escândalo, um atentado à essência. Logo, esta reação de cinismo e negação veicula perfeitamente a recusa de estabelecer como espelho de desejos secretos, pecados particulares ou fragilidades inconfessáveis. (...) A classe média recebe muito bem tudo isto e, como a função do espelho foi negada sistematicamente pela escritura que lhe é proposta, sente-se muito longe daquilo que intencionalmente seria ela mesma. E acaba aplaudindo e devolvendo o dinheiro empregado para a realização do filme.

A descrição acima demonstra que os cineastas fogem dos temas políticos e atacam *somente* o conteúdo moral da burguesia. Assim o filme não altera o *status quo*. Os argumentos retomam um longo trecho de *Mitologias*, quando Roland Barthes (2003, p. 231) explica que a burguesia encontra nos filmes o luxo sonhado, mas depois conclui que a riqueza não compensa por causa do viés moral. Assim a contestação política é deixada de lado. De acordo com Barthes, a burguesia "degradada" não se vê refletida na tela porque os personagens são falsos.

O que está implícito nessa linha de raciocínio é pré-determinar a fruição. A conscientização ocorre se o público passar pelo processo de identificação autocrítica. Esta linha argumentativa não está somente nesta obra de Barthes, mas é uma constante em *Opinião*. Muitas vezes a consequência é excluir outras ligações possíveis, por exemplo, entre o teatro de agressão e *O casamento*. Quando o cinema brasileiro está sob questão, os críticos não consideram como positiva a capacidade do cineasta abordar a visão de mundo de sua classe. O critério muda, por exemplo, quando Marcos Ribas de Faria se refere a Rainer Werner Fassbinder.[13] Neste caso, a análise sobre a própria classe burguesa reveste-se de critérios positivos pelo viés autocrítico.

A mesma argumentação bartheana foi usada no livro *Brasil em tempo de cinema* de Jean-Claude Bernardet para explicar como a peça *Bonitinha mas ordinária* de Nelson Rodrigues consegue convencer o público de que a riqueza não compensa do ponto de vista moral. Portanto, a recepção negativa aos filmes de Jabor em *Opinião* aponta não só para Barthes, mas provavelmente para as

13 Faria, Marcos Ribas. "Fassbinder, o cineasta anti fetichista". *Opinião*, n. 187, 04 jun. 1976, p. 23.

considerações restritivas de *Brasil em Tempo de Cinema* ao dramaturgo dessas peças, Nelson Rodrigues. Eis uma delas:

> Quanto ao retrato de uma alta burguesia degradada, não repercute porque as personagens são falsas e não há análise do grupo social. Nelson Rodrigues talvez tenha tido intenção de fustigar o burguês ignóbil: 'enveredei por um caminho que pode me levar a qualquer destino, menos ao êxito... estou fazendo um teatro desagradável, peças desagradáveis...'. (...) Mas quem justifica a adaptação cinematográfica das peças de Nelson Rodrigues não é a alta burguesia, e sim a classe média, que encontra na tela aquele luxo, abundância, esbanjamento que acredita serem características de uma vida a que aspire; e, por outro lado, a xingação a que são submetidos os *privilegiados* compensa uma eventual frustração. Boa maneira de manter cada um em seu lugar e evitar qualquer alteração de *status quo* (Bernardet, 2007, p. 131-2).

Ambos os comentários de Jean-Claude Bernardet em *Brasil em Tempo de Cinema* e em *Opinião* revelam como os filmes fingem atacar a burguesia, mas reforçam sua ideologia. Como consequência, o público não percebe sua situação e sua culpa. Assim, tanto o *teatro desagradável* de Nelson Rodrigues, quanto o sentimento de revolta dos cineastas contra sua própria classe perdem a eficácia junto ao público, porque o espectador jamais conseguirá ver-se retratado na tela. Afinal o processo de identificação é suspenso. Assim a produção de Jabor e de Nelson Rodrigues é vista somente como o reflexo de sua classe social e de sua ligação com um público tão burguês quanto eles. O comentário negativo a *Toda nudez* em *Opinião* parece ter uma origem comum na interlocução aberta com Nelson Rodrigues e provavelmente advém da adaptação de um autor de linha política e moral conservadoras. É como se a acusação de conformismo contra o dramaturgo fosse transmitida instantaneamente por uma espécie de contágio a Arnaldo Jabor.

Tanto no artigo de Ribas de Farias quanto em *Brasil em Tempo de Cinema* surge um conceito comum: o do cineasta *contestatário* (Amengual, 1975). Apresentando-se como questionadores da ideologia, esses filmes a mascaram e endossam através da mistificação da realidade. Se esse tipo de produção finge atacar a ideologia, o objetivo é defendê-la, servindo aos interesses da classe dominante. Em *Opinião,* o cinema *contestatário* é uma categoria de análise aplicada aos diretores que não condenam a classe social burguesa nos filmes ou que não aderem à visão de mundo da classe operária. Ribas de Faria não comenta os elementos de Cinema Marginal e de cinema de agressão de *O casamento* (1975) como fez décadas depois Ismail Xavier (2003). Realça apenas um diretor *contestatário.* Além disso, a terminologia de Ribas de Faria demonstra sua sintonia com os debates internacionais da crítica de cinema, como o da revista *Cahiers du Cinéma.*

É interessante observar que o comentário negativo a Nelson Rodrigues de *Brasil em Tempo de Cinema* não era compartilhado pela imprensa nos anos setenta ao se referir a *Toda nudez será castigada.* Por exemplo, Glauber Rocha (2004, p. 446-450) apontou na época as semelhanças entre *O casamento* e o Cinema Marginal, enquanto *Opinião* se ateve à condição de Rodrigues como dramaturgo de direita. Se é possível ver alguns componentes da cultura política engajada neste debate, Terry Eagleton (2011) demonstra como nem todos os teóricos marxistas eram avessos aos produtos da arte burguesa ou mesmo aos bons escritores reacionários, porque a consciência imaginativa da história seria mais forte para os leitores do que suas opções políticas. Por exemplo, Lucien Goldman (Löwy, 2008) aceitava uma visão de mundo mística ou reacionária caso as obras fossem autênticas. Se *Opinião* tivesse aplicado essas ideias, poderia ver Nelson Rodrigues ou Walter Hugo Khouri como artistas capazes de exprimir a visão de mundo de sua classe, sem uma visão negativa determinada. O que *Opinião* não aceitou em Arnaldo Jabor foi fazer uma crítica à sociedade de um suposto ponto de vista "burguês".

Se os trechos acima descritos preferiram realçar o viés do cinema ornamental, vale ressaltar o quanto o foco sai do "burguês" para a "classe média brasileira". Foi em *Brasil em Tempo de Cinema* que Bernardet expôs a correlação entre a produção do Cinema Novo com a classe média, como vimos. A relação entre a visão de mundo e a classe social está presente em *Opinião* e em *Brasil em Tempo de Cinema*. A inspiração de Bernardet (1978) para desenvolver esse conceito veio de um autor em especial: Lucien Goldman. Trata-se do conceito de sociologia das visões de mundo. A diferença é que Goldman não pensava a relação entre classe social e visão de mundo como algo negativo, como os críticos de *Opinião* fizeram com Jabor. Ao contrário, a classe social seria uma infraestrutura para as correntes artísticas. Se o propósito era inserir a obra na totalidade histórico-social de uma determinada classe, Goldman não culpava os artistas por trazer a tiracolo a visão de mundo de seu grupo social. O método goldmaniano procurava examinar a estrutura do texto literário para determinar a presença da visão de mundo da classe social do escritor (Eagleton, 2011, Löwy, 2008).

O autor busca demonstrar como a situação histórica de um grupo é transposta por meio da mediação de sua visão de mundo para a estrutura da obra literária. O interesse de Goldman recai no modo com o qual as estruturas mentais são produzidas historicamente. O estudo parte do método dialético para deslocar-se constantemente entre texto, visão de mundo e história. Foge, assim, de iniciar a análise pelo texto para chegar à história. Para ele, quanto mais um texto aproxima-se de uma elaboração completa e coerente da visão de mundo da classe social, maior é a sua validade como obra de arte. A forma de análise difere do critério de *Opinião.* Ao contrário, os grandes escritores são os indivíduos excepcionais que conseguem transpor para a arte a visão de mundo de sua classe. Portanto, o mais importante é a estrutura da obra e não seu conteúdo. Em *Opinião* esse trajeto é invertido; vale mais o conteúdo da obra, e em geral a estrutura é vista como parte da visão de mundo do diretor.

Nosso foco aqui não é a totalidade da obra de Goldman, mas entender como Jean-Claude Bernardet aplicava a metodologia goldmaniana para analisar o Cinema Novo em *Brasil em tempo de cinema* e como essa argumentação teve uma continuidade em *Opinião.*[14] O argumento principal derivava do conceito da

14 Nos cadernos manuscritos de Jean-Claude Bernardet, há alguns itens de análise do trabalho de Roland Barthes e de Lucien Goldman no início dos anos sessenta. Caderno de anotações de Jean-Claude Bernardet. Pasta PI 1 8 o. Caderno I. Arquivo Jean-Claude Bernardet. Centro de Documentação e Pesquisa da Cinemateca Brasileira. Contudo o caderno 1 desapareceu do acervo. Tivemos acesso a esses itens através do sumário detalhado do caderno 1, o que parece demonstrar uma leitura atenta de Bernardet a esses autores, ainda nos anos sessenta. Para maiores detalhes sobre as influências de Lucien Goldman e Roland Barthes no livro *Brasil*

homologia da *estrutura significativa*. A estrutura significativa é o resultado de um complexo esforço coletivo dos grupos sociais, longe da ideia de uma estrutura mecânica fixa. O caráter coletivo da criação literária provém do fato de que as estruturas do universo da obra são homólogas às estruturas mentais de certos grupos sociais (Goldman, 1967). Desse pensamento, Bernardet observava as similitudes entre a estrutura do pensamento dos cineastas, advindas da mesma classe social. Não se tratava do conteúdo do filme, mas de um personagem em comum nas histórias: a classe média.

> Este personagem que não se fixa, que não adere a nada, que oscila entre os dois polos sociais, (...) é um dos personagens mais frequentes do Cinema Novo daquela época. Penso que se deve ver neste personagem o embaixador de uma classe média ausente do filme. É um personagem indeciso e flutuante que tem na estrutura dramática dos filmes um papel semelhante àquele que tem, na sociedade, uma camada da classe média que, também, oscila. O namoro simultâneo e indeciso com as classes superior e inferior; evitar o extremismo porque nunca se sabe aonde ele pode levar (...): são elementos fornecidos por uma camada da classe média que se pensa progressista mas que não quer encarar de frente a sua situação problemática (...) (Bernardet, 1978, p. 191-2).

em *Tempo de Cinema* ver Adamatti, Margarida Maria. "Brasil em tempo de cinema como método de análise fílmica de Jean-Claude Bernardet". *Revista E-Compós*, Brasília, v. 19, n. 3, set./dez. 2016.

Ao observar a presença desse personagem hesitante tanto em filmes de autores progressistas e conservadores, Bernardet relacionou a estrutura do comportamento político da classe média com a estrutura dos enredos criados. Ele aplicou a homologia das estruturas de Goldman para a noção de *estrutura simétrica de pares dicotômicos*. Isto é, mesmo em filmes opostos do ponto de vista ideológico ou formal existiria uma tendência a polarizar o mundo entre bons e maus. A presença dessa *polarização* e dessa *simetria* seria parte da postura de hesitação e incapacidade da classe média em se decidir pela burguesia ou pelo povo. Como consequência, o mundo todo permanecia polarizado. Sem um projeto político próprio, a classe média oscilava entre essas duas classes. Essa bipolaridade das estruturas simétricas refletiria nos personagens flutuantes, incapazes de endossar um projeto político.

No livro, Bernardet aplicou com maestria o método de Lucien Goldman ao estabelecer uma comparação entre a criação artística e os sistemas conceituais de uma classe social. Iniciando o percurso pelo conteúdo das obras, ele reflete sobre a homologia da estrutura entre a criação artística e a realidade social. O objetivo era demonstrar como os cineastas citados reproduzem parte da *estrutura significativa*. Bernardet retirava de Goldman a busca pelas estruturas mentais que atuam em nível inconsciente enquanto virtualidade do grupo (Goldman, 1967, Frederico, 2005), através do conceito de *ideologia objetiva*. Assim tanto Glauber Rocha em *Barravento* (1961) quanto Alex Viany em *Sol sobre a lama* (1963) possuiriam um viés conservador e populista, porque os filmes não dialogavam com o povo, mas solicitavam aos dirigentes uma solução aos problemas. Pela reconstituição do discurso do filme, Bernardet demonstrava como os autores não têm consciência da "visão ideológica objetiva" professada pelos próprios filmes. Trata-se de revelar para a correção futura o quanto a ideologia expressa pode contradizer a intenção do diretor. Nesse sentido, o trabalho de intervenção do crítico tanto no livro quanto no jornal é fazer o cineasta adquirir a consciência dessas estruturas sedimentadas.

O livro teve grande impacto, mas criou polêmica no campo cinematográfico por questionar a noção de cinema popular do Cinema Novo. Em alguns momentos, é verdade, a obra vê a personagem da classe média quase como um prolongamento do diretor. Por outro lado, seria errado afiançar a existência apenas desse viés. Não é nosso propósito analisar a integralidade do livro; só traçar alguns paralelos sobre as continuidades metodológicas em *Opinião*. Em vários momentos, *Brasil em Tempo de Cinema* aproxima-se mais da interpretação íntegra entre relações sociais, forma e conteúdo exposta por Antonio Candido (2011a). Afinal Bernardet utiliza a análise imanente para traçar o paralelo entre o discurso dos filmes e o momento político. Vale salientar que o semanário de Gasparian não dispunha de espaço suficiente para esse tipo de estudo.

Nos anos setenta, Bernardet revia a metodologia de *Brasil em tempo de cinema* como algo superado por causa do mecanicismo e da limitação da perspectiva sociológica utilizada. O método teria sido empregado dessa forma porque foi feito a partir de anotações e da memória, sem acesso às cópias dos filmes. A crise de Bernardet após a publicação do livro de 1967 foi perceber que os comentários serviam bem para analisar um romance, mas que havia uma "insuficiente aproximação em relação às formas e à materialidade". A partir daquele momento, o autor procurou dedicar-se mais a esses aspectos, tomando como referência o trabalho feito por José Carlos Avellar. Na maior parte dos textos em *Opinião*, a maneira de análise de Bernardet mudou bastante, dando especial atenção à distribuição e à exibição. *Opinião* não tem tempo nem espaço suficientes para levar a cabo a metodologia de Lucien Goldman, mas quando retoma a sociologia das visões de mundo, dialoga com os conceitos goldmanianos aplicados por Jean-Claude Bernardet. Portanto, a *sociologia das visões de mundo* e *Brasil em Tempo de Cinema* são os grandes *presentes-ausentes* no jornal como metodologia de trabalho aplicada à produção brasileira. A diferença é que Goldman analisa sistemas filosóficos ou grandes obras que cristalizam a visão de mundo de um grupo num todo coerente. Enquanto isso, o semanário de Fernando Gasparian utiliza essa metodologia para obras *consideradas menores*. Ao frisar os dados negativos, o estudo de *Opinião* incide sobre os fatores ideológicos, relacionando o autor e sua classe social. Dessa forma, Jabor surge como um cineasta que repete inconscientemente a estrutura de sua classe social. Nestes casos, os critérios ideológicos imperavam, deixando um espaço diminuto à análise imanente. Assim, amplia-se o paradoxo do intelectual entre a função de conscientizar e a estética. Sem conseguir abdicar de ambos, as ambivalências apareciam no tipo de análise do jornal.

3. Os críticos de cinema do jornal

Depois de traçar o que há de comum na crítica de cinema de *Opinião,* avaliamos na sequência os artigos dos colaboradores em separado. Iniciamos o capítulo pelos dois articulistas presentes na maior parte do percurso: Jean-Claude Bernardet e Sérgio Augusto. Cada um deles escreveu por volta de 60 artigos para o semanário. Em seguida analisamos os críticos Gustavo Dahl, Marcos Ribas de Faria, Clóvis Marques e José Carlos Avellar. Esses quatro colaboradores participaram do semanário em anos específicos e compuseram por volta de dez a vinte matérias cada um. Os critérios não são valorativos, e não temos a intenção de realizar um minucioso de cada caso. A partir das entrevistas realizadas, traçamos um histórico de cada articulista, seguido da análise dos textos mais representativos para explicar a metodologia de cada colaborador. Lembramos que o jornal era semanal e esse fator temporal deve ser levado em conta, porque salienta a qualidade dos textos, escritos em pouco tempo.

Jean-Claude Bernardet e o caso *Lição de amor*

Até meados dos anos cinquenta, o belga de nascimento Jean-Claude Bernardet permanecia mergulhado na cultura francesa em pleno Brasil. Falava pouco o português e vivia num ambiente seleto do ponto de vista cultural. A grande mudança veio com o cinema. A inserção na cultura brasileira e a convivência com críticos e futuros cinemanovistas teve início quando ele entrou para o Cineclube Dom Vital em São Paulo. Através desses contatos, Bernardet foi trabalhar na Cinemateca Brasileira. A estreia na crítica se deu com o convite para compor a equipe que cobriu as férias de Paulo Emilio Salles Gomes no *Suplemento Literário* do jornal *O Estado de S. Paulo*. Naqueles primeiros anos, Bernardet (1978) exercia a crítica impressionista e tinha como referencial teórico a revista *Cahiers du Cinéma*, sob o comando de André Bazin. Mudando de direção, nos anos setenta a preferência dele era *Cinéthique* por ser marxista e interessada no mecanismo de produção.

Ainda nos anos sessenta, Bernardet repensou seu ato crítico, à luz da repercussão do seu artigo sobre *A doce vida* de Federico Fellini, do impacto do Cinema Novo e do ideal do intelectual que auxilia na transformação da sociedade brasileira. Bernardet (2011) estava interessado em problematizar a ação do intelectual. Ele procurava linhas ideológicas das obras através da análise da linguagem, em busca dos níveis menos perceptíveis ou intencionais. A preocupação principal era com a função que o cineasta desempenhava na sociedade e como esse papel revelava-se nos filmes. Assim ele escreveu textos dirigidos aos próprios intelectuais e cineastas para explicar seu relacionamento com a sociedade da qual falavam. Esse viés explica uma parte importante do trabalho semanal de Bernardet em *Opinião*.

Até a época do golpe militar, Bernardet participava de uma célula do PCB junto com Paulo José e com pessoas ligadas ao Teatro de Arena em busca de uma "saída" no "sentido de outra sociedade possível". Enquanto os participantes não geravam problemas, "eu e Paulo José não parávamos. A gente não queria uma igreja", relembra o crítico. Sem delongas, ele explica: "nunca me dei bem com o stalinismo" e com suas verdades universais sobre a política. "O partido não nos suportava porque a gente questionava demais." Se os atritos eram constantes porque qualquer questão era considerada um desvio de linha (Musse, 2004), Bernardet e Paulo José foram levados a uma espécie de julgamento na presença de Mario Shenberg. Ambos não tiveram a oportunidade de falar, mas mesmo assim, Bernardet continuou no partido até o golpe militar. Esperou ordens para consolidar uma nova rede, mas percebeu que as informações eram totalmente desencontradas.

Com o golpe militar, a polícia procurava Bernardet na Faculdade de Filosofia da Universidade de São Paulo, no Teatro de Arena e no *Última Hora*. O regime deu fim ao seu trabalho desenvolvido no jornal. Ele só não foi preso porque conseguiu escapar duas vezes. Os editores do *UH* avisaram para Bernardet não voltar à redação, porque seria detido. O nome de origem francesa ajudou a despistar os policiais. Tudo porque um funcionário da contabilidade afirmou que se tratava de uma mulher, chamada Jeane. Na segunda visita à redação, a polícia prendeu o "informante". Não se sabe até hoje se essa pessoa anônima se enganou ou se tentou protegê-lo. Os policiais acreditavam que Bernardet era a ponte entre o partido comunista francês e o brasileiro. O pai dele, que tinha lutado na resistência francesa, foi avisado da prisão iminente. Assim o crítico conseguiu escapar, mas teve que se refugiar na mata por dois ou três meses. Para voltar às atividades diárias, Rudá de Andrade preparou um grande evento divulgando com destaque o nome de Bernardet entre as colunas sociais e observou a reação da polícia. O tema por si só era provocativo: um filme de Eisenstein. O crítico foi levado de carro até o prédio da Filmoteca do Museu de Arte Moderna em São Paulo e os elevadores foram desligados por questão de segurança antes, durante e depois da palestra. No final, ele voltou para o campo onde se escondia. Como não houve nenhuma reação da polícia depois disso, Bernardet voltou para casa, mas com algum cuidado. Organizava palestras para Rudá, mas não ousava entrar no prédio da Cinemateca Brasileira. Enquanto isso, trabalhava com João Batista de Andrade, mas o nome dele não constava nos filmes, porque muitas vezes o dinheiro vinha de comissões estaduais de cinema. Para não despertar suspeitas, alguém recebia o dinheiro em seu nome. Tudo ia bem até que uma pessoa ameaçou denunciá-lo a partir da Lei de Segurança Nacional, o que gerou um novo afastamento profissional.

Os problemas continuaram. Através do convite de Paulo Emilio Salles Gomes, Bernardet tornou-se professor assistente da então Universidade de Brasília (Souza, 2002) quando houve a invasão, expulsão e prisão dos professores em 1965. Com a demissão coletiva dos docentes, ele foi impedido de defender sua dissertação de mestrado, que estava pronta. O texto só foi publicado em 1967 na forma do livro *Brasil em Tempo de Cinema*. O título da obra, Bernardet pegou de empréstimo de Cacá Diegues.

Por decreto presidencial e em decorrência do Ato Institucional Número 5 (AI-5), Jean-Claude Bernardet foi aposentado do cargo de professor da Universidade de São Paulo com mais 23 docentes, entre eles Caio Prado Jr., Octávio Ianni, José Arthur Giannotti, Mário Schenberg, Fernando Henrique Cardoso, Emilia Viotti da Costa, Paulo Singer, etc. A base foi um decreto do Ministério da Educação e Cultura assinado por

Costa e Silva em 29 de abril de 1969 e publicado no dia seguinte no Diário Oficial. Todos os cassados tinham um papel importante de liderança intelectual na universidade e eram figuras que insistiam em caminhos renovadores para a USP. Bernardet dinamizara a ECA no setor de cinema e era reconhecido pelo seu profundo interesse em criar um ensino crítico (Associação dos docentes da USP, 2004, p. 48). Jorge Bodanski comenta que os professores ligados a Rudá de Andrade, tais como Paulo Emilio, Bernardet, Francisco Luiz de Almeida Salles, Maurice Capovilla, Roberto Santos foram muito maltratados. Um pouco da razão dessa perseguição estava na linha política adotada no curso de cinema. O projeto inicial de Rudá privilegiava a realidade brasileira. O cinema era um meio de denunciar o que acontecia. Como não era possível atingir a rua, a inserção na realidade se dava pelo conhecimento dos cineastas e seus problemas. Antes de fazer cinema, os alunos tinham de observar a realidade que os cercava. Havia projeção, leituras e conversas com os cineastas, instigando o debate sobre a produção do período (Souza, 2002).

Como perseguido político, o nome de Bernardet estava vetado para qualquer atividade que envolvesse dinheiro público. Essa série de cerceamentos levou o crítico a enfrentar muitas dificuldades financeiras. Quando possível, ele exercia a crítica de cinema, muitas vezes com pseudônimos, como, por exemplo, Álvaro Ferreira no *Diário de S. Paulo* entre 1968-69 ou Carlos Murao em *Opinião* entre 1973-74. Antes do lançamento do semanário de Gasparian, ele era taxado pelos censores do DSI (Departamento de Segurança e Informação) de comunista. Tinha seu trabalho vigiado de perto.

Como crítico, a situação era muito difícil. O salário em *Opinião* não dava para viver; era um "arrocho total". Ele não tinha onde morar porque não havia dinheiro suficiente. Nas pensões e albergues no Rio de Janeiro, Bernardet enfrentava riscos de todos os tipos. Eu vivi na "lama, em cubículos desse tamanho [*de uma cama*]. (...) Não tinha dinheiro nenhum". Nesses albergues, não havia um quarto propriamente. A cama era cercada por grades de ferro. Bernardet tinha de se trancar nesse pequeno espaço para não sofrer com violência e roubo. Depois de um assassinato na frente da pensão onde morava, o editor Júlio César Montenegro Bastos ficou preocupado e convidou Bernardet para dividir apartamento. Relembrando o período, o crítico declara: "Eu não me queixo disso, absolutamente, era um momento de luta". Até para receber os dividendos da função de Diretor de Coleções da Editora Paz e Terra era difícil. Ele tinha direito a uma pequena porcentagem sobre as vendas, mas o dono de *Opinião*, Fernando Gasparian, não pagava nunca os dividendos. Bernardet teve choques com o proprietário da editora. Um dia, sem aguentar mais, declarou que iria dormir no escritório de Gasparian até receber os valores. Muitas horas depois, sem saber como proceder, Gasparian resolveu assinar um cheque. Pediu em troca um recibo a Bernardet, mas o cheque não tinha fundos. Só dias depois o dinheiro apareceu.

A sobrevivência era garantida com o dinheiro dos seminários ministrados no Instituto Goethe em diversas cidades brasileiras. Foi nesses espaços que Bernardet ministrou cursos sobre o cinema nazista, sobre Tiradentes, sobre Getúlio Vargas, sobre a representação turística que os consulados construíam das cidades. Nesses espaços, os seminários foram o primeiro contato de muitos professores com os filmes enquanto documentos históricos. Muitos deles ainda caíam na "ingenuidade" de tomar os documentos audiovisuais como realidade certa, sem perceber que entre o discurso de Getúlio Vargas e a ovação do povo havia um corte e uma montagem. Parte do dinheiro recebido destinava-se a um fundo, que garantia a participação de estudantes sem dinheiro nas aulas. Essa era uma forma de conseguir aplicar verbas na militância estudantil. Os seminários eram organizados nos consulados e no Goethe porque ambos significavam um território neutro e difícil para a polícia invadir. Mesmo assim os cursos causaram não só uma enorme repercussão, mas também problemas policiais ao instituto. "A atitude deles foi extraordinária", relembra o crítico. "Tive o maior acolhimento do Instituto. Eles tiveram uma enorme importância na resistência contra a ditadura". Hans-Joachim Schwierskott e Roland Schaffner foram obrigados a ter "muito jogo de cintura" e "argumentação" porque o órgão internacional não estava de acordo com eles. "O Goethe fez a cultura de resistência, o que não era fácil". Tudo isso até 1978, quando o nome de Bernardet foi vetado pela embaixada alemã.

Não foi com a Abertura Política que a situação de Bernardet melhorou. Isso só aconteceu com a Anistia em 1979, quando ele pôde, enfim, retornar à Universidade como docente. O trabalho em *Opinião* e no Goethe era visto como parte da luta contra o regime. "A gente estava trabalhando numa faixa de cultura de resistência dentro de limites viáveis, evitando provocações." A postura era militante e de defesa do cinema brasileiro pelo local de origem. A maior parte dos textos de Bernardet em *Opinião* tratava do cinema brasileiro, daí a necessidade de assistir a toda produção nacional em cartaz. Nos poucos artigos sobre o cinema estrangeiro, o foco de Bernardet é o discurso político. A atitude de intervenção significava a defesa dos filmes que falassem sobre a realidade do país, como na época de surgimento do Cinema Novo. "Eu não fazia muita crítica de cinema em *Opinião*. Eu tentei através dos filmes abordar questões mais amplas de cinema. (...) Através disso eu abordava questões de política cultural e isso funcionou no *Opinião*. Houve repercussão". O tom era ensaístico. Segundo ele, o trabalho foi o de "tomar uma posição em relação a uma política cinematográfica". Nos textos, se vê que Bernardet estava muito longe da pretensão de objetividade jornalística ou da tendência da crítica de dividir os filmes em partes separadas para analisar. Despreocupado com as provas de erudição, o crítico revelava as contradições escondidas nos filmes. Nesses espaços, há uma tonalidade confessional, jamais autoritária cujo objetivo é provocar o debate.

Em oposição à difícil situação financeira em *Opinião*, Bernardet compôs vários artigos no semanário que se tornaram referência. Alguns desses comentários serviram de base para futuras publicações e para os cursos ministrados ao longo dos anos, por exemplo, a análise dos filmes históricos no livro *Piranha no mar de rosas* (1982) e o estudo sobre o cinema documentário moderno para *Cineastas e imagens do povo* (1985). Esses textos eram divulgados não só em *Opinião*, mas em outros jornais. Colocando em prática a crítica participativa, Bernardet agia e influenciava o campo cinematográfico. Publicou entrevistas com muitos cinemanovistas e com alguns cineastas marginais em *Opinião*. Convidou vários diretores para debater e refletir sobre sua produção; compôs textos para gerar polêmica e solicitou continuamente a intervenção e contra-argumentação dos próprios cineastas envolvidos.

No artigo sobre o filme *Lição de amor* (1975) de Eduardo Escorel, encontramos o ápice do viés ensaístico de Jean-Claude Bernardet em *Opinião*. O texto permite compreender a complexidade da sua forma de escrita, a partir de uma das chaves de seu pensamento: o conceito de *estrutura*. Longe de traçar uma tipologia da crítica de Bernardet, procuramos fornecer um olhar sobre algumas matrizes teóricas dele.

Durante os anos setenta, o regime militar incentivou a produção de adaptações literárias através de financiamentos e prêmios, como uma maneira de dar algum tipo de orientação temática à produção. Da necessidade de encontrar recursos para filmar, muitos cineastas realizaram filmes históricos ou adaptações de clássicos da literatura. Eles aproveitaram a brecha aberta pelo governo para tematizar o momento político com uma abordagem crítica e cifrada. Nesse período, Eduardo Escorel era conhecido como *o* montador dos filmes do Cinema Novo. Em 1975, ele realizou seu primeiro longa-metragem, *Lição de amor*, uma adaptação do romance *Amar, verbo intransitivo* de Mário de Andrade. A história narra o envolvimento amoroso entre Carlos e Fräulein, a governanta alemã contratada pelo pai do garoto para iniciá-lo na vida sexual.

Se os diretores do Cinema Novo tentaram desenvolver uma linguagem brasileira para dar conta de revelar a miséria do país, não só no conteúdo, mas também na forma, o debate encampou novos rumos em meados da década seguinte. Acusados de hermetismo e de utilizar uma linguagem autoral incompreensível ao povo, os veteranos do movimento buscaram o contato com o público, conscientes da necessidade de dialogar com o mercado. Nesse novo viés, Escorel valeu-se em seu primeiro longa-metragem da linguagem clássica como possibilidade de contato com o público.

Uma estética bem comportada?[1] expõe algumas características marcantes da escrita de Bernardet. Se o texto traz um movimento oscilante, quase pendular, cabe exatamente a essa nuance da forma conferir um dinamismo interno. O artigo é composto na primeira pessoa. Inicia com um resumo da saudação da crítica de cinema a Escorel porque *Lição de amor* conquistou prêmios e público, trazendo uma solução ao cinema brasileiro, longe do "perigo político" do Cinema Novo. Em seguida, Bernardet entra no quesito político. Ele evidencia como *Lição de amor* dialoga com a sugestão do governo de adaptar clássicos da literatura ao cinema:

> O governo vem há anos desenvolvendo uma política cultural que leva os cineastas a se voltar para os clássicos literários. (...) Esta política pode não ter dado até agora resultados considerados relevantes. Mas *Lição de amor,* com seu sucesso de crítica e de público, prova que ela pode dar bons frutos. Ou seja: pode resultar em obras que dêem a uma certa burguesia brasileira uma lisonjeira imagem de si mesma.

Ao citar no início do texto o perigo político do Cinema Novo, o segundo parágrafo *indica* a tendência de fuga do cinema político para a adaptação literária, sem explicitar com todas as letras a tentativa de orientação estatal. O autor toma cuidado com as palavras: o governo *desenvolve* uma política cultural que *leva* os cineastas *a se voltar* aos clássicos literários. Os verbos 'desenvolver', 'levar' e 'voltar-se a' atenuam o sentido do direcionamento estatal. A conclusão indireta é clara: o governo não beneficia obras políticas. O trecho coloca em evidência que a estrutura

1 *Opinião,* n. 194, 23 jul. 1976, p. 32. O filme foi lançado em maio de 1976.

externa (leia-se: a política cinematográfica) interfere na temática e na forma do filme. O excerto não pára por aí, estabelecendo uma ligação entre o objetivo do Estado e o sucesso de público e de crítica colocado em prática por *Lição de amor*.

O raciocínio do segundo parágrafo será finalizado só com a última parte do artigo, compondo um retrato circular de argumentação. Bernardet deixa implícito nestas primeiras linhas, mas só conclui com todas as letras no final do texto que os cineastas recorrem às adaptações literárias financiadas pelo governo porque estão sem dinheiro. Trata-se de uma tentativa de contenção de temas políticos. No entanto, o parágrafo possibilita uma segunda leitura: existe uma estratégia de negar-se enquanto cinema político por causa do regime militar. É sobre esse percurso que Bernardet irá falar.

A continuação do artigo *prova* com a análise do enredo como o filme oferece uma imagem lisonjeira da burguesia porque os "avós" burgueses são um pouco ridículos, mas "a quem no fundo se quer bem":

> Os burgueses do filme não são assim tão desmerecedores. (...) O casal Souza Costa possui uma casa ampla e elegante, veste-se bem, tem bons modos, dá uma sensação de segurança e estabilidade: o casal Souza Costa dá dos avós da atual burguesia brasileira uma imagem digna. (...) Mas estamos longe, e como! da ironia e do retrato quase burlesco que Mário de Andrade faz dos Souza Costa.

Até os parágrafos iniciais sobre o *conteúdo* ou sobre a *apresentação da burguesia*, a análise não vê uma contestação política. O artigo segue assim num movimento em *espiral*, adentrando em camadas de leitura cada vez mais densas e reflexivas. Da discussão sobre o *conteúdo* lisonjeiro sobre os burgueses, Bernardet chega ao estudo da *forma*, acompanhando o formato de uma espiral. No primeiro trecho, a forma é prova de qualidade; ao mesmo tempo ela não problematiza o presente. O segundo excerto é bem mais complexo. Vejamos:

> E me pergunto se o estilo do filme, até mesmo o estilo de Eduardo Escorel (...) não tentaria responder a estas contradições e ambiguidades. Essa polidez, esse recato, essa altivez com que Escorel elabora sua expressão dão certa densidade aos sentimentos não exteriorizados, mas são também uma maneira aristocrática de não entrar no mérito do assunto, é pairar acima das contradições.

Há uma sutil diferença entre os dois trechos descritos acima. Deixando uma leitura mais externa do filme como prova de qualidade no primeiro excerto, o final do artigo explica Escorel indiretamente. Sua forma de *pairar acima* das contradições indica exatamente a riqueza da obra, que por causa do contexto político não pode avançar totalmente na problematização sobre a relação entre cineasta e Estado. A maneira *aristocrática* do diretor é vista como parte dessa contradição e dessa ambiguidade. Não se trata simplesmente de cooptação de Escorel, como poderia parecer nos primeiros parágrafos, mas de uma cumplicidade que envolve muitas contradições. Dando continuidade ao estudo sobre a *forma* do filme, o artigo relaciona *Lição de amor* com a discussão do uso da linguagem clássica. Bernardet condena esta mesma linguagem por não gerar reflexão no espectador sobre os mecanismos ideológicos. Sua preferência é pelo cinema moderno que se revela enquanto discurso. Nesse sentido, o articulista vê o filme como um "retrocesso", porque o romance "indaga (até certo ponto o seu instrumental)", enquanto o filme "não questiona, diante do espectador o instrumental cinematográfico de que se vale". Daí o sentimento de retrocesso, porque Escorel usa recursos narrativos para criar uma *ilusão*, como se assistíssemos a um *pedaço* da *realidade*. A condenação à linguagem clássica tem dois motivos: ela oculta os mecanismos de produção, e principalmente não coloca em questão a relação com o Estado. Exige-se aqui do montador do Cinema Novo uma atitude política sobre o formato utilizado.

Se no início, o autor frisava mais a estrutura externa, leia-se política cinematográfica, como detonadora da forma e do conteúdo, os parágrafos finais *desconstroem* a argumentação do próprio texto. Num movimento pendular, Bernardet defende uma afirmação para na sequência negá-la e voltar ao ponto inicial. Eis alguns dos contra-argumentos lançados no fim do artigo:

> Fräulein como projeção de um certo tipo de intelectual. (...) Um desses intelectuais imprensados entre o projeto cultural e a remuneração é o diretor do filme. Como nos serviços prestados por Fräulein à família burguesa Souza Costa, a realização de *Lição de amor* supõe contradição, ambiguidade e cumplicidade entre o projeto cultural e a prestação de serviço.
>
> Uma opção teria sido denunciar esta dimensão do filme, apresentar esta dimensão como geradora do filme (inserir no filme a revelação do processo de produção de que é fruto). O que fazia estourar personagens, linguagem ilusória, e então denunciava a prestação de serviços (...). Outra opção era deixar latente esta

> dimensão, uma suave filigrana: assim não se poderia dizer que esta dimensão não estava no filme, mas sem que ela chegue a alterar o papel social que o filme está desempenhando. Tudo leva a crer que é esta última opção que foi *perfeita* [*grifo nosso*].
>
> O cineasta que descreveu o envolvimento emocional de Fräulein e que a fez repetir com tanta insistência que ela queria seus oito contos, não está absolutamente alheio nem às contradições da governanta, nem às próprias.

Os trechos acima recortados desviam os comentários sobre a forma e a representação da burguesia para incidir na composição da personagem de Fräulein. Bernardet demonstra que a maneira encontrada para contradizer a política cinematográfica em *Lição de amor* não estava na *forma* do cinema moderno. Não, a atitude do diretor foi mais sutil. Escorel trabalhou com *filigranas*. Por esse motivo a contestação foi feita na construção de Fräulein, isto é, nas relações sociais construídas pela personagem. Sem utilizar a linguagem moderna para questionar os mecanismos cinematográficos, a discordância foi ainda mais tênue. Quando Bernardet declara: "tudo leva a crer que é esta última opção que foi *perfeita*", a frase indica o quanto o trabalho estético traz uma dimensão política oculta em Fräulein.

O comentário final encerra a argumentação do início do artigo. Ao apelo de adaptação literária do governo, Escorel aceitou seus oito contos,[2] mas contestou a orientação estatal na composi-

---

2 Em 2011, Eduardo Escorel escreveu um artigo na revista *Piauí* e comentou o quanto custou a se recuperar dos comentários desfavoráveis de Jean-Claude Bernardet sobre seu filme no jornal *Opinião*. Em entre-

ção de Fräulein. A forma do texto reproduz em sua organização o movimento contraditório e complexo desta relação. Também estes contra-argumentos são sucedidos por um ou dois comentários negativos, num enorme *quebra-cabeça dialético*. A linguagem cifrada cumpria a função de não dar informações aos censores e possibilitava ainda a transmissão de sentidos políticos aos leitores.

Não é só para evitar a interdição que o artigo é escrito desta maneira. A forma de escrita de Bernardet em *Opinião* foge de uma argumentação de autoridade. Num movimento de tese e antítese, em tom *dialético*, o raciocínio torna-se muito mais complexo. Parece uma marca recorrente do estilo dele afirmar algo para sugerir depois outra possibilidade de leitura, numa obra aberta. Talvez seja essa uma maneira de ensinar aos leitores a refletir, sem aceitar argumentos prontos. Na intersecção entre estética e política, encontramos a noção que *estrutura* o movimento em espiral do texto: ele não é nada mais do que o próprio conceito de *estrutura* (Candido, 2011a). Bernardet poderia ter

---

vista, Bernardet nos explicou que não achou o filme ruim, caso contrário não teria escrito sobre *Lição de amor* no semanário. O crítico passou por um episódio parecido quando Geraldo Sarno deixou de falar com ele após a publicação da análise de *Viramundo*, que lhe tomou anos de estudo. Bernardet comenta que não se trata de questão de gosto, mas os realizadores de cinema e teatro só querem saber se o cronista apreciou ou não a obra. "Eu sou certamente muito mais complicado do que gostar ou não gostar". Tomando os filmes numa conjuntura complexa, para Bernardet, *Lição de amor* e *Os condenados* de Zelito Vianna eram o "cinema da ditadura", porque uma portaria do Ministério da Educação e Cultura favorecia filmes inspirados em autores mortos. Ver: Escorel, Eduardo. *Jean-Claude Bernardet. Piauí*. n. 61, out. 2011. Disponível em: <htp://revistapiaui.estadao.com.br/edição-61/questões-cinematograficas/jean-claude-Bernardet>. Acesso em 13 nov. 2013.

utilizado somente a crítica sociológica, como às vezes ocorria em *Opinião*, mas conseguiu tocar a complexidade entre a estrutura interna e o contexto, porque o estudo do elemento externo não deixou de lado o fator estético.

Sem separar a forma artística tomada num ambiente repressivo, Bernardet enfrentou suas conexões. Ele não analisou a obra por si mesma; caso tivesse feito isso, pensaria o estilo de Escorel como detonador único da estrutura interna. Estaria somente ao lado da crítica voltada à estética. Ao contrário, a dimensão social e o estilo não podem ser desconectados, porque os fatores externos e sociais são agentes da estrutura interna. Assim a realidade social transforma-se em componente da estrutura cinematográfica. Como aplicar o conceito de estrutura para explicar *Lição de amor*? A política cinematográfica do regime autoritário (estrutura externa) foi agente da forma (estrutura interna) do filme, afinal de contas esta política levou Escorel a ter de recorrer à adaptação literária para conseguir financiamento. Contudo esse fator não explica a obra por completo. O financiamento não significou adesão ao regime autoritário, nem uma visão apologética do passado; porque a forma do filme tem *autonomia* em relação à estrutura externa. Esta última pode influir ou não na *mise en scène*, mas provavelmente ela tenha se feito presente na adequação à adaptação literária. Do estilo de Escorel, analisado por Bernardet, apreende-se a singularidade da obra; e dessa singularidade o elemento social foi filtrado na concepção estética *do autor*; não obrigatoriamente do regime. Porém, a estrutura externa pode ter sido em parte responsável por Escorel ter colocado as críticas ao sistema na composição da personagem de Fräulein, e não na forma do filme. Por outro lado, essa opção pode também significar a preferência do diretor pela linguagem clássica.

Temos de levar em conta outro fator: a defesa do cinema clássico na imprensa significava para os egressos do Cinema Novo uma forma política de conquistar o público através de uma linguagem convencional. Novamente teríamos uma influência do fator externo sob a *mise en scène*. O movimento do artigo passa pelas duas formulações ao ver *Lição de amor* como síntese da política cinematográfica e da resistência. Como vemos, a relação entre todos esses fatores não fecha uma equação simples de resolver. Assim a forma de escrita de Bernardet revela ao mesmo tempo a complexidade do conceito de estrutura e as ambiguidades na aproximação com o Estado. Forma e contexto estão tão imbricados que é impossível determinar fronteiras claras entre o projeto político e a criação autoral.

Quando o crítico articula *num todo complexo* a estrutura interna de *Lição de amor* com o contexto da política cinematográfica, ele vai além de uma crítica sociológica; caminha em direção à *crítica integral*, que segundo Antonio Candido (2011a, p. 17) não deve desconectar os aspectos formais dos aspectos sociais. "Quando isto se dá, ocorre o paradoxo assinalado inicialmente: o *externo* se torna *interno* e a crítica deixa de ser sociológica, para ser apenas crítica". Assim, o estudo da estrutura chega a uma interpretação estética que assimila "a dimensão social como fator de arte".

O artigo revela que Bernardet em *Opinião* não tratava o cinema apenas pelo viés político, como uma forma de subordinação da arte. Ao contrário, estética e política completam-se, porque cada uma delas é fator de composição da outra. O texto indica o quanto Bernardet desconstruiu, aglutinou e reelaborou diversas matrizes da crítica de cinema em sua passagem por *Opinião*. O articulista vai além de deflagrar as significações imediatas do filme, porque esse tipo de estudo não dá conta nem da sociedade dos anos vinte, nem do presente. Para tanto, Bernardet não exclui nenhum tipo de metodologia, numa proposta parecida com a da *crítica integral* de Antonio Candido. Atento à análise fílmica em detalhes, ele foge da crítica sociológica que vê a obra como ilustração dos conflitos sociais. Desta forma, preserva o fator estético através da observação concreta das cenas para investigar como o estético trabalha historicamente. Bernardet quer demonstrar como se dá a *resistência cultural* de *Lição de amor* no campo estético.

O que está em foco no artigo é uma busca por "significações móveis" da obra, isto é, não se trata da obra em si, mas das relações estabelecidas pelo crítico a partir dos filmes. O estudo inclui também: apontar aspectos inesperados e as contradições do trabalho dos autores, além de desvendar elementos latentes de dramaturgia para colaborar com o amadurecimento dos realizadores. Esse tipo de artigo é aplicado geralmente aos filmes de caráter aberto que transformam a forma de escrita do crítico, tornando a obra movediça. Não se trata de julgar a produção ou encontrar uma verdade, mas de uma atividade criadora que lida com significações sociais múltiplas num processo deflagrador sem fim. Não importa se as significações estão certas ou se são contraditórias, porque as relações propostas são sempre "ambíguas e as significações sempre flutuantes" (Bernardet, 1978, p. 244-6). A forma de espiral por antinomias deste texto encaixa-se perfeitamente na descrição de Adorno (2003, p. 29-30) do ensaio: [os conceitos] "não formam um *continuum* de operações, o pensamento não avança em um sentido único." Como no ensaio, a abordagem é fragmentada, como se pudesse ser interrompida a qualquer momento, sem a pretensão de localizar uma solução definitiva. O tom problematizante de encadeamento de dados vai contra a leitura linear e procura captar as contradições da obra. Vendo o filme como processo, o movimento analítico por oposições desse texto parece ser a forma de compreender o mundo que nos cerca. Ligado à concepção da realidade histórica como algo contraditório, o texto compõe assim um movimento *dialético*. Bernardet não tem a pretensão de eliminar nenhum dos lados, porque as duas faces contraditórias coexistem tanto no filme quanto na sociedade.

Sérgio Augusto e *Os Boas Vidas*

A cinefilia chegou ainda na infância de Sérgio Augusto através das idas frequentes ao cinema no Rio de Janeiro, acompanhado da mãe. Desde a tenra idade, o futuro crítico já tomava nota dos filmes, indicando o ano de produção, o nome do diretor e dos atores. Leitor da revista *Cinelândia*, a prática das listagens fazia parte do dia a dia dos fãs de cinema. Com catorze anos, ele teve contato pela primeira vez com uma crítica de Antonio Moniz Vianna do *Correio da Manhã*. Ele leu "fascinado" e naquele instante descobriu qual seria sua profissão. Passou a acompanhar a coluna de Moniz Vianna todos os dias, aprimorando cada vez mais as informações sobre os cineastas.

Entre os dezesseis e dezessete anos, Sérgio Augusto frequentou o curso de jornalismo do jornal *O Metropolitano* da UNE (União Nacional de Estudantes). Os cem primeiros inscritos assistiam às aulas práticas e teóricas, aprendiam a escrever o *lead* e faziam matérias. A turma do Cinema Novo fazia parte da equipe, entre eles Arnaldo Jabor e David Neves. Cacá Diegues era diretor de redação. Os três primeiros colocados nas provas foram aproveitados na equipe e assim Augusto transformou-se em "redator-repórter". Em pouco tempo passou a escrever sobre cinema no jornal. Nessa época, Ely Azeredo tirou férias acumuladas de três meses e convidou Augusto para ocupar seu lugar na *Tribuna da Imprensa*. Novo convite surgiu, pouco tempo depois, quando Moniz Vianna tornou-se diretor do *Correio da Manhã*. Foi Alberto Dines, o responsável pela famosa reforma do *JB*, quem levou Augusto para o *Jornal do Brasil*.

Acumulando experiências, ele foi editor do *JB* e trabalhou na empresa *Bloch*, quando Mino Carta abriu as portas da revista *Veja* para ele. Nos anos setenta, o jornalista escrevia em três jornais censurados: *Veja, O Pasquim* e *Opinião*. Depois foi para a *Isto é*, de novo com Mino Carta, e teve uma breve passagem pelo *Jornal de Brasília* até chegar a *Folha de S. Paulo* nos anos oitenta e noventa. Em seguida, Augusto passou a integrar a equipe do jornal *O Estado de S.Paulo*, onde permanece até hoje.

Diplomado pela Faculdade Nacional de Filosofia, Augusto achou que seria redundante fazer Jornalismo, porque já tinha experiência no assunto. A formação em cinema não veio apenas da leitura diária das críticas de Moniz Vianna, mas das retrospectivas realizadas na Cinemateca do Rio de Janeiro entre 1958-1963. Cada um desses anos foi dedicado à filmografia de um país. Os cursos propiciaram um contato denso com o cinema americano, o francês, o inglês, o italiano e o russo. Para o crítico, o processo completo valeu por um curso de cinema universitário feito em três anos. Pouco tempo depois, ele organizava retrospectivas na Cinemateca ao lado de Walter Lima Jr.

Sérgio Augusto nunca teve filiação política, mas foi preso no dia 29 de fevereiro de 1972. Num belo dia de verão, ele decidiu acompanhar Miguel Paiva e Bruno Barreto numa entrevista para *O Pasquim*. A polícia procurava por um carro com o mesmo modelo, e por azar, eles foram parados pela blitz. O carro estava sem documento, assim como Bruno Barreto. A condição de Miguel Paiva era pior por levar uma carteira de estudante falsa e organizar passeatas estudantis. Os três permaneceram presos da uma da tarde até a meia noite. Foi quando Augusto resolveu reclamar, porque não havia nada contra ele. Então o policial citou um dossiê da época do *JB*. Além disso, o crítico era acusado de assinar o manifesto pela libertação dos "Oito do Glória" e de organizar um debate sobre *Terra em transe* (1967) de Glauber Rocha, quando o filme foi liberado.

Graças à prisão, toda vez que Augusto saia do país, ele tinha de pedir autorização no Deops. Anos depois a ficha aumentou, quando publicou a reportagem "Mar de Lama" para *O Pasquim*. O jornalista usava declarações já publicadas na imprensa como estratégia para fazer comentários negativos a Delfim Neto. Se o título era forte e o jornal estava sob censura, a matéria conseguiu sair. Ele e Jaguar foram enquadrados na Lei de Segurança Nacional por difamação. O processo foi parar na Aeronáutica e a dupla teve de prestar depoimento. Augusto só foi anistiado em 1979.

Se Moniz Vianna foi para Augusto a primeira grande influência, entre 1959-1960, ele passou por uma nova transformação quando teve o primeiro contato com a revista *Cahiers du Cinéma*. O momento é descrito como o contato com a "Bíblia de Gutemberg", reunida numa grande pilha. Na época, Augusto lia não só *Cahiers* e sua antecessora a *Revue du Cinéma*, mas *Positif* e *Arts*. Ele recortava artigos e organizava o conteúdo sobre os diretores em pastas. Paulo Emilio não participava do rol dos críticos eleitos porque Augusto tinha uma ressalva com a premissa de que o 'pior filme brasileiro é melhor do que qualquer um estrangeiro'. Avesso a qualquer tipo de nacionalismo, para Augusto a formulação criava certa ambiguidade e era meio xenófoba. Contudo ele lembra que não se detinha sobre esse problema porque "chegou um pouco atrasado ao debate".

Augusto define seu método de trabalho como "intuitivo", porque nunca teve uma preocupação *a priori*. O processo de escrita começa no cinema. O crítico toma notas para não esquecer os detalhes. Presta atenção em tudo, nos diálogos, nos planos e na abertura para poder começar o texto de forma diferente. "Uma coisa é certa, eu entendo muito mais do filme quando escrevo, do que quando gosto e só vejo". Muitas vezes a ideia mais concreta surge só ao elaborar o texto, o que inclui até a possibilidade de mudar sua apreciação neste processo. Nos anos setenta, o trabalho era feito de memória, porque só era possível rever a obra no máximo uma vez antes de publicar. Já a crítica semanal permitia mais tempo, entre dois a três dias para compor os artigos. Na época do *Metropolitano*, não era imprescindível escrever sobre um lançamento. Augusto só o fazia se tivesse algo a dizer. Enquanto isso, no *Correio da Manhã* existia uma obrigação de comentar a produção em cartaz. Para o crítico, muitas vezes seus melhores textos acabam sendo contra os filmes. "Tem filme que eu adoro, mas não quero escrever. Não vou conseguir expor em palavras aquilo que sinto em relação ao filme. Isso aconteceu várias vezes comigo." Quando ele gosta ou conhece bem um diretor, a situação gera "certa paralisia".

Com os diretores brasileiros, a relação passava por outros filtros. Ele conheceu de perto a maior parte dos cinemanovistas, como Arnaldo Jabor, Paulo César Saraceni, Joaquim Pedro de Andrade, David Neves e Carlos Diegues através dos cineclubes, da Cinemateca do MAM ou do grupo de estudos cinematográficos da UNE. Acompanhou o alvorecer do Cinema Novo porque todos eram amigos dele. Escrever sobre os cinemanovistas no

Metropolitano era uma tarefa complicada. Por causa da amizade, quando não gostava, ele procurava não comentar os filmes. Mas na época do *Metropolitano* não houve grandes problemas para redigir sobre o Cinema Novo porque a produção do grupo só estava começando. Já no *Correio*, Augusto era obrigado a comentar os lançamentos: "eu devo ter magoado muitos. (...) Lá eu tinha que pegar o filme e escrever mesmo. Esse negócio de amizade, era à parte". Muitas vezes podia ser um pouco "compreensivo" ou até mesmo "condescendente" porque conhecia de perto os problemas da produção. A relação com o grupo do Cinema Novo variava, Paulo César Saraceni e Nelson Pereira dos Santos não faziam nenhum tipo de cobrança a ninguém, diferente de Gustavo Dahl. Carlos Diegues ficou uma época sem falar com ele, porque considerou a crítica de Augusto sobre *Joanna, a francesa* na *Veja* implacável.

Cinéfilo apaixonado pelo cinema clássico, Augusto não esconde a falta de apreço pelo Cinema Marginal. Gostava mesmo é dos realizadores. Num dos artigos de *Opinião*,[3] ele explicou que a "auto-agressão" do Cinema Marginal ao público é um dos gestos mais impotentes, apesar de ser considerada uma atitude política.

A cinefilia ficava de lado quando o assunto era a política cinematográfica. Augusto preferia "ficar à margem" desse tipo de "discussão" e não comentar as leis de cinema. Afinal não era a "parte interessada". Em *Opinião,* ele elegeu como foco a análise do cinema estrangeiro. Dos mais de 60 artigos publicados, 15 textos são dedicados ao cinema brasileiro. Destes, apenas oito matérias comentam em algum trecho a política cinematográfica.

---

3 Augusto, Sérgio. "'Udigrudi' ou inseticida". *Opinião,* n. 16, 19 a 26 fev. 1973, p. 20.

Nestes casos, o tom é factual, mas nacionalista. Além disso, o mercado recebe o adjetivo de inimigo da cinematografia nacional. A postura é mais opinativa e não permite concessões. Nos artigos, Augusto faz críticas a algumas figuras governamentais, à política cinematográfica e às empresas norte-americanas.

A predileção ao cinema americano não significava um desapreço pela crítica marxista. Para ele, a esquerda maoista tomou conta de *Cahiers* no pós-1968, levando a revista a uma fase politizada demais. A oposição dele não era só a essa nova abordagem, mas também a algumas obras. Ele desaprovava a "velha crítica de esquerda partidária" com seu "método stalinista" de "apelação ao sentimentalismo", como foi *Sacco e Vanzetti* (1971) de Guiliano Montaldo. Para Augusto, o cineasta realizou uma produção muito "mentirosa", com apelação "sentimentalóide", atropelando a história. Um "filme de esquerda tem que ser de esquerda mesmo. Não existe arte revolucionária sem forma revolucionária", relembra. Essa do "coração batendo de perto, eu nunca engoli".

Entre os críticos preferidos em *Cahiers* estavam Jean Domarchi e Jean Douchet, com os quais compartilhava a paixão pelos clássicos americanos. Augusto admirava também a "análise cirúrgica" de Louis Marcorelles, que pensava os filmes através do estudo do capitalismo. Diferente deles, o crítico brasileiro achava Georges Sadoul muito stalinista e "preconceituoso". Ele dava "duas estrelas para *Cidadão Kane*" e quatro estrelas para qualquer filme soviético ou italiano "só por exaltar a resistência", relembra. Se o instrumental da crítica marxista é "precioso", há uma diferença em relação à linha ligada ao partidão. Esta faz uma má leitura de Marx. Para Augusto, é lamentável dizer que Balzac é pior ou melhor que Zola, porque esse tipo de comentário não leva a nada.

Muito distante da crítica sociológica que muitas vezes não chega ao filme, Augusto sempre coloca a análise interna em primeiro plano, com grande atenção ao noticiário do momento. Em muitos artigos, há também o estudo do contexto de produção. Como critério de organização textual, Sérgio Augusto avalia todos os pontos do filme. Dividindo para analisar, ele toma em separado a fotografia, o estilo, a atuação, o roteiro. O trabalho é feito na observação acurada da composição do filme, na relação entre atores e personagens, na avaliação da postura da câmera e das formas escolhidas para representar a realidade. Nele, a marca do *hic et nunc* está sempre presente.

O toque de erudição o diferencia, assim como a memória enciclopédica de fazer inveja a qualquer um. Há centenas de citações enriquecedoras sobre diretores, atores ou detalhes de produção. No artigo sobre *Noite americana* (1973) de François Truffaut, ele descreve em detalhes todo o tipo de construção em abismo do filme.[4] Augusto começa o texto em *Opinião* a partir do isolamento dos traços característicos da obra. Depois os compara a outros filmes, visando estabelecer dados históricos em comum. Em seguida, revela os resultados obtidos para depois atingir a interpretação e o julgamento. Nunca traz esses dados como a verdade absoluta, mas como parte de sua construção, porque coloca sempre sua subjetividade nas matérias. A análise dos elementos da obra é precedida da reflexão crítica, do juízo e do estudo sobre a estrutura interna. Seguindo a adequação da crítica voltada ao julgamento estético, Augusto realça sempre a *mise en scène*. Contudo a grande atenção dada a esse aspecto estava em declínio na crítica de cinema dos anos setenta (Stam,

4 Augusto, Sérgio. "A noite americana". *Opinião*, n. 73, 01 abr. 1974, p. 16.

2003). Por causa do estruturalismo, havia em vários periódicos um decréscimo da cinefilia e do papel do autor frente à linguagem e ideologia.

Longe das preocupações de ordem social, Augusto procurava manter-se no polo oposto ao engajamento: a cinefilia e o *específico* do cinema. É assim que ele anuncia em *Opinião*, com absoluta "alegria", que vem estampada no título, o relançamento de *Cantando na chuva* (1952) de Gene Kelly e Stanley Donen.[5] Na reprise no Cinema I do Rio de Janeiro, Augusto escreve que o filme "foi sete vezes ovacionado por uma plateia composta em grande parte por pessoas sintonizadas com um tipo de música e cinema radicalmente diferente". Os comentários são precedidos em *Opinião* da confissão típica de cinéfilo:

> Mas a sensação de desânimo provocada por *Cantando na chuva* não é um 'privilégio' dos cineastas. Como crítico confesso sentir-me quase que inteiramente incapaz de expressar com palavras adequadas a arrebatadora alegria que me provoca a cada novo contato essa imortal obra-prima de charme, humor, poesia e elegância.

A frase expressa a máxima da cinefilia, caracterizada pelo tom de confissão. Ela é extensão da *mise en scène*, do diário íntimo do diretor (Baecque, 2010). A definição de *diário* tenta explicar a impossibilidade de dizer algo acerca desse "arrebatamento". O sentimento pela sala escura é quase religioso. Trata-se de uma maneira de assistir aos filmes, de falar sobre eles e difundir seu

---

5 Augusto, Sérgio. "Alegria! 'Cantando na chuva' está de volta". *Opinião*, n. 74, 08 abr. 1974, p. 24.

discurso. Os jovens críticos de *Cahiers* a utilizavam como forma de legitimação artística para autores desprezados pelos intelectuais. Diferente deles, Sérgio Augusto não estende a autoria aos não consagrados ou incompreendidos.

A declaração de amor ao cinema hollywoodiano aponta para diversas similitudes entre Augusto e a primeira fase de *Cahiers du Cinéma.* A preferência pelo cinema autoral é perceptível ao comentar em *Opinião* a reexibição de alguns filmes de Jean Renoir.[6] Para provar a importância do cineasta, ele aponta as diversas influências sobre os diretores modernos. O articulista também cita o estudo de Peneloppe Gilliatt, baseado em André Bazin, sobre a utilização da profundidade de campo como possibilidade de libertação democrática ao olhar do espectador. O interessante no comentário é o desvio, porque o exemplo não é tomado para provar como *A regra do jogo* (1939) antecipa o início do cinema moderno (Bazin, 1991). Nem para mostrar como a profundidade de campo altera a relação com o espectador, como fez Bazin (1991). O objetivo é frisar a *autoria.* Assim o conjunto selecionado tentava provar a superioridade do cinema autoral.

Para Augusto, Renoir é um incompreendido, que cabe ao crítico cinéfilo decifrar. Ele contesta nesta mesma matéria de *Opinião* a definição dos admiradores de Renoir como cineasta dotado de "sensibilidade humanística" e "amor à natureza", porque dela não se pode extrair a *mise en scène* do diretor. O articulista procura a *mise en scène* de Renoir na grandeza de suas "contradições". Dentro e fora do culto ao autor, Augusto busca neste artigo uma metodologia de análise para chegar a sua definição da *mise en scène* do cineasta:

---

6 Augusto, Sérgio. "A volta de Renoir". *Opinião,* n. 49, 15 a 22 out. 1973, p. 29.

> Maravilhosas e conscientes. Os filmes de Renoir - graves e alegres, pesados e graciosos, frágeis e compactos, rigorosos e soltos - parecem, afinal, inconclusivos, deixados em aberto, mesmo os submetidos aos métodos de produção e criação considerados ideais pelo cineasta.

Essa seria parte da *mise en scène* de Renoir: a contradição e o caráter inconcluso da obra. Em busca da autoria, Augusto procura algumas pistas e as compartilha com o leitor. A *unidade* da obra estaria não só na ausência de vilões, mas na construção que impede o espectador de odiar os personagens. Para encontrar mais respostas, o crítico aconselha pensar Renoir em suas motivações sociais e na "capacidade de revelar o conflito entre as classes sociais". Este seria um elemento a mais da unidade artística por trazer as exigências do indivíduo e as demandas da sociedade. A maior prova do estilo para o articulista é a grande influência sobre outros autores.

Textos como este são bastante comuns na trajetória de Augusto em *Opinião*. Trata-se de seu principal interesse no jornal: a busca pelo autor. Entre as acepções de autoria, como a de Alexandre Astruc ou de Andrew Sarris, a que mais coincide com ele é sem dúvida a *política dos autores* da *Cahiers*. Nos dois casos, o autor é um cineasta que expressa sua sensibilidade e sua visão de mundo, geralmente através de um diário íntimo. Se a primeira origem do termo em Astruc aponta para um significado literário, vendo o cineasta como escritor, a *política* é a apologia do sujeito. O filme é a expressão pessoal do cineasta e nesse sentido a concepção de autoria de Augusto estava bastante atrelada à *Nouvelle Vague*, embora ele não acrescente em sua lista cineastas representativos do espetáculo, como os jovens críticos de *Cahiers* tinham feito com Hitchcock e Hawks.

Novos realizadores ligados apenas ao espetáculo não integram a lista dos eleitos de Augusto pela falta de uma marca autoral. Quantitativamente o crítico concentra-se em localizar essa ausência de autores nos lançamentos. Trata-se de descobrir se o cineasta é um *auteur* ou um *metteur en scène*. A autoria é negada, por exemplo, a Sam Peckinpah em *Implacáveis* (1972) [7] em *Opinião* por fazer um filme de encomenda, "o mais comercial de sua carreira", repetindo "todo o receituário ideológico-formal de suas explosões anteriores". As considerações negativas concentram-se nas *repetições* do diretor, na crítica de atuação e na aplicação da psicologia para avaliar o papel interpretado e a personalidade do ator. Procurando localizar a *mise en scène* de Peckinpah, ou melhor, negá-la, Augusto conclui em *Opinião* que há como em todos os filmes, "uma série de mortes violentas, sensualmente registradas pela câmera, além, claro, dos absurdos, das incongruências, das gratuidades e do machismo doentio (...)". O "único argumento passível" para dotar um filme de Peckinpah como relevante é o seu "amoral *happy end*". Fixando-se em falhas técnicas, o crítico revela o fraco do cineasta por efeitos. A conclusão não poderia ser outra: não se trata de um autor, mas de um técnico deficiente, com uma divisão de mundo maniqueísta, personagens incongruentes e roteiro fraco.

Os comentários a*os Implacáveis* revela um desinteresse pela técnica, o que é característico da *política dos autores*. Para os *Jovens Turcos de Cahiers*, a técnica não tem valor ou significação

---

7 Augusto, Sérgio. "Quando o crime compensa". *Opinião,* n. 35, 08 a 16 jul. 1973, p. 22.

própria porque não é um dado estético. Ela só importa se remete a algo que a ultrapassa (Bernardet, 1994, p. 56). Para o articulista, Peckinpah não passa de um *metteur en scène,* porque não tem a centelha divina e não consegue transformar o material em algo genuinamente seu. Embora Augusto não use o termo, ele está na gênese de sua busca pela autoria. De qualquer forma, o cinema de gênero sempre parecia um empecilho para os que se dedicavam ao conceito de autoria.

Peckinpah não é autor para Augusto porque o pensamento de um cineasta toma forma cinematográfica pela *mise en scène.* Esse conjunto é o encarregado de instituir a beleza absoluta do filme. Tanto o conteúdo quanto a mensagem advêm da forma desdobrada (Baecque, 2010, p. 216). *Cahiers du Cinéma* prezava a *mise en scène* porque enxergava nela a própria matéria do filme, isto é, uma organização da obra com sentido em si mesma. Como na revista francesa, Augusto dedica-se mais ao estudo da forma do que ao do conteúdo, como se este fosse uma consequência da primeira. Desaprovando a forma e o conteúdo de *O casal* (1975) de Daniel Filho, escreve Augusto:[8]

> o constrangedor superficialismo do drama encaixa-se à perfeição com a *mise en scène*: um mistifório de truques (zoom, câmera lenta, câmara rápida, planos fixos, tomadas com lente grande-angular, e até um beijo circularmente descrito como os que Hitchcock aprecia mostrar em melhores lábios e sem trinados de flauta ao fundo) para encher os olhos dos ingênuos. Ou a

8 Augusto, Sérgio. "O Love Story de Ipanema". *Opinião,* n. 151, 26 set. 1975, p. 22-23.

> confluência exata entre a frescura de Lelouch, a comiseração de De Sica e o didatismo da revista *Pais e filhos*.

Apenas esta vez o crítico se referiu à *mise en scène* para um filme nacional. Embora o termo seja utilizado, a descrição não é de um autor, muito menos de um *metteur en scène*, mas de um ornamento. Para piorar *O casal* é cosmopolita e falso: "é um filme tão brasileiro quanto as calças Levis fabricadas em São Paulo". Não existe um artigo sequer de Augusto tratando o cinema brasileiro pelo viés da autoria. Geralmente o critério de escolha são os filmes nacionais em cartaz, geralmente atrelados à ideia de espetáculo. Há apenas entrevistas e comentários sobre os lançamentos brasileiros. Aos filmes que caberia uma discussão sobre a *mise en scène*, como a produção dos cinemanovistas, Augusto só publica entrevistas, provavelmente porque Jean-Claude Bernardet já tivesse escrito sobre eles. Isto é, *mise en scène*, unidade da obra e autoria só para o cinema estrangeiro.

A ligação entre autoria e "diário sentimental" é a chave do artigo de Sérgio Augusto sobre *Os Boas-Vidas* (1953) de Federico Fellini.[9] Afinal o registro autobiográfico lembra a forma de um diário íntimo. Reexibido em nova cópia, o crítico procura distanciar o cineasta do cinema moderno. Prefere sublinhar o diálogo com o neo-realismo. Por isso declara que *Oito e meio* (1963) é um momento isolado e singular na produção do diretor, num "ato de exorcismo narcisista". As linhas de força já estariam traçadas nos *Boas Vidas*. Explicando um ingrediente despercebido, Augusto demonstra como Fellini foi precursor

---

9 Augusto, Sérgio. "A maioridade de Os Boas Vidas". *Opinião*, n. 76, 22 abr. 1974, p. 20.

no *Vitelloni*. Há um "laivo" de "modernismo" porque os personagens definem-se através de gestos e ações marginais, não por emblemas e situações. Se os realizadores costumam ocultar esse tipo de informação, Fellini estava literalmente vinte anos adiantado. Para Augusto, o cineasta faz uma sátira de costumes e aborda os desocupados fora do viés marxista:

> Ao contrário do que disseram alguns críticos marxistas, *Vitelloni* não é 'uma sátira (ou uma crítica) de costumes' nem uma descrição da agonia de uma classe decadente. Os decadentes e nostálgicos desocupados de Fellini não são produtos de uma categoria, de uma classe social. Fellini é a negativa mais talentosa do ideal marxista de cinema. Em vez de desemprego e reforma agrária, ele discute problemas de caridade, amor e solidão.

Fellini não discute, apenas mostra e contempla. O artigo é dedicado a localizar a *mise en scène* do cineasta em meio à ideia de *unidade*. Assim cada um dos filmes surge como uma peça no quebra cabeça do estilo do diretor. A *mise en scène* aponta para uma ideia de "pureza", como se esta palavra traduzisse o conceito de unidade. É por meio da análise do conteúdo dos filmes que se encontra a unidade felliniana. Se o objetivo principal de Augusto é descrever a *mise en scène* pela forma, em momentos como este, os artigos começam pelo estudo da temática, do enredo e dos personagens. Para Baecque (2010), apesar de a *mise en scène* ter sido uma bandeira de *Cahiers*, o método da política dos autores foi a avaliação da temática, que era uma tradição consolidada nas artes.

Neste texto, Augusto segue uma análise temática de *Vitelloni*, no caso, "o *amaro far niente*, a vagabundagem tediosa". Da explicação do *vitellonismo* e da analogia entre a vida e a obra de Fellini, Augusto chega à unidade. As linhas de força estão traçadas n'*Os boas vidas*: "a rendição à distensão lírica e ao grotesco, a inclinação afetuosa por personagens cândidos, hiperbólicos, primitivos, marginais e gregários, o apelo a uma simbologia simplista (o mar como evasão impossível)." A avaliação detalhada de cada filme permite observar as provas de confissão diluída da vida de Fellini. Pelas diversas "coincidências" entre a trajetória pessoal e as obras "não há como negar o espírito familiar-comunal de *Vitelloni*",[10] declara Augusto. Eis a unidade que toda obra precisa encontrar, porque sem ela não há autor. O crítico voltado a localizar a autoria é motivado pela busca da integralidade da obra e do artista como um todo, mas nestes casos, as partes devem articular-se num sentido coerente. Por esse motivo, a unidade participa da visão de mundo e aparece com frequência nas críticas de cinema (Bernardet, 1994, p. 177).

Se cada filme compõe a unidade da obra, a continuidade do trabalho de um cineasta não significa a certeza de novos elogios. Um ano depois, quando Augusto toma contato com *Amarcord* (1973), as considerações sobre Fellini mudam radicalmente.[11] Se o diretor é tratado como autor, a *mise en scène* fica em segundo plano no texto porque *Amarcord* não traz nenhuma originalidade; apenas reminiscências do passado. Colocando de lado a busca pela unidade da obra, o articulista observa apenas uma repetição dos "fantasmas" da "puberdade" de Fellini. Se a uni-

10 Augusto, Sérgio. "A maioridade de Os Boas Vidas". *Opinião,* n. 76, 22 abr. 1974, p. 20.

11 Augusto, Sérgio. "Na jangada da medusa". *Opinião,* n. 130, 02 mai. 1975, p. 21.

dade pressupõe repetição, o exagero é condenado: "Do impressionismo jornalístico de *Roma* passamos à *baffonata* nostálgica de *Amarcord*. A memória comanda o espetáculo: no dialeto da Emilia, (...), *amarcord* significa 'eu me lembro'. Não poderia ser este o título de todos os filmes de Fellini?"

Os comentários negativos incidem sobre a galeria de tipos e sobre as inúmeras coincidências biográficas. A conclusão é que Fellini envelheceu e o filme não é original, apesar das qualidades: "a orquestração é impecável, apesar do claro fastígio do maestro". Aqui o caráter autobiográfico das confissões não é mais visto como positivo. Neste caso, a função do crítico é evidenciar a *matriz* do cineasta através da unidade. Isso já tinha sido feito no artigo sobre *Os Boas-Vidas*. Afinal a matriz é uma virtualidade e uma abstração que se projeta sobre as realizações concretas. Se cada filme possibilita o acesso a essa ideia, o crítico precisa remontar a virtualidade das aparências. As realizações até podem ser múltiplas, mas a ideia é única (Bernardet, 1994, p. 55).

Se Augusto desgosta de *Amarcord* por causa das repetições, a peça essencial do trabalho do crítico geralmente é a *redundância*. As repetições e similitudes nas situações dramáticas ajudam o articulista a delinear a matriz, porque o autor é um cineasta que se repete. Quando esclarecida, a matriz ilumina os filmes anteriores e tem um efeito retrospectivo para o cronista (Bernardet, 1994, p. 29-31). No caso de *Os Boas-Vidas*, Augusto traçou a *mise en scène* felliniana no âmbito da temática comum e do passado do diretor, mas não gostou de vê-la repetida em *Amarcord*. Por outro lado, talvez o maior problema não seja a recorrência, que é um traço da autoria, mas a retomada sem acréscimo de nada novo. Naquele primeiro artigo, o crítico chegou à definição do específico de Fellini com a ideia de "confissões" e "pureza".

Isto é, a pureza de um filme significa retratar de forma autêntica a experiência do diretor. Para provar a tese, Augusto explica a ligação da vida de Fellini com cada filme. Portanto, a definição da *mise en scène* completa-se com a aplicação da psicologia ao diretor. Trata-se de um deslocamento da análise imanente para a psicologia. Andrew Sarris utilizava essa metodologia (Ramos, 2005) porque a personalidade conferiria à obra uma unidade. Assim a atenção à psicologia pode estar na base do sentido de *autor* como expressão pessoal.

É como se a crítica de cinema tivesse de captar a alma do diretor e sua personalidade para entender o sentido da obra. Os artigos são assim dotados de uma transcendência explicativa sobre os cineastas e sobre sua criação. É através do cronista que o leitor pode encontrar a verdade revelada sobre um autor. Por esse motivo, o texto de Augusto está cheio de longas declarações dos realizadores, ligando os filmes às suas experiências. Augusto não foi o único a traçar um paralelo entre a biografia de Fellini e sua *mise en scène*. Paulo Emilio também valorizou no cineasta a coincidência entre a experiência existencial dele e seu processo criador. Ele procurava na biografia do realizador os elementos de compreensão da obra. Esse tipo de comentário também era comum em Moniz Vianna (Bernardet, 1994). É curioso que a fonte primária da comparação aponte para o próprio cineasta. Em *Opinião,* publica-se um depoimento do diretor para explicar *Amarcord*.[12] Fellini recorria, segundo Bernardet (1994), à ideia de magma em seus filmes para descrever como ele cavava o sentido até chegar à faísca. Dizia o cineasta: "a mim me parece que todos os projetos que depois acabo por realizar sempre existiram, para depois ganharem

12 Fellini, Federico. "Fellini: a luz sob controle". Depoimento concedido

um destaque." Nessa perspectiva, a obra já existiria antes da sua concretização num sistema fechado que se repete até a máxima depuração da matriz (Bernardet, 1994, p. 33-34).

Portanto, três características definem o trabalho de Augusto em *Opinião:* a cinefilia, a preferência pelo cinema clássico e o estudo sobre a *mise en scène.* O foco principal é observar se um filme possui elementos ligados a um trabalho autoral, ou se é mero entretenimento. Crítica de cinema se atém às obras de arte. Caso um lançamento seja apenas repetição de uma estratégia já adotada, não será recomendado. O crítico sempre condena o esquematismo dos filmes, a tentativa de comover e os finais felizes óbvios. Assim afasta-se gradualmente da perspectiva do gosto popular, mas não impõe uma opinião ao público. É possível ao leitor tirar suas próprias conclusões, através do que ele busca no cinema: arte ou entretenimento. Afinal o processo jamais esconde a subjetividade de suas preferências. Se Augusto sempre se preza em declarar que o espetáculo por si só já vale, na prática, ele sempre encontra algum defeito. Assim a maior parte dos lançamentos não é bem vista porque algo lhes falta, isto é, não se trata de arte. Espetáculo ou arte, eis uma questão para o crítico.

O estudo de gênero também incide sobre as conclusões tomadas. Após a avaliação detalhada, autores mesmo são poucos, enquanto o número de lançamentos é bem maior. Nos casos de cinema de gênero, Augusto aplica a análise da representação sociológica. Critica o esquematismo e os aspectos ideológicos para estabelecer uma corrente entre o filme e os valores sociais.

---

a Jean-Paul Mont-Servan e Gideon Bachman. *Opinião,* n. 130, 02 mai. 1975, p. 22.

Para Augusto, os melhores artigos de *Opinião* são sobre os filmes que ele não gostou. Observamos que nestes casos, o arsenal utilizado é o da análise do discurso das obras, a partir da *racionalidade* do crítico. São os textos em que o cronista não localiza um autor. Contudo, parece-nos que nos casos de preferência por determinados autores, Augusto coloca em prática de maneira plena seu *ato crítico* (Milliet, 1981; Candido, 2011). Isto é, há o instante de racionalidade e o momento intuitivo de sensibilidade estética. São estes os artigos que o aproximam da criação autoral. Nestes casos, o articulista sintetiza a matriz da crítica atenta à psicologia e o impressionismo estético de cinéfilo.

A crítica impressionista estava em pauta como principal critério de análise no Brasil até os anos sessenta. Movendo-se com sensibilidade pelo mundo da arte, as impressões dos cronistas proporcionam ao leitor a compreensão da criação autoral. Para tanto, o texto cumpre a função de verbalizar emoções e reconstituir o sentimento provocado pela obra. A crítica impressionista tem inspiração no movimento estético e é realizada por homens de sensibilidade refinada, como Saint-Beuve, Anatole France e Sérgio Milliet (Coutinho, 1968, 1975, Candido, 2011). Nos casos em que Augusto tem um élan com o filme, ele atinge a plenitude do *ato crítico*. Quando há identificação com grandes obras, há uma forma de atitude apologética que se aproxima da definição de *impressionismo autêntico* de Sérgio Milliet (1981). Neste caso, o ato crítico pressupõe empenhar a personalidade, inteligência e sensibilidade para interpretar as obras. Não há um método ou doutrina de abordagem, mas uma gravação de percepções subjetivas, convertidas em juízo estético. Para Milliet, a crítica mais autêntica se entrelaça com a atitude apologética porque lida com a afinidade e a identificação do analista com a produção.

Augusto reúne as características essenciais dessa metodologia: o encontro entre o racional e o sensível, sem deixar de lado a sistematização teórica e a tentativa de entender os problemas artísticos de seu tempo. Ele disseca o filme racionalmente, mas não recusa a intuição. No momento criativo, ocorre o instante de revelação da obra com a participação afetiva dele no texto. Não se trata jamais do erro de insistir na impressão subjetiva, deixando o objeto de lado, porque o trabalho é feito através do estudo dos elementos intrínsecos, da análise imanente e da avaliação da autoria. Portanto, no caso de Augusto, a utilização da psicologia para captar a alma do diretor concilia-se com a busca do específico do cinema pelo melhor da crítica impressionista, focada na *mise en scène*.

Gustavo Dahl: política e emoção em *Uirá*

Nascido em Buenos Aires, as primeiras lembranças cinematográficas de Gustavo Dahl vinham dos cinejornais.[13] Ele se empolgava com as cenas de batalhas da Segunda Guerra Mundial, mas a mãe o obrigava a baixar a cabeça para não assistir as imagens fortes. Com a separação dos pais, a mãe trotskista veio para o Brasil com o filho. Em São Paulo, Gustavo Dahl acompanhava com frequência os filmes clássicos americanos exibidos no seu colégio e no circuito da Avenida Paulista. Entre onze a doze anos descobriu a *Revista de Cinema* de Minas Gerais e percebeu que o cinema não era só diversão, mas também cultura. O ingres-

13 Falecido em 2011, as informações biográficas de Gustavo Dahl foram colhidas do livro de José Inácio de Melo Souza (2002), de uma entrevista datilografada da Cinemateca Brasileira Pasta D 159/52 e da edição *especial* sobre ele na *Filme Cultura* (n. 55, dez. 2011).

so completo no mundo da cinefilia se deu por intermédio do grupo de Rubem Biáfora e de Walter Hugo Khouri, no curso da Filmoteca do MAM e no posterior ingresso no Cineclube Dom Vital. No final dos anos cinquenta, Dahl era estudante de direito e trabalhava no Departamento de Propaganda da Sears-Roebuck, quando foi fazer o Curso de Dirigente de Cineclubes da Cinemateca Brasileira. Assim ele conheceu Paulo Emilio Salles Gomes, que lhe abriu as portas para exercer a crítica de cinema no *Suplemento Literário* do *Estado de S.Paulo*, trabalhar na Cinemateca Brasileira e ingressar no Centro Experimental de Cinematografia em Roma com uma bolsa de estudos. Lá, Gustavo Dahl tornou-se logo o porta-voz do Cinema Novo, após começar uma amizade com o colega de curso Paulo César Saraceni. Nos festivais europeus, ele apresentava o movimento brasileiro e sedimentava amizade com críticos franceses, como Louis Marcorelles. O passo seguinte foi escrever sobre Cinema Novo na revista *Cahiers du Cinéma.*

Em 1968, Dahl estreia como diretor do longa-metragem *O Bravo Guerreiro*. Publica artigos na *Revista Civilização Brasileira*, mas seu segundo filme, *Uirá* só chegou aos cinemas em 1974, depois da liberação da censura. Exatamente nesse período, ele passou a escrever em *Opinião* e o primeiro artigo teve como tema seu próprio filme. Talvez o ingresso no jornal tenha relação com esse processo, porque o editor de cultura, Júlio César Montenegro, o recebeu como cineasta censurado e perseguido pela ditadura. Ele não se lembra claramente se Dahl foi até a redação porque queria participar do semanário ou se alguém da direção sugeriu seu nome. O crítico permaneceu em *Opinião* um mês após a demissão de Raimundo Pereira em 1975. A época coincide com a transição para a equipe Argemiro/Augusto e com o seu ingresso na Embrafilme, onde vai dirigir a Sucom (Superintendência de Comercialização).

Se a análise do discurso dahliano depende do estudo concomitante de sua produção como cineasta e dos artigos publicados numa temporalidade ampliada,[14] , a proposta do tópico é abordar as variações entre estética e política na forma da escrita do crítico. Uma questão central impõe-se ao estilo textual apresentado, que decorre do ambiente repressivo. A participação de Dahl no *Opinião* foi regida pela *estética do silêncio.* Dessa forma, para ler os artigos é preciso entender as proibições impostas ao ato crítico dele para comentar seu próprio filme *Uirá*, recém-liberado pela censura. Selecionamos para o debate duas questões centrais: a autoria e o cinema político. Os dois conceitos permanecem entrelaçados quando o assunto é a oposição entre cinema clássico e moderno, seja na produção estrangeira ou brasileira. O enfoque conjunto permitia a Gustavo Dahl reavaliar o papel do intelectual, do Cinema Novo e do uso da emoção no cinema político.

Em *Opinião,* Dahl não se ocupa muito dos lançamentos, mas sim dos clássicos. Dos 16 artigos publicados entre junho de 1974 a março de 1975, algumas temáticas são recorrentes: a autoria, o cinema político e o filme musical. A maior parte dos textos aborda o cinema estrangeiro, com foco na análise fílmica. Se Dahl dedicava-se à questão da autoria quando era crítico de *Suplemento Literário* (Bernardet, 1994), em *Opinião* o tema tem relevo, mas sofre alterações em relação ao tratamento dado pelos

14 Para a análise ampliada sobre o discurso de Gustavo Dahl ver Adamatti, Margarida Maria: "O pensamento de Gustavo Dahl sobre o cinema político: entre a estética do silêncio e o jogo discursivo com o regime militar". In: Morettin, Eduardo; Napolitano, Marcos. *O cinema e as ditaduras militares - contextos, memórias e representações audiovisuais.* São Paulo: Intermeios/Fapesp; Porto Alegre: Famecos, 2018.

articulistas atentos ao mesmo assunto no bloco Sérgio Augusto/Marcos Ribas de Faria/Clóvis Marques. Na época de *Suplemento*, Dahl apoiava-se na crítica francesa de *Cahiers*, na valorização do autor e no estudo do estilo, mas não se interessava pela repetição do cineasta como marca do estilo (Bernardet, 1994). Contudo, ainda prevalecia nele a visão típica da *Política dos Autores*, que via o autor como alguém dotado de um sentimento do mundo (Costa, 1966). O lado poético de Dahl manifesta-se no conjunto de artigos para *Opinião*. A sensibilidade é aguçadíssima e os textos sempre atraem pela construção elegante. Os comentários centram-se na linguagem cinematográfica, mas o viés estético tem também um tom humanista. Ele tem estilo: uma mera sinopse se engrandece em suas mãos com as nuances estabelecidas entre a teoria e a história do cinema. Nesses casos, ele procura nas obras um sentido filosófico para o comportamento humano e consegue retirar sínteses importantes de minúcias. Fato é que Dahl não procura a matriz dos cineastas, nem simplesmente descreve a forma fílmica, mas os textos se engrandecem com pequenos detalhes sobre as cores e o *décor* para revelar com os temas conseguem se universalizar em alguns autores.

Se a influência da primeira fase de *Cahiers* ainda existe nos textos de Dahl em *Opinião*, ela vai depender do cineasta em questão. O tratamento dado aos autores canônicos muda para Roman Polanski,[15] quando o crítico destrincha o processo de construção do suspense em *Faca na água* (1962) e *Chinatown* (1974). Ele observa um *continuum* entre a postura dos personagens e a do diretor, porque ambos procuram dominar todas as etapas da engrenagem cinematográfica, sem permitir ao espec-

15 Dahl, Gustavo. "Polanski. A linguagem inútil". *Opinião*, n. 116, 24 jan. 1975, p. 24.

tador acompanhar esses passos. O objetivo seria apenas pegar o público desprevenido. De observações banais à primeira vista, o articulista explica a questão da ausência de autoria em Polanski como consequência da ordem de apresentação dos fatos na montagem. Dahl nega a autoria a Polanski, porque o realizador seria somente um hábil artesão, desprovido de calor humano e sensibilidade. É em momentos como este que surge sutilmente nos artigos a presença de uma cultura política engajada, que evita se manifestar claramente.

A postura em relação a Roman Polanski não é uma expansão da *política dos autores*. Ao contrário, ela revela a presença de parâmetros de análise que tinham mudado bastante desde a época de *Suplemento*. Dizia ele ainda em 1966: "não era mais o caso de julgar o artista pela agudeza ou justeza de sua percepção da realidade, mas pela agudeza ou justeza de seu juízo sobre esta mesma realidade. Sem deixar de ser físico o cinema tornou-se moral, sem deixar de ser estético o cinema tornou-se ético" (Costa, 1966, p. 23). A mudança tem nítida relação com a preferência pelo cinema moderno e pelo engajamento, que aparece na ideia do artista possuir uma responsabilidade diante de sua criação. Dessa forma o conceito de autoria de Dahl entrelaça-se ao fator político e tem no sentimento de responsabilidade do artista pelo mundo uma questão central. Ao partir de um conceito político para definir a autoria ainda no final dos anos cinquenta, Dahl teria uma postura original porque a conexão entre política e responsabilidade social era inédita numa revista como *Cahiers* (Bernardet, 1994).

Do encontro entre a autoria e o fator político em *Opinião*, Dahl reelabora um sentido peculiar que o caracteriza. Ele corresponde à mescla de duas fases da revista *Cahiers du Cinéma:*

a primeira centrada na autoria e a segunda na ideologia. O cruzamento de parâmetros aparece no artigo sobre *Gilda* (1946) de Charles Vidor.[16] Diferente do texto padrão de *Opinião* para analisar o discurso ideológico da produção (Ver Capítulo 2), o estudo de Dahl sobre a presença política do cinema hollywoodiano está muito longe do *enredo* e da ideologia como dado único. Das nuances, ele encontra uma teoria que se compõe nas bordas, nas fronteiras. O articulista começa o artigo com a fascinação da estrela enquanto ícone erótico para relacioná-la depois com a postura da câmera. *Gilda* é um filme político por sua visão de mundo, mas este percurso não exclui a teorização sobre a autoria. Para o cronista, Charles Vidor é um artesão habilidoso, porque a mensagem é simplista e a composição de planos e a montagem são banais. Se o estilo de Vidor é acadêmico e anônimo, falta ao cineasta uma visão de mundo particular. Afinal o único objetivo é a absorção emocional do espectador. Só que Dahl não pára por aí. Ele estabelece comparações entre o viés autoral e o político, apresentado com o objetivo de evitar a dilaceração dos corações através do *happy end*. Essa construção enviesada, a partir de informações multifacetadas, caracteriza Dahl e o sobrepõe ao estudo sobre ideologia de *Opinião*. Os paralelos não são diretos e essa construção amplia o entendimento da perspectiva política no cinema. Sem tentar provar como numa cartilha o quanto há de ideologia na produção, Dahl esmiúça como o filme americano consegue hipnotizar, seja pela estrela ou pelo uso dos arquétipos. Assim, o crítico foge da análise do enredo e chega ao político através do *star system*:

---

16 Dahl, Gustavo. "Gilda: bolero erótico ou filme político?" *Opinião*, n. 111, 20 dez. 1974, p. 21.

> Uma estrela é uma máquina tão elaborada quanto um carro de corridas e bem administrada é capaz de grandes *performances*. (...) Mas a homogeneidade do artifício, a manutenção do mesmo diapasão interpretativo, o igual peso das sequências, nenhuma mais importante que a outra, a continuidade da luz, a simplicidade da decupagem vão criando uma fascinação cumulativa, hipnótica, subliminal, que leva o espectador a esquecer-se de si mesmo.

O trecho decompõe o que os demais artigos de *Opinião* deixam em aberto: os mecanismos de construção do cinema e da estrela responsáveis pela fascinação. Dahl explica como um filme melodramático torna-se político através da absorção emocional da reiteração. Esta constatação não é feita a partir do enredo, mas por meio dos mecanismos cinematográficos. Ao invés de se concentrar no que acontece, Dahl destrincha *como* acontece. Essa brecha não era levada em conta na seção de cinema do semanário de Gasparian.

O tema do cinema político causou uma polêmica interna em *Opinião* quando Dahl resolveu colocar o dedo na ferida sobre a parcela de culpa da população pelos regimes fascistas italianos e alemães. Escrevendo sobre *Delito Matteoti* (1973) de Florestano Vancini,[17] ele assinalou: "É cômodo atribuir à violência e ao medo que ela provoca, a indiferença da população. Mas a ideia de que o fascismo, em determinado momento, foi expressão e desejo da maioria, é inquietante". Citando um trecho muito parecido com este, Jean-Claude Bernardet escreveu uma carta a Paulo Emilio Salles Gomes para relatar um episódio de censura

17 Dahl, Gustavo. "O delito Matteoti". *Opinião*, n. 117, 31 jan. 1975, p. 21.

interna envolvendo Gustavo Dahl e *Delito Matteoti*.[18] A introdução da crítica de Dahl teria sido cortada por mostrar como a ideologia fascista pode penetrar o povo, que a assumiria subjetivamente. "Não li o texto, mas é mais ou menos isso", explicou o crítico. Em seguida, Bernardet aproveitou para comentar outras formas de censura interna e um possível desfecho da história:

> Comigo, parece não haver problemas, mas por motivos circunstanciais fiz alguns artigos que tiveram repercussão, o que é bom para o jornal, sou uma 'autoridade no assunto', então em princípio o que escrevo é o centro, parece que tenho um certo apoio do Gasparian. Mas assim mesmo me foi dito ontem que tendo muito para o ensaio (o que é pejorativo) e muito pouco para o jornalismo. E eu soube que a editoria geral não gostou do Sérgio Augusto ter-me demitido do jornal (o que ocorreu por pressão nossa e para deixar a Gustavo a possibilidade de trabalhar como entende). (...) mas me parece que a seção cultural de *Opinião* não terá um futuro glorioso. Em todo caso, não conseguimos colocar na cabeça deles que cultura não é perfumaria, que cultura e estética são tão política quanto economia, que (...) os artigos de maior repercussão são justamente os ensaísticos.

Exatamente a parte "censurada" parece ter sido publicada, talvez pela pressão interna relatada na carta. Infelizmente nenhum dos entrevistados conseguiu se lembrar do episódio; portanto

18 Correspondência de Jean-Claude Bernardet a Paulo Emilio Salles Gomes. Rio de Janeiro, 07 fev. 1975. Pasta PE/CP 1085 a 1088. Arquivo Paulo Emilio Salles Gomes - Centro de Documentação e Pesquisa da Cinemateca Brasileira.

nosso desfecho permanece inconcluso. De qualquer maneira, o evento revela importantes disputas na esquerda sobre como abordar regimes ditatoriais, sejam eles estrangeiros ou não. O tema aponta para um diálogo com a *Cahiers du Cinéma* onde o tema gerou diversas controversas entre 1974-75 em torno da participação da população nos regimes fascistas. Segundo a revista, quando um filme mostra o apoio do povo ao nazismo, parece natural existir um pouco de monstro ou de nazista em cada um de nós. Como consequência, o nazismo seria naturalizado, constituindo uma fuga do político para a irracionalidade e o mal da humanidade. Nesse debate, Dahl estaria mais próximo da opinião de Michel Foucault, publicada um ano antes na mesma revista.[19] Para o filósofo, o fascismo só existiu graças a uma população, co-responsável pelas atividades de repressão, controle e ordem.

Se *Delito Matteoti* causou um problema interno na redação, novamente a política pode ter sido a causadora da saída de Dahl do jornal. Os dois últimos artigos de Gustavo Dahl versam sobre a relação entre censura e cultura.[20] No mesmo ano, ele publicou parte *deste* material na *Mostra Internazionale del Nuovo Cinema* na Itália (Dahl, 1975). Naquela época, o controle do semanário saía das mãos de Raimundo Pereira/Júlio César Montenegro e ia para Argemiro Ferreira/Sérgio Augusto. Quem relata os bastidores do processo com Dahl é o próprio Augusto: "eu, de alguma forma, o censurei, a palavra é um pouco forte". Quando ele soube que Dahl pretendia escrever uma série sobre cinema e cultura,

19 Toubiana, Serge; Bonitzer, Pascal. "Anti-retro: entretien avec Michel Foucault". *Cahiers du Cinéma*, n. 251-2, jun./ago. 1974.

20 Dahl, Gustavo. "Censura e Cultura I". *Opinião*, n. 124, 21 mar. 1975, p. 22; Dahl, Gustavo. "Censura e cultura II". *Opinião*, n. 125, 28 mar. 1975, p. 24. Sobre os dois textos, ver o Capítulo 1.

Augusto aconselhou precaução, porque a censura em *Opinião* era forte. O procedimento padrão do jornal envolvia a leitura prévia do editor e o pagamento pelo texto censurado, porque o colaborador não teria culpa da interdição. Na época, Augusto explicou a Dahl: "Mas há determinados artigos que a gente sabe que não vão passar. Isso aqui é quase provocação para o censor". Se eles cortarem, "você não vai receber", mas se o texto passar, "será maravilhoso porque o artigo sai e você ainda ganha". Então as duas matérias foram enviadas à censura, mas não houve corte algum. Depois disso, Dahl começou a mandar uma série de críticas do tipo "chove mas não molha". A sensação de Augusto era a de que os artigos remoíam, falavam as mesmas coisas, mas não diziam nada contundente. Por causa da qualidade, ele decidiu parar de publicar os textos. O ex-editor esclarece que faria essa objeção a uma matéria de qualquer área, mas não se recorda se esse foi o motivo da saída de Dahl. Pouco tempo depois, o crítico assumiu um cargo na Embrafilme. Para Augusto, a série em *Opinião* contém uma plataforma com todo o raciocínio de uma política de estado para o cinema brasileiro.

Uma plataforma para o filme nacional aparece lentamente nos artigos de Dahl em *Opinião* quando o assunto é discutir o filme musical hollywoodiano. Aqui o sentido do político segue por vias intricadas e indiretas. Trata-se de uma coletânea de cinco textos que fogem da linha habitual de frisar os aspectos negativos do cinema americano. De um ar cinéfilo inicial, a direção muda bem devagar, sem se anunciar logo de princípio. Se o estudo da ideologia era quase uma obrigação num jornal de resistência, Dahl vai além do próprio meio e aborda a função dos meios de comunicação como válvula de escape. Os textos surgem como uma síntese cronológica do percurso dele no semanário. Comentando o irreprimível otimismo e a função terapêutica da higiene mental, o crítico estabelece uma ponte com as origens remotas do homem, encarregadas de revitalizar a luta pela vida. Assim a função de higiene ganha outros contornos, quando Dahl elogia José Celso Martinez Corrêa e o teatro de agressão.

O entendimento do trecho depende de duas brechas. A primeira diz respeito ao Dahl dos anos sessenta (Costa, 1966), quando ele discorreu sobre os mecanismos colocados em prática dez anos depois. Ao comentar a responsabilidade social dos artistas e a preferência pelo povo, já nos anos sessenta, Dahl citava a tentativa de tentar "subverter o sistema que dele o afasta, pela ação e por filmes que incitem à ação". Na prática, o artista iria camuflar sua mensagem sob a forma de divertimento por causa das injunções econômicas. Esse mesmo raciocínio é colocado em prática para analisar os filmes musicais hollywoodianos. Com esse pensamento, Dahl não vai frisar o cinema americano como algo alienante, porque procura pelo conteúdo por detrás do enredo. Então o cronista cita o número musical *Faça-os rir* com Judy Garland [21] como prova da sensação de verdade por causa da pitada de tragédia por detrás dos olhos da atriz. Quando dizia "esqueça os problemas, venha, seja feliz!", a música estabelecia uma ponte com a vida da atriz, que naquele momento passava por problemas financeiros, sentimentais e psiquiátricos. Assim o artigo de Dahl procura reabilitar o musical hollywoodiano, seja por zombar de si mesmo como filme moderno, seja por trazer a subversão no conteúdo ou na performance "real" dos atores como forma de crítica ao sistema econômico. Dahl chega a essa

21 Dahl, Gustavo. "Era uma vez em Hollywood - a alegria não é reacionária". *Opinião,* n. 115, 17 jan. 1975, p. 24.

conclusão através do estudo das lacunas na produção, em sintonia com a segunda fase da revista *Cahiers du Cinéma*, que mostrava como cineastas hollywoodianos faziam uma desmontagem ao sistema ideológico do qual faziam parte. A revista francesa procurava identificar de que forma o estético não corrobora o projeto político por graus variados de fissura: os de ataque frontal ao sistema até uma subversão dissimulada a partir de disjunções fílmicas. Portanto, nesse sentido Dahl estava mais próximo de *Cahiers* do que de *Opinião*.

A originalidade da argumentação dahliana é estender esse conceito ao cinema brasileiro. O comentário chega até *Alô alô carnaval* (1936) de Adhemar Gonzaga.[22] Ante a eleição de Humberto Mauro como autor por Glauber Rocha, Gustavo Dahl escolhe Gonzaga como patrono do cinema brasileiro nos anos setenta, numa época de aliança com o mercado. O ponto nevrálgico é conseguir demonstrar Adhemar Gonzaga como autor moderno, porque a modernidade não cai nele exatamente como uma luva. O viés é indicativo da tentativa de Dahl inserir o cinema brasileiro no mercado, afinal em 1975 ele se torna diretor do setor de distribuição da Embrafilme. Dahl foge de uma linha apologética para esta defesa. Constrói camadas de significação invertendo as linhas tradicionais da crítica de cinema. O estudo começa pela forma do filme de Gonzaga e pela narrativa, apontando inúmeros defeitos técnicos. Quando a defesa do filme parece difícil de engolir, Dahl inverte os mecanismos de análise: "mas tudo isso não tem importância" porque "o uso da plasticidade ou adequação sintética como critério de julgamento

---

22 Dahl, Gustavo. "Banana da terra vale ouro". *Opinião,* n. 119, 14 fev. 1975, p. 21.

de um filme é apanágio da crítica rasgadamente conservadora". Dahl explica que "a verdadeira obsessão com o dinheiro em *Alô alô carnaval* combinada com a manifesta zombaria sobre tudo que é estrangeiro (...) resulta numa tomada de posição anti-imperialista, (...) e alegre da superioridade de nossa cultura tropical sobre a cultura importada". Segundo ele, o viés da alegria de viver no filme é extremamente original, sem nenhum tipo de alienação. Sem ser possível frisar a modernidade com *intenção* na *forma* descrita antes, sobrou a Dahl provar a modernidade de Gonzaga na sua *intenção crítica* em relação à subversão do subdesenvolvimento.

Se para falar do passado é permitido frisar o aspecto político, a postura muda de tom quando o assunto é o tempo presente. Ao escrever sobre seu filme, Dahl coloca de lado os fatores políticos. *Uirá* (1973) narra a história do índio com o mesmo nome que se suicida de desgosto pela morte do filho – em decorrência das doenças trazidas pelos brancos. O filme ganha a capa do semanário de Gasparian. O primeiro artigo de *Opinião* é de Glauber Rocha, que não esconde o quanto *Uirá* dialoga com o materialismo dialético.[23] Fazendo o jogo contrário, Gustavo Dahl escreve por lacunas discursivas [24] para poder explicar a atualidade do tema aos leitores: "De *Uirá* o que eu gostaria que se dissesse é que é um filme do seu tempo". Ele tenta vender a imagem ao público de que teria deixado de lado o estilo para contar uma história. A frase está bem sintonizada

---

23 Rocha, Glauber. "Enfim, o bicho-homem". *Opinião*, n. 82, 03 de junho de 1974, p. 12.

24 Dahl, Gustavo. "Gustavo Dahl, aprendendo a filmar o Brasil". *Opinião*, n. 82, 03 de junho de 1974, p. 12.

com as exigências dos anos setenta e procura defender a "simplicidade narrativa" do cinema americano ante às "audácias na montagem" e do "vinho azedo", tomadas como referências ao cinema moderno. Há uma clara tentativa no artigo de se distanciar em nível discursivo do Cinema Novo enquanto forma e linguagem, negando os comentários políticos explícitos. Contudo a argumentação deixa intacta a discussão política e o engajamento. Dahl sabia muito bem adequar seu discurso para cada órgão da imprensa. Quando conversa com a *Revista de Cinema*,[25] ele não esconde que os filmes populares são "úteis" em termos de "consciência ao povo do momento atual". Ele vai adiante e não oculta seus objetivos de usar a "empatia" do cinema americano para tornar-se político. Assim a exploração da emoção seria uma forma de mergulhar fundo na realidade brasileira. Em *Opinião,* Dahl mascara esse sentido na ideia de ultrapassar a política e escolher a cultura como tema maior. A proposta era uma variante do cinema antropológico, sintonizado à época com o discurso de Carlos Diegues e de Nelson Pereira dos Santos. Naquele momento, os cinemanovistas enveredam por uma defesa das raízes da cultura popular, supostamente opondo-se aos temas políticos. A negação do político e a defesa do lado "inofensivo" da emoção cumprem o papel de evitar a interdição dos filmes e respondem às críticas feitas ao grupo anteriormente.

Naquele período a emoção surgia como possibilidade de diálogo com um público avesso ao raciocínio (Bernardet; Galvão, 1983). Ela não era mais vista como a grande inimi-

---

25 "Uirá (Depoimento de Gustavo Dahl)". *Cinema - Revista da Cinemateca Brasileira*, n. 3, jan. 1974, p. 5-11.

ga do Cinema Novo, por trazer valores burgueses e conduzir o público a conclusões sem consciência. Dahl mudava sua perspectiva em relação não só à emoção, mas ao uso do melodrama, num momento no qual os cineastas críticos ao sistema não assumiam mais uma recusa à decupagem clássica. Segundo Ismail Xavier (2005), a década trouxe revisões de repercussão inegável, reabrindo o processo do melodrama. Houve uma revalorização do diálogo com os produtores da indústria como estratégia de sobrevivência de um novo cinema político, que se queria mais estável na comunicação com o público. Se Dahl comenta muito nas entrevistas seu novo interesse pela emoção, o argumento não era novo. Em 1966 (Costa, 1966), ele definia o cinema como a arte que revela e transmite as emoções e sentimentos latentes em nós mesmos. Nesse papel, o diretor agia como responsável pela operação de simpatia e de decifração da realidade.

Nas entrevistas dadas à imprensa, Dahl procura provar que *Uirá* fazia parte do cinema clássico por usar bastante o processo de identificação, emoção e melodrama. Contudo, o funcionamento desse mecanismo no filme é bem mais complexo. Se o filme não traz legendas para a fala do protagonista em tupi, a proposta de Dahl era obrigar o espectador a sair do entendimento racional e sentir o drama através da emoção. Maria Rita Galvão observou como há em *Uirá* um intenso lirismo em alguns momentos, nostálgico e contido, sem apelar ao sentimentalismo, porque o cineasta se dirigiria à sensibilidade do espectador.[26] Se Dahl reatualizava a discussão em torno da emoção no seu filme

26 Galvão, Maria Rita. "Uirá, em busca do cinema brasileiro". *Debate e Crítica, Revista Quadrimestral de Ciências Sociais*, n. 5, mar. 1975, p. 105-117.

com um mecanismo sofisticado, na crítica de cinema o debate ocultava a temática política do índio perseguido e torturado pelos brancos e pela polícia. A história real do suicídio de Uirá, relatada por Darcy Ribeiro, possibilitava adaptar o caso de um personagem flagelado e impedido de agir ao que acontecia no regime militar. Enquanto o filme realizado entre 1972-1973 só foi liberado pela censura em 1974, a própria forma do texto de Dahl demonstra a impossibilidade de discutir o apelo político de *Uirá* num jornal mutilado pela censura como *Opinião*. Gustavo Dahl podia discorrer sobre o cinema político no passado norte-americano, mas a mesma perspectiva sobre sua obra estava interditada. O silêncio imposto fazia com que ele desviasse o debate para as questões em torno do cinema clássico, do melodrama e da emoção.

Todas essas informações obviamente não são dadas na imprensa do período. Só muitas edições depois, Dahl admite em *Opinião* que *Uirá* é um filme político, na oposição a *Anjo da noite* (1974) de Walter Hugo Khouri,[27] que "tranquiliza as esferas oficiais". De maneira indireta, percebe-se como *Uirá* possui um tema político e não acalma o Estado. A condenação a Khouri está calcada não só na noção de ornamento, mas na falta de um viés político. Portanto, o tratamento de Dahl ao binômio estética-política no *Opinião* supõe uma leitura afinada com os pressupostos de um texto censurado. Se o crítico defende o filme musical hollywoodiano, e sua função enquanto higiene mental, não há incoerência com o imperativo político, porque se recupera o conceito de modernidade como função social de subverter o sistema. Essa dis-

27 Dahl, Gustavo. "Coisas de festival... e de filme de índio". *Opinião,* n. 117, 31 jan. 1975, p. 20.

cussão enviesada transforma-se numa defesa sutil e indireta do Cinema Novo. Mesmo quando o crítico realiza um ataque frontal à linguagem hermética cinemanovista, a condenação principal diz respeito à dificuldade de entendimento do público. Dessa forma, a concepção política do Cinema Novo permanece resguardada. Afinal o sentido de modernidade retoma a proposta de Dahl dos anos sessenta (Costa, 1966) sobre a responsabilidade social do artista de transformar a sociedade. Essas fissuras argumentativas em Dahl demonstram que quando o assunto é a relação entre política e estética, a forma de escrita dele por antinomias e lacunas não é um recurso contraditório. Ao contrário, há um viés ensaístico complexo em Gustavo Dahl, visível nos textos a partir de doses homeopáticas ao longo dos anos.

Marcos Ribas de Faria e Clóvis Marques: a meio campo entre a cinefilia e a política

A cinefilia veio ainda na infância e levou Marcos Ribas de Faria e Clóvis Marques ao jornalismo. Ambos entraram para a equipe do jornal de Gasparian na gestão de Argemiro Ferreira. Clóvis Marques era ainda um novato e estreou na carreia em *Opinião*, enquanto Marcos Ribas de Faria foi convidado por Argemiro, porque os dois trabalhavam juntos no *Jornal do Brasil*. Ele era amigo não só de Argemiro, mas também de Sérgio Augusto desde o tempo do *JB*. Bacharel em direito sem exercer a profissão, Ribas de Faria iniciou sua trajetória profissional através do Curso de Jornalismo do *Jornal do Brasil* no início dos anos sessenta e continuou no mesmo veículo. Naquela época, ele começou a carreira de crítico de cinema e de teatro na *Tribuna da Imprensa*. Depois foi para o *Última Hora, O Globo* e *O Estado de S.Paulo*.

Entrar para a imprensa alternativa para Marcos Ribas de Faria não significava lutar contra o regime militar. Como para Sérgio Augusto, tratava-se de um projeto interessante de jornalismo. Em *Opinião,* ele teve o ponto alto da carreira como crítico de cinema e podia escrever quanto quisesse, às vezes até duas páginas. Montenegro dava total autonomia para escolher os temas. Ninguém determinava qual filme assistir, o que não acontecia nos demais jornais. Foram anos muito "interessantes" e "provocadores", resume Marcos Ribas. Ele começou na seção *Internacional* de *Opinião* e passou de sub-editor a editor. Ao mesmo tempo fazia crítica de literatura, cinema e teatro para *Tendências & Cultura.* Saiu oficialmente do jornal no início de 1976, quando Gasparian avisou a equipe de Argemiro que não dispunha mais de recursos para manter os jornalistas. Mas mesmo assim, Faria continuou na redação como "colaborador permanente" de Montenegro.

A entrada de Clóvis Marques ocorreu graças à coluna de leitores. Ele terminava o curso de Jornalismo no Rio de Janeiro e era colaborador do programa *Falando de Cinema* da Rádio *MEC*, organizado por Alberto Shatovsky. Depois de ler a crítica de Sérgio Augusto sobre *Lacombe Lucien* (1974) de Louis Malle, ele decidiu enviar uma carta à redação de *Opinião.* Se Augusto gostou do filme, Marques tinha ressalvas e achava *Lacombe* equivocado. Relembrando o episódio, Sérgio Augusto conta que resolveu publicar o texto na íntegra porque o artigo era ótimo. Tratava-se de uma crítica ao ponto de vista do próprio editor. Tempos depois, Marques foi procurar Augusto na redação, constrangido por causa da carta. Ele já tinha entrevistado Augusto para um trabalho da faculdade. No meio da conversa, surgiu o convite para estrear como crítico de cinema do jornal. Foi seu primeiro trabalho como "jornalista-colaborador". Além disso, ele era tradutor do *Opinião*. Não se tratava de um emprego fixo. Por isso, durante a troca da equipe Argemiro-Augusto, Marques foi trabalhar no *Jornal do Brasil*.

A metodologia crítica utilizada por Faria e Marques significa um casamento entre a política e a *mise en scène*. Neste tópico nosso *corpus* de trabalho é bem menor. Cada um deles escreveu por volta de dez artigos num período de um ano. Marcos Ribas de Faria ficou até o final do jornal. Depois voltou para o *Jornal do Brasil*.

Clóvis Marques define seu método de trabalho como o de um auto-didata espontâneo. Ele lia de tudo e se mantinha bem informado. Enquanto isso, Marcos Ribas de Faria assistia aos filmes uma ou duas vezes sem fazer anotações. Quando saia da sala de cinema já tinha todas as ideias na cabeça. Então começava o processo da escrita. Tentava ir "burilando" os textos, "mas não como Flaubert", sintetiza. Não havia uma predisposição para escrever sobre os filmes preferidos ou não. Segundo Ribas, os critérios teóricos até o norteavam, mas de forma inconsciente. Havia um lado científico e de paixão. "Às vezes o resultado tinha um certo charme francês", explica.

A trajetória dos dois confunde-se na cinefilia, que era um amor desde a infância. Morando sempre no Rio de Janeiro, Marcos Ribas de Faria falava francês desde pequeno em casa. "Sou um produto de *Cahiers*", explica. O crítico mais brilhante para Faria era Eric Rohmer. Além deste, os preferidos eram Jean Domarchi e Jean Douchet. Eles eram instigantes e não tinham medo de ousar. Ribas define-se como seguidor de *Cahiers* na disputa com *Positif*. Portanto, a formação em cinema veio da fase do "auteur" de *Cahiers* e de seguir de perto o Festival de Cinema Americano e Francês.

Para Faria, a fase seguinte de *Cahiers*, "aquela com Mao Tse Tung" é uma fase "chata", "mas eu não deixava de ler". Os textos eram "unicamente políticos". Quando a revista falava de um filme era para chegar aos comentários políticos. Mas mesmo assim, este período o marcou muito, influenciando-o politicamente, assim como a leitura de Leon Trotsky, Louis Althusser e Roland Barthes. Ele admite que às vezes via alguns filmes como uma pré-disposição para não gostar. Achava todo mundo reacionário. As influências teriam vindo ao mesmo tempo da primeira e da segunda fase de *Cahiers*. O "ar dogmático" da revista em ambos os períodos acabava por facilitar seu posicionamento diante da produção.

Clóvis Marques define-se como um "cinéfilo" "que se levava a sério" desde a infância. Ele via entre 250 a 300 filmes por ano. Fazia anotações e assinava várias revistas estrangeiras. "Marxista livresco de biblioteca", lia na época Lucien Goldman, Georg Lukács, Nelson Werneck Sodré e Caio Prado Jr. Era de esquerda, mas "alienado" e sem engajamento, admite. Do cinema só lhe interessavam os filmes, não a política. "Estava na atividade alienada da vida de cinema; por acaso eu era de esquerda", completa. Ele esclarece que o grupo Augusto-Faria-Marques era influenciado pela crítica francesa, mas nele o fator político aparece mais no *discurso* como forma de metodologia crítica. Clóvis Marques estava interessado na análise textual realizada pela crítica de esquerda francesa. Por isso, procurava pelo significado do filme e levava em conta o contexto político brasileiro, assim como a análise da ideologia. Havia uma "impregnação estética" com fundo ideológico, explica.

Marcos Ribas de Faria também faz parte desta dualidade estética em relação ao engajamento. Logo após o golpe militar, ele teve uma passagem de três meses pela Ação Popular (AP), interessado pelo viés radical do movimento. Mas logo ele desistiu porque achou tudo muito militarizado. O interesse surgiu para se opor à família; "algo romântico de garoto". "Nunca fui atuante político", mas sabia que ao trabalhar em *Opinião* "entraria para o índex". O engajamento o separada da redação. Enquanto os colegas reclamavam de Gasparian, Faria respondia que a oposição contra a ditadura não era a luta dele. Ele chocava a equipe quando declarava que "tanto faz ter um patrão do capital nacional ou internacional, porque os dois exploram o jornalista do mesmo jeito".

As diferenças entre os dois aparecem quando o assunto é o cinema brasileiro. Enquanto Clóvis Marques admite empolgado o quanto Jean-Claude Bernardet foi uma referência para sua geração, Faria explica que só teve influência mesmo dos críticos franceses. Entre os brasileiros, ele lia Sérgio Augusto, Ronald Monteiro e José Carlos Avellar. "Não tive influência de nenhum crítico brasileiro", resume. Nem de Paulo Emilio, com quem teve uma relação pessoal muito próxima. A oposição ao pensamento de Paulo Emilio passava pelo nacionalismo, que para Ribas "é uma coisa perversa". Faria se opunha à frase de Paulo Emilio sobre o pior filme brasileiro ser melhor que qualquer filme estrangeiro, "porque ela está errada". O argumento o incomodava pela comparação de qualidade entre o filme nacional e o estrangeiro.

A questão do cinema nacional também os dividiu nas entrevistas. O foco de Clóvis Marques era a questão da classe média urbana. Não se vê nele uma empolgação grande com a cinematografia brasileira, enquanto Marques admite que em *Opinião* era importante valorizar o cinema nacional. Como novato, ele não decidia os assuntos para escrever; apenas atendia às solicitações. Ribas de Faria completa que existia uma pressão para falar dos filmes brasileiros. Quando se optava pelo cinema estrangeiro, a postura gerava uma crítica, "como se você estivesse dando força às produções estrangeiras".

Faria preferia escrever sobre o cinema estrangeiro para diminuir os "aborrecimentos" e atritos com os cineastas nativos. Ele evitava os filmes brasileiros porque os diretores cortavam o contato com os críticos em caso de comentários negativos. Esse tipo de problema continua a existir na crítica teatral, segundo Faria. Falar da produção nacional cria sempre uma relação muito pessoal, o que inexiste com os filmes estrangeiros. Se o cinema brasileiro parece dividir as opções dos dois, Ribas de Faria não deixou de escrever sobre *Lição de amor* (1975) de Eduardo Escorel.[28] Sem partir da sinopse, ele adentra na crítica sociológica para analisar a sociedade brasileira:

> A maneira que Eduardo Escorel procurou ler cinematograficamente a novela de Mário de Andrade, *Amar, verbo intransitivo* (...) oferece a um leitor atento um certo número de dados para uma compreensão precisa sobre a instauração e o entronamento da burguesia nacional. Mas, ao contrário das outras tentativas neste sentido, ele recusa a facilidade da crítica óbvia e do brilhantismo oco da demagogia populista, prefere, corajosamente, enfrentar a(s) ideologia(s) cultural(is).

Faria procura em *Lição de amor* as marcas do tempo histórico. Trata-se de uma possibilidade de acesso à estrutura da socie-

28 Faria, Marcos Ribas. "Os cristais da velha classe". *Opinião*, n. 183, 07 mai. 1976, p. 20.

dade. Portanto, a forma fílmica proporciona adentrar na formação da burguesia nacional. Se o objetivo de localizar a presença da ideologia parece realçado em primeiro plano, na verdade, Ribas de Faria procura articular no texto como a *forma* do filme traz a dimensão social da realidade:

> A este caminho muitas portas são oferecidas. A primeira delas, e a mais marcante, é a maneira como Eduardo trabalha sobre a aparência e como ele demonstra friamente (...) a íntima relação entre esta aparência (a limpeza, a ordem, o branco, o amarelo, as cores claras, o *décor* preciosamente armado por Anísio Medeiros, as escovas, os pentes, as panelas brilhando, as rendas, as toalhas, as pratarias, o chá elegantemente bem cuidado, o conforto, as roupas engomadas) e a perpetuação da burguesia enquanto classe e prática ideológica. Isto é, ao mesmo tempo que constrói impecavelmente esta aparência e arma os elementos necessários para a sua existência (a *mise en scène* do filme é a mais perfeita que se fez no Brasil), ele, em um segundo nível de leitura, registra e demonstra que esta aparência não existe por acaso mas que ela é um fator preponderante para esta perpetuação da burguesia enquanto classe.

Aqui o autor demonstra que as normas e formas da burguesia, como o branco e o *décor* frio, não são somente os elementos formais de *Lição de amor*, mas explicam a maneira desta classe social perpetuar-se. Porque são amplamente aceitas, estas práticas transformam-se numa linguagem de poder. Portanto, a estrutura interna do filme e a estrutura da sociedade misturam-se, tal como foi descrito por Antonio Candido (Candido, 2011a).

Primeiro, os elementos formais da burguesia aparecem na *mise en scène*. Quando a estrutura do pensamento burguês revela-se na forma do filme, Escorel decompõe este mecanismo aos espectadores. Daí a riqueza de *Lição de amor*. Com esta estratégia, o diretor confere à imagem uma significação ideológica. Assim há uma inversão das significações: o excesso de branco e de higiene ganha contornos negativos.

O foco do artigo é "enfrentar os códigos visuais", no caso o uso da cor branca nos objetos. Assim Faria disseca um pouco de sua metodologia de trabalho – procurar como a forma do filme revela os mecanismos de poder:

> *Lição de amor* é, exatamente, o estudo dessa aparência e, através de seu registro eficaz, a dissecação dos modos de operação desta aparência. Com esta dissecação, ele mostra os seus preciosos significados e consequentemente as infrutíferas tentativas de criticar e analisar a burguesia na aparência. (...) Em vez de ficar na aparência, este projeto cultural deve trabalhar *sobre* a aparência e demonstrar como ela é vital para a vitória ou a simples existência da burguesia.

Citando indiretamente Roland Barthes (2003) neste trecho, Faria demonstra que não adianta criticar a burguesia na aparência, mas desnudar a *representação* da aparência na linguagem. Isto é, *expor o processo de realização do filme*. O crítico quase descreve as características do cinema moderno, mas não usa essa palavra:

> Sendo, então, os seus mecanismos de defesa rigorosa e estrategicamente elaborados, o que deve ser

> feito é trazer estes mecanismos à luz, mostrar como eles agem. Por esta razão, os elementos episódicos que fazem a história evoluir, têm, afinal, pouca importância. (...) Esta descrição, porém, não deve ficar simplesmente no campo do documental e nem ser organizada em termos naturalistas ou realistas, mas sim em termos de representação desta naturalidade ou desta representação.

Este artigo, como os demais, fornece uma atenção à análise interna da obra para demonstrar uma tese a priori. A atenção transita, portanto, entre a crítica de matriz sociológica e os comentários sobre a *forma* do filme. Faria não atenta para qualquer lançamento, mas para os autores que possibilitam ao público a reflexão sobre o ato de filmar. Um tipo específico de cinema interessa ao crítico. Eis um exemplo:

> *Olhar moderno.* A partir desta riquíssima postura, este voluntário nível de representação possibilita uma espécie de retorno sobre si mesmo. Isto é, Antonioni termina por refletir sobre o próprio cinema oferecendo, a um leitor atento das variantes estruturais de seus procedimentos, o próprio processo de construção desta representação que ele perfaz. Ele nunca mascara seus procedimentos.[29]

O trecho acima compõe um corpus significativo do interesse de Faria pelos aspectos modernos da produção. Dos oito filmes

29 Faria, Marcos Ribas. "O opaco transparente". *Opinião,* n. 180, 16 abr. 1976, p. 18.

analisados, seis são tomados como modernos: *Profissão: Repórter* (1975) de Michelangelo Antonioni, *Lição de amor* (1975) de Eduardo Escorel, *A história de Adèle H* (1975) de François Truffaut, *Stavisky* (1974) de Alain Resnais, *Trama Macabra* (1976) de Alfred Hitchcock e a obra completa de Rainer Werner Fassbinder. As exceções são *O casamento* (1975) de Arnaldo Jabor e *O homem que queria ser rei* (1975) de John Huston. Há aqui um conceito estendido de cinema moderno concentrado num ponto: os filmes que se mostram como discurso e possibilitam ao espectador "atento" obter um papel ativo na construção de sentido. Trata-se de uma preocupação da crítica dos anos setenta: a defesa da auto-reflexão e a atenção ao dispositivo cinematográfico como produtor de sentido (Stam, 2003). Portanto, Faria liga-se mais aos preceitos da moderna crítica de cinema.

Atento à descrição minuciosa dos diversos procedimentos do cinema moderno, David Bordwell (1996) aproxima-se mais da proposta de Faria numa das acepções. Trata-se do cinema de arte e ensaio que destaca os procedimentos narrativos e exige do público um esforço para compreender a ambiguidade da história. O caráter reflexivo do cinema moderno foi sublinhado por diversos teóricos. Observando as características do cinema moderno como improvisação em cena, desdramatização, uso do plano-sequência, etc., Christian Metz (1972) conclui que todos estes procedimentos não representam uma novidade, porque já foram utilizados antes. No livro *A significação do cinema* (Metz, 1972, p. 197), ele explica o cinema moderno como enriquecimento das possibilidades narrativas. O importante é a modernidade confessar à plateia que o filme é uma narração. Talvez o sentido mais próximo à proposta de Faria esteja na noção de modernidade de Roland Barthes, porque ela conecta a discussão da forma à ideologia. Para o teórico, o cinema deve desnaturalizar a linguagem, sabotando a visão burguesa de espelhamento do mundo. Barthes é o principal autor citado por Faria e se opõe à linguagem mítica criada pela burguesia porque ela mascara-se como expressão natural do real. A proposta de Barthes (2003, p. 238) é a destruição do mito e a defesa da linguagem revolucionária destinada "a revelar a carga política do mundo".

Um ponto nevrálgico na proposta de Faria é a participação "ativa" do espectador na construção de sentido. É possível demarcar um parentesco com a noção de modernidade de André Bazin. Segundo André Labarthe (Bazin, 2005), Bazin teria sido o primeiro a dar nome a esse despertar do espectador de sua passividade para o status de produtor de sentido. Ao se referir a *Cidadão Kane* (1941) de Orson Welles, o crítico francês pensou a profundidade de campo como modificadora do sentido de espetáculo. Com as palavras do próprio Bazin (1991, p. 77), trata-se de uma "atividade mental mais ativa e até mesmo uma contribuição positiva do espectador à *mise en scène*." Assim, a estética baziniana que descreve a possibilidade de acesso à imagem do real foi substituída entre as décadas de 1960-70 por uma defesa materialista do cinema, o que significava a condenação à concepção realista anterior. Da possibilidade democrática de construir um sentido polissêmico pelo público passamos à certeza de que a forma moderna pode alterar a fruição.

Jacques Aumont (2012) concorda com Bazin ao definir *Cidadão Kane* como a passagem para o cinema moderno. Uma das propostas de modernidade de Aumont coincide com a de Faria: a de ruptura e inovação encarregadas de apreender as contradições da arte dominante. O objetivo é fazer coincidir a invenção de uma solução formal e a resolução de uma questão ideológica. Welles poderia ser tratado como norte do conceito de modernidade: ele tem uma linguagem própria, manifesta a liberdade do artista, é um experimentador, tem originalidade e seu cinema é reflexivo. Já no caso de Alfred Hitchcock, a inclusão como cineasta moderno é mais peculiar e se autentica no livro *Le cinéma selon Hitchcock* de François Truffaut, reproduzido no texto[30] de Faria:

> (...) O suspense, no fundo, é o próprio espetáculo. (...) Neste sentido, a escritura hitchcockiana talvez seja a mais inventiva e cristalina que se tem conhecimento pois os mecanismos de sua construção são ofertados aos espectadores mais atentos (...). Ao se ver um filme de Alfred Hitchcock, tem-se a sensação de se estar assistindo a sua filmagem. A obra parece estar sendo construída na nossa frente, na tela.

A argumentação está centrada nesta frase-síntese do livro *Hitchcock-Truffaut*, que localiza o específico do mestre do suspense na ideia de cinema *puro* (Truffaut, 2004, p. 25). A grandeza do diretor seria exprimir-se de modo puramente visual. É esse percurso que Faria vai analisar, seguindo os passos de Truffaut. O sentido de modernidade do artigo está centrado na *forma como a câmera constrói a narrativa*. Ao enumerar dezenas de coincidências e citações de Hitchcock, Faria observa uma estratégia que nunca é camuflada pelo cineasta. A modernidade estaria nessa exposição a olho nu. Portanto, o principal astro do filme é o movimento da câmera:

---

30 Faria, Marcos Ribas. "Hitchcock – evidente, perverso, lúdico". *Opinião,* n. 202, 17 set. 1976, p. 24.

> Os artifícios que Hitchcock usa (...) são sempre mostrados como artifícios, eles nunca são mascarados. (...) Da mesma maneira, o espetáculo também não é mascarado, é trazido à baila e seus mecanismos (não simplesmente os seus resultados finais mas também o seu processo de construção e criação também o cinema-enquanto-está-sendo-feito) colocados à olho nu.

Truffaut teria encontrado, segundo Ismail Xavier (Truffaut, 2004, p. 18), a reflexividade programada, conceito comum a Faria. Isto é, a ideia de que o cinema enquanto se faz, discute o próprio cinema em alguns filmes. Xavier aponta que Truffaut projetou uma teoria do cinema de Hitchcock no espaço da modernidade estética, inserindo o cineasta na passagem entre o clássico e o moderno. O trecho acima exposto de Faria recoloca em cena a participação do público, argumento utilizado também por Truffaut (2004, p. 26). O cineasta francês frisava o quanto Hitchcock colocava "o público 'por dentro da jogada', fazendo-o participar do filme. Nesse terreno do espetáculo, um filme não é mais um jogo que se joga a dois (o diretor + seu filme) e sim a três (o diretor + seu filme + o público)." Jacques Aumont (2012) partilha da mesma ideia de Faria, observando a importância a priori da imagem em Hitchcock. Para conferir a primazia do visual sobre o diálogo, o cineasta recorreu a uma gama teórica visual desde a enfatização até a metonímia. São esses meios formais que agem sobre o espectador.

Um comentário afasta os críticos: o sentido da produção de Hitchcock nos anos setenta. Se Faria compõe suas ideias na concepção de modernidade, ele integra *Trama macabra* (1976) ao estudo da autoria para constatar o quanto a matriz de Hitchcock está presente nas formas apresentadas e na noção de perversidade e culpa cristã. Através do arcabouço da *mise en scène, posteriormente* Truffaut deslocou o debate sobre a unidade da obra e a repetição de temas, inscrevendo o filme no rol de "grandes filmes doentes".[31]

Se a defesa da modernidade de Hitchcock incide no estudo sobre a forma, em outros momentos a discussão de Faria passa pelo papel social do cineasta, como foi o caso de Rainer Werner Fassbinder.[32] O crítico explica a oposição do cineasta ao realismo por vê-lo como um falseamento da realidade. Por causa dessa recusa, Fassbinder possibilita ao espectador alterar a relação de dominação com a imagem: "O cineasta alemão força o seu espectador a tomar uma atitude, a sair de sua posição passiva" e "assumir uma postura ativa" como "um co-autor do filme que está vendo na tela".

O ponto de vista de Faria está em sintonia com Jacques Aumont (2012). Para ele, o cineasta possibilita uma forma de participação ativa ao público quando fornece os meios de distanciamento brechtiano e o material para a identificação com os personagens. Assim a plateia pode desviar-se da história e pensar em si mesma e na realidade, depois de reconverter o exagerado otimismo de alguns filmes. Neste artigo, Faria foi além de ver o melodra-

31 Truffaut esclarece que o filme não foi bem recebido pelo público. "Logo se percebeu que *Trama Macabra* não era um bom filme. (...) foi preciso cortar, nas cópias em circulação nos Estados Unidos, um pequeno trecho de suspense que fazia o público americano rir" (Truffaut, 2004, p. 337). O encantamento em relação a estas obras em Truffaut se dá por outra chave. O grande filme doente é uma obra com erros de percurso, mas interessa ao crítico porque sofre com um processo de sinceridade e vibração que a torna mais clara.

32 Faria, Marcos Ribas. "Fassbinder, o cinema anti fetichista". *Opinião*, n. 187, 04 jun. 1976, p. 23.

ma como algo negativo. Ele percebe, assim como Xavier (2005) e Aumont (2012), que a concepção de melodrama de Fassbinder é orientada para a tomada de consciência. O crítico deixa de lado a análise interna e discute o papel do intelectual e a crítica de matriz política. Como no caso de *Lição de amor*, Faria sublinha o quanto Fassbinder coloca em xeque a linguagem burguesa. Para ele, a *forma cinematográfica* possibilita discutir a dependência. Aqui o analista vê Fassbinder como arma da revolução. Por isso, frisa o papel do intelectual que ensina o povo a agir:

> Para que possa haver qualquer ação, é absolutamente necessário que os mais cultos (...) ensinem aos menos cultos como agir. Uma dominação, portanto, é seguida por outra, por mais 'bem intencionada' que esta nova dominação 'positiva' procure se revestir.

O foco do artigo não é o filme em si, mas expor o mecanismo de dominação no cinema pela forma artística. A argumentação traz alguns traços da cultura política engajada. Comparativamente há uma mudança metodológica em relação ao papel do intelectual brasileiro. Se Jabor foi criticado por pertencer à burguesia, quando fez *O casamento* (1975), Fassbinder tem o mesmo critério a seu favor. A diferença é mostrar ou não a fabricação dos mecanismos cinematográficos e relacionar as obras à classe social do artista. Por esse motivo Eduardo Escorel passou incólume de críticas. Jabor é condenado porque tem a mesma visão de sua classe social e não possibilita pela forma do filme conscientizar o público. Enquanto isso, o cineasta alemão aborda sua situação a partir de seu lugar de origem: a classe média. Nestes dois casos, a análise interna fica em segundo plano, mas não há nada de aleatório nesse sentido. Afinal a atenção dada ao cinema moderno não pode ser desconectada do período histórico da segunda fase da revista *Cahiers du Cinéma*, sob o signo do marxismo revisado.

Naquele mesmo período, autores da vanguarda e da semiologia clássica estruturalista, segundo Ismail Xavier, (2005, p. 146), realizavam um ataque direto às ilusões do espelhamento artístico. O alvo era o projeto ilusionista do cinema, o realismo como falso princípio e a decupagem clássica, visando trazer a marca do processo de produção nos filmes. A presença desse universo cultural em Faria leva seu texto em direção à teoria, sintonizado com a segunda fase de *Cahiers*. Marques, ao contrário, hesita entre duas posturas. Geralmente ele utiliza os critérios da crítica jornalística, mas em alguns momentos adentra nos padrões conceituais da crítica de cinema voltada à ciência da linguagem. A metodologia de Marques é mais difícil de destrinchar, porque a maior parte dos artigos é composta por notícias e entrevistas. Ele se atém mais aos aspectos internos da autoria e deixa de lado as considerações sobre a burguesia. Uma atenção maior é dada à *mise en scène*, dialogando com a primeira fase de *Cahiers*. Para se referir a *Cenas de um casamento* (1973), Marques faz referência à temática e ao conceito de matriz em Ingmar Bergman.[33] Se discursivamente ele apontou na entrevista seu interesse pelo conjunto *estética versus política*, as análises fílmicas tendem mais para o primeiro núcleo.

De comum entre Clóvis Marques e Ribas de Faria, existe um interesse sobre a *mise en scène* nos artigos. Contudo, a segunda fase de *Cahiers* com atenção ao discurso dos filmes é evidente nos dois críticos. Em sintonia com a revista francesa, encon-

33 Marques, Clóvis. "O inferno a dois". *Opinião*, n. 171, 13 set. 1976, p. 19.

tramos as formulações baseadas na ciência da linguagem ou a presença de autores como Roland Barthes. Marcos Ribas de Faria faz menção a Nöel Burch (1992) mais de uma vez, citando a edição francesa de *Praxis do Cinéma* que é de 1969. Ele também faz referência ao trabalho "exaustivo com o significante" em *O casamento* (1975) de Arnaldo Jabor.[34] Enquanto isso, Clóvis Marques tem uma preocupação com a linguística ainda maior. Por exemplo, sobre *O rei da noite* (1975) de Hector Babenco,[35] o crítico escreve:

> (...) *O rei da noite* corre menos risco de deslumbrar as consciências, menos atentas, ou mais blasées em relação ao tartamudear sintagmático de nossos filmes que deixou de constituir estigma incontornável para ser encarado como licença poética, ainda que nem sempre com plena consciência de causa por parte de quem estava atrás das câmeras ou na frente delas.

Como no caso de Sérgio Augusto, a psicologia é utilizada por Clóvis Marques para caracterizar os personagens em *Cenas de um casamento*. Contudo ela é desprezada como critério estético quando se fala de *Lacombe Lucien* (1974) de Louis Malle, porque o crítico considera neste caso o referencial político de *Cahiers* mais abrangente do que o da psicologia. Isto é, ele não parte sempre de uma metodologia a priori, porque esta varia conforme o filme em questão. Para a produção não apreciada, Marques

34 Faria, Marcos Ribas. "O casamento, fracassado". *Opinião*, n. 169, 30 jan. 1976, p. 18.

35 Marques, Clóvis. "Um prato (bem) feito". *Opinião*, n. 184, 14 mai. 1976, p. 21.

utiliza a análise do discurso político, como fez com *O Flagrante* (1975) de Reginaldo Faria, tratado como ornamento.[36]

A quantidade maior de análises fílmicas possibilita refazer de maneira mais detida o percurso crítico de Marcos Ribas de Faria. Como metodologia de trabalho, ele parte da teoria para chegar às obras. O interesse dado aos elementos internos não é pela trama em si, mas pelos recursos estilísticos. Dados como o movimento de câmera e a relação espaço-temporal obtêm grande espaço, mas nem sempre a trama é articulada com o estilo para elucidar o funcionamento das teorias apresentadas a um público menos proficiente. Algumas vezes os filmes tornam-se prova para comentários políticos, como era feito na segunda fase de *Cahiers*. Do lado oposto, surgem elementos de uma recusa ao falseamento da realidade do cinema clássico e um elogio discreto a Bertold Brecht, numa oposição ao realismo. Antes dos filmes, Faria se norteia pelo ideal do cinema moderno e por sua possibilidade de gerar uma postura ativa no público. Faria é o único a defender explicitamente o cinema moderno, embora uma argumentação parecida esteja presente em Bernardet.

Da cinefilia francesa à política brasileira. Esse trajeto pode ser tomado como uma síntese da postura tanto de Marcos Ribas de Faria quanto da de Clóvis Marques, como uma forma de entrelaçamento flutuante entre a matriz estética e a política, integrando a *mise en scène* à política. De comum, havia o fato de ambos serem jornalistas, mais ligados a Sérgio Augusto e à crítica voltada ao específico do cinema. Se o interesse deles por *Opinião* foi pelo projeto jornalístico, o componente político, menos presente em nível discursivo atualmente, emana dos textos, como uma for-

36 Marques, Clóvis. "Pornô de butique". *Opinião,* n. 185, 21 mai. 1976, p. 19.

ma *de estrutura significativa* (Löwy, 2008). Os dois sintetizam a influência das duas fases de *Cahiers*, da estética e da semiologia, mas são confrontados continuamente com o ambiente político da resistência. Por isso significam o retrato da dicotomia do intelectual, descrita por Bourdieu (1996), entre o engajamento e a exigência de autonomia estética.

José Carlos Avellar e a materialidade do cinema

Uma passagem rápida pelo jornal. De fevereiro a abril de 1976, José Carlos Avellar publicou sete artigos em *Opinião*. Nem era um típico "crítico contribuinte" do semanário, porque sua trajetória foi ainda mais fronteiriça. Ele não combinava os temas através de conversas com o editor, como era de costume. Nem teve contato com a equipe. Só ia até o jornal entregar as matérias solicitadas por Sérgio Augusto. Se o trajeto foi curto, Avellar trouxe ao jornal uma metodologia peculiar para compor as gradações entre estética e política. Os textos para *Opinião* fazem parte de um trabalho muito maior que ele desenvolveu no *Jornal do Brasil* em mais de vinte anos.[37]

Se Avellar foi para *Opinião* por causa de um desentendimento com a direção do *JB*, como vimos, a participação no jornal alternativo significava um espaço para escrever sobre cinema, não para fazer a resistência. Afinal, para ele, a oposição ao regime militar era um estado de espírito constante. Avellar teve muitas matérias censuradas, mas nunca foi preso. Como fotógrafo de *Manhã Cinzenta* (1968) de Olney São Paulo, ele foi processado e teve de prestar depoimento. Mas não foi preso como o diretor.

37 Nos anos setenta, José Carlos Avellar escrevia para o *JB* (1962-1987/88) e

A diferença de Avellar com o restante da equipe de *Opinião* já começa na formação e na relação estabelecida com os filmes. O sonho de garoto era se envolver com o cinema, mas naquele momento ele ainda não sabia exatamente em qual função. A vivência cinéfila era eclética desde o tempo de menino. No bairro onde morava, no Rio de Janeiro, havia cinco salas de cinema. Era possível ver filmes todos os dias, porque os exibidores trocavam a programação no meio da semana. Avellar tinha contato não só com a produção hollywoodiana, mas com a brasileira, desde chanchadas até os dramas da Atlântida. Os filmes latino-americanos faziam grande sucesso entre os garotos. A programação se completava com o neo-realismo, que dava a Avellar a sensação de mostrar na tela uma realidade não muito distante da sua. Ele era um espectador "compulsivo" que acompanhava todo tipo de produção, sem estabelecer comparação entre os melhores e os piores. Talvez esse contato com vários tipos de filmografia sem preconceitos tenham contribuído para Avellar passar longe das ressalvas de gosto. Ou quiçá a falta de preconceito só antecipasse uma qualidade e uma necessidade constante da atividade jornalística, que ele iria exercer no futuro. José Carlos Avellar não desprezava a produção popular só pelo seu lugar de origem, como acontecia muitas vezes em *Opinião*. Não havia queixa quando os chefes pediam para assistir aos filmes "menores". A postura não era comum. Na hierarquia dos jornais, os críticos mais velhos ficavam com as obras mais "significativas" e os novatos com o restante da produção. No *JB*, ninguém queria ver pornochancha-

---

para revistas especializadas de cinema como *Filme Cultura, Guia de Filmes, Filme e Revelação.* Depois do *JB*, escreveu para o *Última Hora* e para o *Estado de S.Paulo*, exatamente nos dois anos finais do *Suplemento Cultural.*

das, mas ele não tinha problemas com o gênero. Se Avellar era o único no *JB* a escrever sobre as comédias eróticas, Bernardet o acompanhava nesse trajeto em *Opinião* e depois em *Movimento*.

A formação nascia de forma "não disciplinada", conta ele. Misturando filmes, vendo produções diferentes, atropeladas ou seguidas uma após a outra. Se os articulistas de *Opinião* instruíram-se através das revistas de cinema ou da leitura dos colegas renomados, Avellar não passou por essa fase. O percurso dele começou com um realizador. Por meio dos textos de Sergei Eisenstein, ele descobriu que escrever sobre cinema podia ser tão agradável quanto assistir aos filmes. O cineasta russo forneceu ao futuro crítico um instrumental para a escrita. Eisenstein comentava os filmes para falar do cinema em geral, mas nunca dizia se eles eram bons ou ruins. Sem emitir um juízo de valores, o mais importante era a discussão entusiasmada do processo narrativo e expressivo das obras. Foi assim que nasceu nele a vontade de publicar artigos para explicar como e porquê um filme o tocava. O algo a mais que Avellar sentia falta nos textos de cinema, ele encontrava em Eisenstein.

Assim a oposição dele aos muitos cânones da crítica ganhava um contraponto possível. Para Avellar, os analistas pareciam aborrecidos com a maior parte dos filmes, como se não tivessem prazer com o trabalho. Além disso, o tom opinativo dos textos o desagradava. Nas listas de melhores e piores do ano nada se acrescentava de informação útil sobre as obras. O leitor ficava sem saber o que era exatamente a produção por causa da argumentação passional. Enquanto isso, Eisenstein gerava a compreensão do filme. Juntando sua experiência anterior de espectador compulsivo com as novas ideias, Avellar criava sua própria forma de pensar o cinema. "Não há filme ruim" é quase uma máxima. Afinal até mesmo uma produção ruim "diverte e dá prazer". Se é possível adivinhar logo nas primeiras imagens como a história vai acabar, Avellar pensa no que vê e estabelece ligações com outras produções. Todo esse processo para ele é muito prazeroso e enriquecedor. Durante a sessão, o cronista se deixa levar pela contemplação de assistir à produção. A escrita é o resultado do maior ou menor deleite de ter visto a obra. Portanto, o ato de escrever é um prolongamento do prazer de ver os filmes.

O olhar acurado na materialidade do filme vem da formação de fotógrafo e de diagramador, antes de ser jornalista. O dia a dia no trato com a imagem dentro do jornal fazia Avellar pensar sobre a diferença entre observar o mundo a olho nu e através das lentes. Além dos filmes, esse contato foi uma forte influência na sua trajetória. Antes de se tornar crítico, ele fotografou muitos filmes. A experiência serviu como aprendizagem para compreender o processo de narração e a composição do cinema.

As conversas com os realizadores brasileiros da geração dele, especialmente os do Cinema Novo, também tiveram peso nos anos de formação. Avellar falava muito com Nelson Pereira dos Santos, quando os dois eram colegas de redação do *Diário Carioca* e do *JB*. Acompanhando as filmagens ou no bate papo com os diretores, ele construía uma série de argumentos para usar na composição dos textos. No início dos anos sessenta, Avellar já tinha definido sua preferência pelo cinema brasileiro como forma de desenvolver uma argumentação cinematográfica. O maior objetivo dele era escrever sobre cinema de um modo geral, mas com um ponto de vista brasileiro. Só com os filmes nacionais era possível estabelecer um comparativo entre o que aparecia na tela e na realidade ao vivo. Esse cruzamento de dados o ajudava a compor seu repertório tanto para o cinema brasileiro quanto para o estrangeiro.

Se as conversas com os realizadores ajudaram na formação, a literatura gerou nele o interesse pela temática brasileira. Foi através dos livros de Mário de Andrade e de Graciliano Ramos que Avellar sentiu a vontade de escrever de maneira leve e sem complicar, tudo é claro visando o prazer de leitura. A composição do processo de escrita concretizou-se totalmente mesmo com o jornalismo, que influenciou sua forma de fazer análise. A consciência de trabalhar num jornal diário está sempre nos textos. Daí a grande preocupação do crítico em não contar o final da história para não estragar a fruição dos espectadores. De todo esse processo, ele encontrou um formato que possibilitava ao mesmo tempo ser "fiel ao filme" e "fiel ao prazer do leitor".

Por causa da proximidade geográfica, Avellar lia mais os críticos cariocas, como Alex Viany. Com menor frequência tinha acesso a Paulo Emilio Salles Gomes no *Suplemento Literário* do *Estado de S.Paulo*. Enquanto os críticos de *Opinião* formaram-se invariavelmente pela leitura de *Cahiers du Cinéma*, Avellar traçou um percurso diferente. A revista não fez parte das suas leituras nos anos de formação. Ele passou a acompanhá-la quando já era um crítico formado com uma maneira própria de trabalhar os filmes. O interesse neste tipo de leitura era enriquecer seu arsenal de argumentação e estabelecer um diálogo com outros críticos. Para ele, não importava se existia consenso ou dissenso de opiniões. A leitura não era sem ressalvas em relação aos dois períodos da revista. O sentimento descrito é ao mesmo tempo de "proximidade e de distância". A segunda fase tornava-se cada vez menos "interessante", quando entrava nos anos setenta. Avellar gostava de ler os textos da primeira fase, mas não participava do fascínio pelas formas narrativas hollywoodianas. Não concordava também com algumas discussões teóricas, como ver o "plano longo" como mais realista.

Nos artigos para *Opinião,* o foco de Avellar é decompor o mecanismo do cinema. Por tabela, o espaço maior é concedido aos filmes estrangeiros. Só um é brasileiro: *Ovelha Negra* (1974) de Haroldo Marinho Barbosa. Entre a produção analisada, há desde filmes comerciais até uma pornochanchada italiana,[38] passando também por Ingmar Bergman. Para comentar *Cenas de um casamento* (1973) do mesmo autor, o recorte escolhido é a fotografia.[39] O gancho para a abertura do texto é a sequência na qual o marido conta à esposa que tem uma amante, mostrando-lhe seu retrato:

> *Curiosidade do espectador* – Todas estas referências despertam uma natural curiosidade em torno da figura de Paula, mas os dois retratos na mão de Mariane jamais são mostrados ao espectador. A câmera observa a cena de um mesmo ponto de vista, não se movimenta dentro do cenário nem mesmo para se aproximar do rosto de Johan ou de Marianne.

Se Bergman recusa-se a satisfazer o desejo do espectador, o procedimento vai contra a corrente das novas tendências da fotografia, explica Avellar:

> Mais do que uma simples detalhe de encenação, esta recusa de satisfazer uma curiosidade do espectador,

38 Avellar, José Carlos. "Lição de patriotismo". *Opinião,* n. 175, 12 mar. 1976, p. 22.

39 Avellar, José Carlos. "O retrato de Paula". *Opinião,* n. 179, 09 abr. 1976, p. 23.

> de atender a um natural desejo de querer saber como Paula é, tem uma importância especial. É antes mais um exemplo de concisão numa época em que o cinema se tornou escravo de suas novas possibilidades técnicas: a lente zoom, o filme em cor, os filtros para alterar o contraste das imagens, as câmeras leves e automáticas, os novos materiais de iluminação.

A fotografia de *Cenas de um casamento* é tomada como comparação para analisar o filme inglês *Tensão no aeroporto* (*Decisão Amarga*, 1974) de Caspar Wrede, que satisfaz inteiramente a curiosidade do espectador:

> Hoje, no cinema, a visão mais luxuosa é aquela que se confunde com o real. Parece mais verdadeira a câmera que se movimenta muito dentro da cena, a que pode estar em vários lugares ao mesmo tempo, a que tem uma visão mais dinâmica que a do olho humano. A impressão de realidade não resulta de uma eventual veracidade dos fatos narrados, mas da sofisticada maneira de olhar. Se a ação é rápida, câmera lenta, para não perder os detalhes. Se os personagens estão muito afastados, um movimento de zoom para vê-los mais de perto. (...) O espectador tem a impressão de ver melhor, de ver toda a realidade com seus próprios olhos, e de ver materializado até o que se passa na cabeça de um personagem. (...)
>
> O que importa é a ideia de uma fotografia tecnicamente perfeita, e dotada de mil recursos especiais, porque isto corresponde com exatidão ao comportamento dos personagens: [em *Tensão no aeroporto*] os policiais, os pilotos, os sequestradores e os seques-

> trados são indivíduos tecnicamente perfeitos, muito pouco parecidos com gente de verdade.

A diferença técnica da fotografia entre *Cenas de um casamento* e *Tensão no aeroporto* serve de gancho para uma informação técnica: o fotógrafo dos dois filmes é o mesmo. Sven Nykvist é o responsável por todos os filmes de Bergman. A presença dele é então tomada para compreender "quais as solicitações que determinado estilo narrativo faz de sua fotografia". Para tornar mais clara a diferença, Avellar traz as declarações de Nykvist sobre os bastidores. O fotógrafo explica que Bergman usou um moderno equipamento: "Em alguns planos existem mais ou menos 20 diferentes movimentos de zoom". A diferença foi a utilização desses movimentos: "no filme quase nenhum movimento apareceu, tudo saiu da montagem, e a ação ficou mais rápida e tensa". O oposto foi feito em *Tensão no aeroporto*, explica Avellar. No filme de Cásper Wrede, quem age mesmo é a fotografia e a sofisticação da imagem. Os personagens não parecem gente de verdade. São indivíduos perfeitos. O equipamento tem importância expressiva maior do que a dos atores e foi usado para *aparecer* na tela. Através dessas informações técnicas, Avellar conclui a diferença da fotografia de *Cenas de um casamento*. Bergman não está interessado em frisar mil recursos técnicos. O moderno equipamento é utilizado para deixar o ator mais à vontade na cena. Por esse motivo, a fotografia não se faz notar e não desgruda do rosto dos atores para mostrar detalhes menos importantes, como o retrato de Paula:

> A fotografia, em *Cenas de um Casamento*, não se faz notar porque o diretor reduz intencionalmente o so-

> fisticado equipamento cinematográfico de hoje aos limites do olho humano: ver as situações como gente de verdade. Ele leva a câmera a ficar presa a Johan e Marianne. Não desvia o olhar para qualquer detalhe menos importante do casal – como o retrato de Paula, ou uma descrição mais detalhada do ambiente do casal – porque se envolve emocionalmente na tensão desta história de amor entre 'duas pessoas terrenas e imperfeitas, egoístas, limitadas, briguentas', que para ser inteiramente compreendida só poderia ser fotografada de um modo terreno, humano, imperfeito: luz irregular, muito grão na imagem tensa, imóvel, que não tira os olhos de Johan e Marianne.

O artigo traz indiretamente um debate intenso do período e de *Opinião:* as possibilidades democráticas ao espectador no cinema hollywoodiano e no cinema moderno. Avellar não toca em nenhum desses assuntos, mas eles estão lá. Ele deixa de lado linhas delimitadoras claras entre um cinema clássico e moderno, como às vezes ocorria em *Opinião*, por exemplo, para afirmar a primazia da linguagem clássica na conquista do público. Também não estabelece nenhum tipo de comparação valorativa entre o "cinema de entretenimento" e o "cinema de arte". Esses dois termos jamais aparecem. Avellar não taxa as obras com essas etiquetas. Não planifica. Ele não faz a defesa do cinema moderno, nem do clássico, porque as linhas divisórias entre os dois mostram-se porosas ao longo dos textos escritos para o jornal. O diferencial de Bergman aparece como informação técnica, não como opinião, possibilitando talvez ao leitor um caminho livre para escolher qualquer um dos filmes.

Há aqui a marca que caracteriza Avellar. Ele suprime meticulosamente a presença do gênero opinativo. Se crítica de cinema é juízo de valores estéticos, Avellar coloca em seu lugar o padrão de excelência do jornalismo. Ele tira a opinião e coloca informações em todas as linhas. Além disso, suprime ao máximo sua presença nos artigos. Traz a neutralidade no lugar. As frases são curtas e concatenadas sem nenhum tipo de adjetivo. Buscando as coordenadas assindéticas, o texto é bem escrito, limpo, enxuto e sem digressões. Existe uma grande preocupação com a forma da escrita. Não há repetições de palavras ou ideias. O pensamento é organizado como nos cortes secos da montagem cinematográfica. A marca do bom jornalismo é evidente para um conhecedor. Esse processo quase fotográfico de edição de texto dá um toque final que diferencia Avellar. É pela informação total, imanente que ele chega à construção dos significados. O crítico não precisa emitir um juízo de valor porque provou do que se trata o filme. A conclusão sobre a obra surge da informação, sem que o analista precise se colocar no texto. O processo confere a Avellar uma enorme credibilidade. Afinal os dados são técnicos, porque ele prova a maior complexidade dos mecanismos cinematográficos de determinadas produções. O crítico se baseia no concreto e através dele explica o abstrato. Pela descrição das cenas, Avellar diferencia um filme de entretenimento e de arte, sem afirmar que um seja melhor ou pior. A construção e a força do texto dependem do tipo de apresentação dos dados. Eles parecem surgir de si mesmos, como se não houvesse um sujeito, embora teoricamente falando as fronteiras entre informação e opinião sejam muito porosas (Chaparro, 1997, Martinez Albertos, 1983).

Ao destrinchar os procedimentos do cinema, o objetivo dele era "estimular" o espectador a desenvolver seu próprio "arsenal" de leitura. A primazia da informação sob a opinião poderia ser também uma forma de evitar atritos de gosto com os leitores e com os editores. Permitiria também ao público escolher um dos filmes, conforme suas preferências: o entretenimento ou o filme de arte. Em todos os artigos, Avellar dá uma aula de cinema ao público com exemplos concretos. Ele sempre traz a descrição das cenas para facilitar o entendimento do leitor. Através dos exemplos, o crítico liga os filmes ao tipo de cinema que quer demonstrar. Nada passa despercebido ao olhar fotográfico de Avellar. Se a ideia é revelar os mecanismos de construção da obra, uma interpretação do discurso político pode até ser feita, mas o mais importante é a discussão do cinema. Seria possível colocar no texto *O retrato de Paula* algumas etiquetas como cinema de espetáculo ou de arte, mas Avellar nunca faz isso. Se indiretamente o crítico passa por essas categorias, ele está preocupado é com o específico cinematográfico.

O próprio Avellar esclarece que não estava interessado no "entorno do cinema", mas no "corpo a corpo com os filmes". O instrumento de pesquisa "não é o ideológico", mas o "prazer proporcionado pelos filmes". Para ele, a preocupação com a ideologia "não levava a coisa alguma", no sentido mesmo do "entendimento" da obra. Ele usava os "dados externos à composição formal" como "acessórios" na formulação do texto, afinal esses fatores não o envolviam muito. Nesse sentido, Avellar define-se na entrevista como formalista pelo interesse na composição formal e no tecido concreto das obras:

> Não me parece muito que as questões externas à construção do filme tenham um papel fundamental. Eu tenho um comportamento mais próximo do construtivismo, do formalismo. A única coisa que você tem contato direto, concreto do filme é a forma do filme. A minha preocupação é lidar com essa coisa. Mesmo

> quando nós tivemos aqui um contexto politizado, como não poderia deixar de ser, durante a ditadura militar, o que me interessava era, claro que você tem uma opinião política, claro que você age politicamente, conscientemente ou não, mas a minha forma de ação é através da forma cinematográfica. Eu procuro é discutir como aquela forma se constrói em parte por interferência do realizador e em parte por alguma coisa que ele pode ter feito inconscientemente.

O modo de ação de Avellar [no caso brasileiro] não exclui a atitude política, porque prioriza a decomposição do formato dos filmes. E as formas do cinema brasileiro daquele período também têm relação com o contexto político. Nestes casos, Avellar (1986) utiliza o conceito de *estrutura*, porque observou que a violência do AI-5 foi o horizonte geral de uma estrutura comum aos filmes. Essa estrutura se manifesta na dramaturgia cinematográfica nacional em dois momentos: a vontade de usar as formas da paisagem real e dos problemas populares como indicadoras dos temas e do modo de filmar. Nestes casos o próprio horizonte político interfere na composição formal da produção, consciente ou inconscientemente. Ao abordar o quanto os temas e o formato das obras dialogam com estes aspectos, o recorte de análise é, por derivação, também político.

Ao se concentrar na construção do filme, Avellar traz um diferencial para abordar a matriz política e estética de *Opinião.* Ele procura tomar uma relação distanciada em relação à discussão política. Nesse sentido foi um contraponto a muitos artigos do jornal. No *JB,* Avellar trata os assuntos relacionados à ideologia no cinema com autonomia. Falando diretamente de cinema político, ele não emite juízo de valor ao observar as diferenças entre o cinema de gênero e o autoral. Consegue, ao contrário, adequar o conteúdo e a estética à fruição de diversos espectadores. Esse tipo de análise que prescinde da discussão política do cinema, longe dos preceitos da cultura política engajada, era raríssimo em *Opinião*.

Através da descrição acurada das cenas, Avellar traz dados concretos sobre a ideologia nos filmes. Talvez para um jornal de grande público como o *JB*, ele conseguisse esclarecer muito mais os leitores sobre esses aspectos, porque a falta de uma postura visivelmente "engajada" poderia significar a perda de parte do público. O crítico não imputa aos filmes o poder de impedir uma determinada leitura, mas observa quais são as obras mais abertas à fruição ativa do espectador. Ideologia aqui aparece como visão de mundo, não como ocultação da realidade. Não está em jogo obviamente uma suposta neutralidade de pensamento, porque qualquer linguagem não é imune aos processos ideológicos. Trata-se de passar longe de relacionar o imperialismo americano com a falta de consciência do público e o discurso dos filmes.

Se olharmos de perto os filmes analisados por Avellar em *Opinião,* veremos a tendência de defender o cinema que gera uma reflexão crítica no espectador. Todas as obras podem realmente agradar como diversão e prazer, como nos disse o crítico, mas algumas são melhores do que outras do ponto de vista da complexidade dos mecanismos cinematográficos. Contudo todo o processo não é feito *a priori*, mas a partir do contato e da análise da produção. Se nos artigos para *Opinião* Avellar se concentra nos mecanismos do cinema de modo geral, esse é apenas um lado de seu trabalho no *JB*. Por exemplo, enquanto a crítica sobre *Cenas de um casamento* no *Opinião* concentra-se nestes mecanismos, Avellar (1982) adiciona o estudo sobre os grandes temas de Bergman no *JB*, ao comentar *Gritos e Sussurros* (1972) em 1974. Ele não procura de forma alguma a *mise en scène* no abstrato, mas encontra o estilo de Bergman na peculiaridade do trabalho concreto, na descrição dos planos, no tratamento da fotografia, na utilização da câmera, na montagem e até mesmo na *repetição* da forma de composição:

> (...) Bergman mergulha no mundo de seus filmes anteriores, reestuda um personagem, retoma em profundidade um problema apenas enunciado. Procuremos seguir também, pelo menos em parte, o exemplo (...) para examinar *Gritos e Sussurros*. Isolemos um trecho do filme para tentar numa análise mais detalhada identificar o processo de construção geral. Bem sei que o leitor que de quando bate os olhos por aqui deverá estar dizendo com seus botões que é exatamente isto o que costumo fazer com tudo quanto é filme, isolar uma cena e tentar identificar na parte os sinais do todo. É verdade. Faço aqui um pouco como Bergman, que repete sua forma de composição (Avellar, 1982, p. 36-41).

A crítica é então construída em torno da sequência na qual o padre reza ao lado do corpo de Agnes. Avellar frisa a cena não porque se trata da mais bela ou expressiva, mas porque "as palavras do personagem parecem uma tradução direta do sentimento comum" a todos os personagens dos filmes de Bergman. "O padre, nesta cena, pensa, sente e fala como o próprio realizador". Assim o articulista chega à própria temática do cineasta, que não estava presente no texto escrito para o *Opinião*:

> Não é simplesmente uma dor física, não é a dor que vem de uma doença sem cura. Não é sequer qualquer doença, é a própria vida. Viver dói. Estar vivo é sentir dor e sofrimento. A vida inteira é uma prolongada agonia, é carregar uma culpa, pagar um crime desconhecido e sem perdão.

A partir desses comentários sobre a temática da obra, por fim, Avellar conclui qual é o mecanismo do filme e chega ao estilo do diretor:

> *Gritos e sussurros* é uma nova visita a este universo desencantado. Aí encontramos de novo os personagens de sempre e o mecanismo de construção de sempre: a ação é pouca, é principalmente reflexiva. Os personagens são apanhados num momento em que se dão conta da extensão do sofrimento humano e começam a pensar em voz alta. Ou a pensar e não falar de todo. Ou a pensar e falar numa linguagem incompreensível. Às vezes conversam entre si. Às vezes falam para a câmera, como se ela fosse um personagem invisível, ou simplesmente um espelho. Às vezes se agridem, com palavras ou com atos. Tudo é igual, e ao mesmo tempo não é igual, porque de filme para filme Bergman depura o seu estilo de narração. Faz assim como fez com o cenário do quarto de Agnes para filmar a oração do padre: retira os enfeites, retira os sinais habitualmente usadas para dar à imagem uma atmosfera natural.

Quando Avellar explica "a dor de dente da alma" de Bergman como parte do estilo do autor, temos um exemplo do trabalho dele desenvolvido no *Jornal do Brasil* e ausente do semanário de Fernando Gasparian. De certa forma, apenas os artigos que frisam mais o mecanismo do cinema foram selecionados para o jornal alternativo, apontando indiretamente para o projeto editorial de *Opinião*.

Parte II

Crítica de cinema e frente cultural: concordâncias e conflitos internos

4. Os cinemanovistas como espelho do intelectual na resistência

Depois de decompor as metodologias dos críticos do jornal, procuramos revelar a presença dos debates internos da esquerda sobre a função do intelectual na crítica de cinema, num momento de progressivo declínio da cultura do nacional popular. Ao longo da década de setenta, dois pilares de sustentação do *Frentismo Cultural* entraram em crise: o papel do intelectual-artista como arauto à frente do processo histórico e a cultura popular. Tendo como eixo comum o Cinema Novo, esses são os temas dos capítulos 4 e 5, num momento no qual a cultura engajada tornava-se parte da análise dos filmes. Nos dois casos, a questão do fazer de cada crítico de cinema cede lugar a um estudo que realça o diálogo com o campo cultural, incorporando ferramentas da estética e da política. A produção cinemanovista recebe um espaço privilegiado, porque o jornal busca um caminho e um projeto político para o cinema brasileiro, voltado à ideia de transformação da sociedade. Dessa forma, a função do intelectual na resistência torna-se um critério metodológico que tem nos cinemanovistas seu principal objeto.

Um dos principais temas de discussão de *Opinião* é a função do cineasta na sociedade em tempos de repressão. Ao deslocar o papel da intelectualidade para os cinemanovistas, os articulistas do jornal falavam de si mesmos enquanto *participantes* do processo de criação do cinema brasileiro. Os papéis são como espelhos deles; ao analisar os diretores de cinema, os críticos pensam sua função na resistência. *Opinião* é um espaço privilegiado para avaliar o entrelaçamento e as tensões entre o discurso dos entrevistados e o dos críticos numa época de questionamento da cultura do nacional popular e num veículo de oposição ao regime com imenso capital simbólico entre a intelectualidade.

Analisamos três momentos da abordagem aos cinemanovistas. O primeiro deles "Dez anos de Cinema Nacional: o discurso cinemanovistas nos novos tempos" constitui-se de uma famosa coletânea de entrevistas com cineastas, especialmente os do Cinema Novo. Neste espaço, os envolvidos *reconstroem* a memória sobre o passado e as significações políticas do movimento. Essa coletânea é sempre citada pela historiografia, mas nunca é abordada de forma aprofundada para avaliar a evolução do pensamento cinemanovista e o discurso sobre sua função. Ela permite observar os pontos de convergência e as fissuras entre o grupo sobre alguns pontos centrais da *Frente Cinematográfica*. O texto é publicado como um balanço autocrítico sobre o movimento, quando o discurso intelectual abandona progressivamente o *vazio cultural*.[1]

---

1 Zuenir Ventura observou uma decadência cultural na produção artística de 1971, causada pela cultura de massa e pelo ambiente repressivo, cuja solução seria a cultura crítica. No mesmo ano dos depoimentos dos cinemanovistas em *Opinião*, ele observou tentativas de enfrentar o dilema do vazio. Ver: "A crise da cultura brasileira". *Visão*, v. 39, n. 1, 05 jul. 1971, p. 52-58 e "Os impasses da cultura". *Visão*, v. 49, n. 6, ago. 1973, p. 101- 130.

Se o primeiro tópico é voltado à autoanálise dos cinemanovistas no passado, os dois itens seguintes revelam uma tensão variada com os articulistas ao focalizar a discussão sobre o lugar da resistência intelectual no presente. No item "Intelectuais cinemanovistas e o Estado Autoritário" o pano de fundo são as declarações do grupo sobre a política cultural. Emerge como questão central no debate deste capítulo o universo dos gêneros jornalísticos para avaliar se a entrega da palavra aos cineastas nas entrevistas significa adesão, espaço aberto à pluralidade de ideias ou tensão entre o entrevistado e entrevistador.

Por fim, retomamos a crítica de Jean-Claude Bernardet sobre *Lição de amor* do Capítulo 3 para analisar as possibilidades reais de enfrentamento dos cinemanovistas ao regime através do material fílmico. Nesse sentido, trata-se do texto mais importante do jornal e é relevante observar o quanto a relação entre estética e política adquire uma significação outra quando situada no presente. O intuito é observar como os críticos de *Opinião* pensam um projeto estético e cinematográfico para o cinema brasileiro.

Dez anos de cinema nacional: o discurso cinemanovista nos novos tempos

Entre junho a agosto de 1973, *Opinião* prepara uma coletânea de entrevistas[2] em duas edições sobre a situação do cinema bra-

2 As entrevistas com Geraldo Sarno, Carlos Diegues, Arnaldo Jabor e Joaquim Pedro estão em: Hollanda, Heloisa B. de; Brito, Antonio Carlos de. "Dez anos de cinema nacional". *Opinião,* n. 32, 11 a 18 jun. 1973, p. 17-19. O depoimento de Eduardo Escorel, Gustavo Dahl e de Carlos Vergara foi publicado em: Hollanda, Heloisa; Brito, Antonio Carlos de. "Dez anos de cinema nacional". *Opinião,* n. 40, 13 a 20 ago 1973, p. 16-17.

sileiro nos últimos dez anos. A proposta era debater o que tinha acontecido com o Cinema Novo e quais eram as possibilidades para o futuro. O Cinema Marginal, o Super-8 e a política cinematográfica perpassam os depoimentos. Como se trata de um assunto daquela *atualidade*, a forma escolhida para abordar o papel dos intelectuais-cinemanovistas é a entrevista. O formato proporciona um contato maior dos leitores com os realizadores, indicando um tema em construção. Se a entrevista geralmente é associada ao gênero informativo, o opinativo está presente na introdução e nas perguntas, servindo como comentário dos articulistas do semanário. No geral, a entrevista permite que as opiniões apareçam como dados indiscutíveis; como *fatos*. Através deste formato, o debate sobre a função da intelectualidade cinematográfica é feito em grande parte pelos próprios cineastas. A menor presença de textos eminentemente opinativos sobre a função da intelectualidade em *Opinião* é muito significativa num veículo censurado e por esse motivo o estudo sobre o posicionamento dos colaboradores é feito na tensão entre os gêneros jornalísticos.

Logo no início da coletânea, o jornal esclarece que procurou reunir "não os melhores" cineastas do país, mas "figuras relevantes" e de "todas as correntes do processo cinematográfico brasileiro", embora o Cinema Marginal não tenha um único representante. Participaram do balanço dez realizadores: Carlos Diegues, Arnaldo Jabor, Joaquim Pedro de Andrade, David Neves, Leon Hirszman, Gustavo Dahl, Geraldo Sarno, Zelito Viana, Eduardo Escorel e Carlos Vergara. Glauber Rocha, Nelson Pereira dos Santos, Rogério Sganzerla e Júlio Bressane "recusaram-se" a participar. *Opinião* anuncia entre os entrevistados o nome de Leon Hirszman, mas seu depoimento não consta na matéria de junho, nem na continuação, publicada em agosto. Há apenas uma frase do diretor destacada no corpo do texto na edição número 40, o que é um claro indício da censura. O leitor não sente falta somente do depoimento de Hirszman, mas também da paginação correta. O número da página difere da numeração indicada pelo jornal como "continuação do artigo". Essa era uma das formas de transmitir aos leitores a interdição. A coletânea *Dez anos de cinema nacional* demorou para ser publicada.[3] O material foi enviado à censura para a edição de 30 de abril a 07 de maio (n. 26), mas só foi publicado a partir de junho (n. 32). A informação é importante porque mesmo com a restrição, a matéria foi liberada com muitas críticas ao Estado autoritário. Por causa do contexto político, o conteúdo do texto não é evidente à primeira vista. Portanto analisamos aqui o discurso cinemanovista na entrelinha.

A primeira parte do artigo ganha a capa do jornal com um cangaceiro ao fundo e a manchete *Dez anos de cinema nacional.* O subtítulo da matéria traz uma homenagem sutil aos dez anos de filmagem de *Deus e o diabo na terra do sol* (1963-1964) de Glauber Rocha, isto é, não se trata da imagem de um cangaceiro qualquer. A introdução de Heloisa Buarque de Hollanda e Antonio Carlos de Brito abre o texto com *Deus e o Diabo* para explicar que dez anos depois a "grande aventura" do cinema moderno brasileiro "parece no fim", levando consigo os esquemas coletivos dos anos sessenta:

> O sonho de 'uma ideia na cabeça e uma câmera na mão' acabou. O Cinema Novo – glória da cultura brasileira e excelente produto de exportação dos anos 60 -

---

3 O artigo faz parte do DSI (Divisão de Segurança e Informações) do Ministério da Justiça. Disponível em:<http://www.an.gov.br/sian/Multinivel/Exibe_Pesquisa.asp?v_CodReferencia_ID=1033633|> Acesso em 09 set. 2013.

> expirou com esparsas orações fúnebres e um vago atestado de óbito que apontava como causa mortis 'a falta de comunicação de seus filmes com o grande público'.

Embora o verbo "parecer" não signifique uma *certeza* do fim da "aventura" do Cinema Novo, todos os entrevistados atestam sua morte. Pelo menos uma convicção se abre: o fim dos esquemas coletivos, porque o cinema dos anos setenta está calcado em bases individuais. Uma primeira conclusão surge logo no começo, em tom de contextualização. É a diferença entre a postura dos cineastas no passado e em 1970:

> São 10 depoimentos ao todo. Alguns confluentes em certos pontos, a maioria, porém, ao contrário do que ocorria nos áureos tempos do Cinema Novo, heterogênea, prova de que o processo cultural brasileiro atualmente se desenvolve fora dos antigos, úteis e funcionais esquemas de ação coletiva.

Para o jornal, o tom individual dos cinemanovistas sinaliza a perda do caráter coletivo do Cinema Novo. A condenação à falta de comunicação com o público não é só apresentada como um ponto indiscutível, mas como um consenso até entre os cineastas:

> De modo geral, todos aceitam como suicida a empostação elitista de fazer filmes que, nos anos 60, deu substância e força ao movimento. David Neves chega, inclusive, a tocar numa questão melindrosa mas profundamente realista: a influência negativa de Glauber Rocha em maus copiadores de sua barroca objetividade.

Condenar a ausência de comunicação do Cinema Novo com o público não era um argumento original nos anos setenta. O balanço do movimento começou por volta de 1964-65 por causa da falta de contato com o público (Bernardet, 1978, p. 174). Heloisa Buarque e Antonio Brito escolheram colocar a discussão sobre a linguagem "hermética" do Cinema Novo e as influências "negativas" de Glauber Rocha como ponto principal da introdução. Se o título fala em balanço do cinema nacional, a discussão é sobre o Cinema Novo. Os dois endossam a informação de que o tempo do "fechar-se em si mesmo", do "elitismo" e das "elocubrações teóricas" e "estetizantes" já passou. Concluem que estas palavras são o "bode expiatório" do grupo para todos os problemas.

O cineasta-símbolo de todas as críticas é Gustavo Dahl, "autor de um dos filmes mais impenetráveis do CN (O Bravo Guerreiro)". Curiosamente Dahl não é apresentado como cinemanovista; só foi escolhido para aglutinar as reprovações ao cinema autoral moderno. Ao eleger o Dahl de 1968 como síntese do "hermetismo", os entrevistadores ocultam os diversos caminhos do cinema autoral na virada para 1970.[4] Se o objetivo era condenar o hermetismo, os articulistas poderiam ter escolhido os filmes alegóricos fragmentados, que são mais indicativos do caráter "impenetrável" descrito. Diferente do que diz o trecho acima, ainda no final de 1960, parte da produção cinemanovista estava atenta à comunicação com o grande público, ao lado de filmes marcados por uma narrativa moderna. Assim o modelo alegórico fragmentado convivia com uma produção

4 Alguns dos caminhos do Cinema Novo: o cinema ajustado à linguagem narrativa convencional, o cinema atento à comunicação com o público, o balanço da ilusão do intelectual, o cinema alegórico totalizador ou com fragmentação do discurso (Xavier, 2001; 1993).

atenta à comunicação com o público. *Macunaíma* (1969) de Joaquim Pedro de Andrade e *Garota de Ipanema* (1967) de Leon Hirzsman convivem com *Fome de Amor* (1967) de Nelson Pereira dos Santos e *Pindorama* (1971) de Arnaldo Jabor. De acordo com Ismail Xavier (2001), houve uma demanda de comunicação ao lado de um impulso de modernidade autoral. Portanto, tratar todo o movimento como "hermético" ou bloco homogêneo como faz esse texto significa selecionar um conjunto parcial como representante do todo. Assim a matéria de *Opinião* endossa parte da visão da historiografia sobre o fechamento do público naquele período.

Um novo apagamento é criado nesta matéria. Ao condenar a forma moderna do cinema, nem os cineastas, nem *Opinião* mencionam os filmes autorais cinemanovistas com linguagem mais acessível, como *Barravento* (1961) de Glauber Rocha, *Os fuzis* (1963) de Ruy Guerra, *Vidas Secas* (1963) de Nelson Pereira dos Santos, *A grande cidade* (1965) de Carlos Diegues, *A falecida* (1965) de Leon Hirzsman, *O Desafio* (1965) de Paulo César Saraceni, *Garota de Ipanema* (1967) de Leon Hirzsman. Ao excluir os filmes atentos à comunicação com o público e definir o Cinema Novo só com o lado "hermético", os entrevistadores incorporam um *discurso contrário* à linguagem moderna do Cinema Novo, muito comum a partir do final de 1960. Desde o balanço do movimento em meados de sessenta, o grupo defendia a ocupação de mercado e a necessidade de diálogo com o público. Essa visão era hegemônica no campo e é endossada *aqui* como a correta. Contudo, ao longo da década houve um debate cada vez maior em relação a esses valores. A defesa deste lado do pêndulo indica uma disputa interna pelo poder de percepção legítima, da qual o núcleo favorável à conquista do mercado é escolhido como o caminho certo. Indiretamente se tem uma pré-disposição contra qualquer tipo de vanguarda. Em dez anos, a corrente hegemônica do nacional popular perdia cada vez mais espaço. Essa mudança pode ser vista no posicionamento de Heloisa Buarque nesta matéria e em 1979 no livro *Impressões de viagem*, quando ela se encaminha para a valorização da contracultura jovem (Napolitano, 2011, p. 143-144).

O argumento sobre o hermetismo da arte não era usado só para acusar o Cinema Novo, mas também para a arte engajada. Na época, tanto Heloisa Buarque em *Impressões de Viagem*, quanto Roberto Schwarz em *Cultura e Política* (2009) defendiam a tese de que a cultura nos quatro primeiros anos da ditadura esteve marcada por um círculo estéril de comunicação (Napolitano, 2011). Eles pensavam o artista engajado como alguém isolado das massas. Essa série de reportagens é marca daquele momento. Comunicação mesmo, o autor só conseguiria com sua classe social; a classe média. Portanto, este argumento de Hollanda já estava presente quando ela coordenou essa matéria.

Se os cinemanovistas condenam o hermetismo em nome da ocupação do mercado nesta matéria, a estratégia não era inédita. Segundo Napolitano, a partir de 1967-68 com o início da revisão do nacional popular, coloca-se em xeque a relação entre arte engajada e seu público para encontrar circuitos mais adequados. Do outro lado, os intelectuais do Partidão e os cinemanovistas procuravam o mercado para atingir o público, sintonizados com a cultura do nacional popular. Em *Opinião*, o mercado parecia uma solução, mas o desafio de alcançar a popularidade trazia junto o risco de cair no entretenimento. Se essas questões já apareciam no final da década de sessenta, elas se delineiam nos anos setenta, quando a produção cultural é obrigada a enfrentar o tenso vínculo entre o cinema autoral, as pressões políticas e de mercado (Ramos, 1987). Condenando a estética alegórica do Cinema Novo, *Opinião* não aprofunda nesta série a polêmica dos anos setenta, que *grosso modo*, se dividia entre uma estética atenta ao aceitável no mercado e uma estética voltada à experimentação. Como resultado, apenas o último bloco aparece como culpado pelo insucesso do cinema autoral brasileiro.

Assim a escolha de Dahl como "bode expiatório" permite observar a construção dos "eleitos do Cinema Novo" em 1970. Estas categorias variavam ao longo dos anos e os apagamentos sinalizam quais tipos de filmes são recusados. Num período no qual o mercado e a aliança com o Estado parecem imprescindíveis, a exclusão de *O bravo guerreiro* indica a preferência pelo cinema de fácil comunicação. A argumentação talvez tenha cunho valorativo, deixando intocados os filmes autorais de diretores ainda mais *consagrados* como Glauber Rocha e Nelson Pereira dos Santos. Este não foi o único apagamento do texto. É curioso que Carlos Diegues seja apresentado como um dos fundadores do movimento, porque *Opinião* sempre o exclui do rol de cineastas autores e cinemanovistas. Arnaldo Jabor também não é apresentado como parte do grupo, o que é indicativo das críticas a *Toda nudez será castigada* (1972) em *Opinião.* Apenas dois de seus filmes são mencionados neste depoimento, os já referidos *Toda nudez* e *Pindorama* (1971). O jornal cita também *A Opinião Pública* (1966), mas não discute se este seria parte do Cinema Novo. A escolha de *Pindorama* é uma crítica sutil aos filmes alegóricos, endossada pelo próprio Jabor.

A exclusão da dissonância no debate

A palavra cinema político é quase proibida nesta coletânea. Contudo o tratamento é paradoxal. Se o sentido parece negativo por inibir o público, internamente a significação é positiva porque o conteúdo ocasiona a exclusão no circuito de mercado. Se a discussão política fica em segundo plano, mais condenado que o Cinema Novo só mesmo o Cinema Marginal. Heloisa Buarque e Antonio Brito resumem o consenso sobre o tema: "a marginalidade e suas formas de comunicação (...) são irreais e reacionários". A sentença negativa ao Cinema Novo e ao Cinema Marginal é feita em nome da ocupação do mercado e é consensual entre os colaboradores e os entrevistados. Os jornalistas só não explicam que todos falam mal do Cinema Marginal e do Super-8 porque só há um único representante superoitista. Enquanto os entrevistados dão por encerrado o Cinema Marginal, até 1973 o grupo estava coeso (Ramos, 1987a).

Se as declarações sobre o Cinema Novo o culpam pelo caráter hermético, os adjetivos para o "concorrente" Cinema Marginal não são nada elogiosos. Jabor refere-se ao cinema *underground* como "uma bobagem do fim da década que não vale nada"; porque foi uma paródia do Cinema Novo. As condenações ao *underground* são as mesmas do Cinema Novo: o formato não consegue atingir o público. Com essa argumentação, o semanário exclui das entrevistas não só os marginais, mas cineastas de outras tendências artísticas. A introdução de Hollanda e Brito não explica esta ausência no debate, nem oferece direito de resposta aos demais grupos. Sem trazer opiniões dissonantes, o periódico mostra-se contrário à experimentação. Portanto, essa coletânea não foi pluralista, ao excluir os marginais e os cineastas de mercado. A ausência dessas vertentes reflete as preferências do veículo pelo cinema político. O periódico nem se dá ao trabalho de lidar com as opiniões dissonantes; escolhe só as consonantes. Quando foge do díssono, *Opinião* aponta sem rodeios para seu próprio projeto de cinema.

Quando os cinemanovistas fazem sua *mea culpa*, eles apagam os questionamentos sobre sua produção atual. Sem a condenação *atualizada* do jornal ao grupo, percebe-se que o Cinema Novo desfruta de um grande poder de refração,[5] interceptando comentários negativos (Bourdieu, 2011). Quando os cinemanovistas colocam as críticas no passado, escondem as lutas travadas com os concorrentes. O mesmo não ocorre com o Cinema Marginal, que tem baixo poder de refração no jornal. Credita-se o fim do *underground* a uma questão estética; não política. Provavelmente por causa da censura, não se expõe ao leitor que os filmes marginais são políticos. Não se relaciona a forma alegórica dos dois grupos com a censura. *Opinião* não comenta os berros, atrocidades e desespero como sintomas dos marginais frente ao regime militar (Ramos, 1987). Como consequência o grupo é acusado de ser apolítico e formalista.

Opinião exclui os cineastas marginais, quando manifesta sua preferência pela ocupação de mercado a qualquer preço. Repensando o trabalho diário nos jornais, Bernardet (1978) explicou que os críticos deixavam de lado os filmes marginais porque não tinham instrumental metodológico adequado para apreender sua significação. Presos ao realismo, a maior parte deles era dependente do enredo e da dramaturgia para decompor o sentido dos filmes. Por outro lado, a denúncia do irracionalismo era uma forma de evitar os temas polêmicos. Havia no jornal uma preferência pelo Cinema Novo e pela valorização da

5 Os campos com maior autonomia sofrem menos com as influências externas, escapando das limitações impostas por outros campos. Nestes casos não há acesso às lutas travadas em seu interior. Já o campo como menor poder de refração sofre com maiores influências dos demais campos. (Bourdieu, 2001).

mensagem nos níveis mais explícitos da obra (Bernardet, 1978). Enquanto isso, os filmes sem sustentação verbal eram considerados alienados e despolitizados. Esse critério parece prevalecer em *Opinião* na maior parte das matérias.

Morte por elitismo ou assassinato do Cinema Novo?

Se a coletânea busca entender as razões do declínio do Cinema Novo, os motivos reais são apontados no meio dos depoimentos. Por exemplo, quando Jabor diz:

> Talvez os problemas existentes no país nos tivessem levado, num primeiro momento a uma tentativa de sair pela tangente. Primeiro um movimento meio escapista, uma tentativa de fuga direta, sair *geograficamente* ou sair *formalmente* do Brasil. (...). Agora, acho que a única posição possível de um artista consciente é a de aceitar que é brasileiro, esteja como estiver a situação. A outra saída foi de querer chegar à Europa ou por vias linguísticas ou pela solução alegórica (...). E essa narrativa ia se obliquizando de tal maneira que se tornou cada vez mais incompreensível, inexibível, inexistente.

Se os cineastas insistem na falta de contato com o público como causa do fracasso do Cinema Novo, todos enfatizam na entrelinha que a causa do hermetismo foi política. Afinal foi o regime militar quem impediu uma linguagem clara, levando aos protestos alegóricos. Esta série de depoimentos exige do espectador uma postura analítica e de decifração de significados. Assim entrevistados e entrevistadores condenam a *forma* do Cinema Novo, mas deixam intactos o conteúdo e o caráter autoral. Se o argumento não se estende ao Cinema Marginal, todos defendem indiretamente a conexão entre o conteúdo capaz de "captar" a realidade brasileira e a forma original (desde que não "hermética"). Não é a intenção política que está em jogo, mas a forma utilizada nos filmes para conquistar o público e o mercado.

A sintonia discursiva do Cinema Novo

Os testemunhos provam o quanto os cinemanovistas ainda compartilhavam muitas ideias. Se eles não se veem como unidade, permanecem como grupo coeso na maior parte da entrevista. Numa grande lamúria pela perda do Cinema Novo, um pouco da proposta do grupo se depreende nos depoimentos abaixo:

> O chamado ciclo do Cinema Novo, que é considerado enterrado e morto por todo mundo, mas ao mesmo tempo não surgiu nenhuma proposta cultural equivalente ou melhor (Gustavo Dahl).
>
> Não estou propondo soluções individuais, mas acho que como está tudo começando de novo devemos experimentar profundamente. Acho que, por exemplo, no ano passado surgiram três filmes (*Como era gostoso o meu francês, Os inconfidentes* e *Quando o carnaval chegar*) totalmente diferentes entre si, cada um correspondendo a um caminho próprio, mas que começam a desmontar e criticar toda essa mitologia dos anos 60 (Carlos Diegues).
>
> Acho que o cinema olímpico acabou, que a arte olímpica é uma arte que não interessa mais. E considero isso um pensamento de vanguarda, pois acho que o desafio da conquista de uma linguagem pública é uma busca de vanguarda. Confunde-se muito vanguarda com esoterismo, mas a vanguarda não

> tem que obrigatoriamente levar a um hermetismo. (Arnaldo Jabor)

Os cinemanovistas deixam aberto um caminho para os filmes com inovações. Reclamam um cinema de vanguarda, experimental, que atinja o público e seja engajado. Todos condenam a forma do Cinema Novo, ocasionada pela ditadura, mas depois defendem em coro a experimentação. Carlos Diegues observa uma continuidade nas recentes produções dos egressos e aborda indiretamente a presença do cinema autoral nos lançamentos. Nestes momentos, ele defende o retorno de um projeto muito próximo ao do Cinema Novo, como fez Dahl. Se todos não sentem falta do "hermetismo", não se pode dizer o mesmo sobre a função política do cinemanovista de Joaquim Pedro: "fizemos uma coisa que correspondia a uma necessidade histórica". Depreende-se aqui que o cinema de mercado não mantém o caráter original dos filmes. Para realizar esse projeto é preciso ressuscitar o Cinema Novo. Essa é a proposta indireta dos textos.

Nessa acrobacia linguística, Jabor defende o cinema de vanguarda que obtenha público, mas procura dissociar a vanguarda do "hermetismo da forma". Se todos condenam o hermetismo por causa da ocupação, indiretamente Jabor defende o cinema autoral para conquistar o público. A frase dele relembra um pouco Maiakovski: "sem forma revolucionária, não há arte revolucionária". É como se a ocupação do mercado precisasse de uma forma original, retornando ao Cinema Novo. Nesse sentido procurar a comunicação é o verdadeiro desafio da linguagem e deve orientar a pesquisa estética.

Há nos depoimentos uma tensão entre a ocupação do mercado e as possibilidades de linguagem. Joaquim Pedro chega a misturar as bases da linguagem moderna e clássica, quando declara que "assumir o lado moderno do cinema, que é justamente a possibilidade de se comunicar com a massa". Longe da visão consensual, ele não vê o cinema moderno como experimentação distante do público, mas como meio para dialogar com as massas. Há nestes depoimentos uma defesa do cinema autoral engajado, não exatamente uma preferência pela linguagem clássica. Já entre os críticos de *Opinião*, a linguagem convencional para atingir o mercado era um tema controverso por si só. Aqui o elogio não é simplesmente à captação da "realidade brasileira", ao mercado ou aos interesses do público. A preferência é pelo cinema autoral, sem preocupação com o lucro. Trata-se de uma missão em relação ao Brasil. Em entrevista, Bernardet concordou que havia um paradoxo entre a defesa da ocupação do mercado pelos críticos e uma reação deles contra essa mesma produção. "Isso existe até hoje. Acho que quanto mais *O som ao redor* está chegando aos cem mil espectadores, menos as pessoas estão gostando. É um vício estrutural de uma questão de preservação da cultura de um grupo que se quer hegemônico e muito restrito".

Toda Nudez é um filme político porque está no Roxy

A missão do intelectual nesta matéria desdobra-se na ideia de ocupação do mercado, que segundo Jabor, é por si só uma atitude política. O cineasta defende que *Toda nudez será castigada* (1972) é [o meu filme] "mais importante *politicamente*, pois está sendo exibido no Roxy e em grande circuito". Há nesta frase um desvio da função política do cinema para o tema da conquista do mercado. Contudo não se trata de uma simples defesa do cinema de mercado, porque a captação do público significa "(...) se apoiar nos mitos da indústria cinematográfica para poder ir contra ela". O sentido da mensagem é construído indiretamente, quando Jabor explica que a [doutrina de "segurança nacional" da] televisão não mostra um par de coisas reveladas por ele:

> A TV é um problema político, não é um problema cultural, é um problema de segurança nacional. A TV é a arma mais importante da integração nacional (...). E eu estou interessado em mostrar uma série de coisas que estão sendo proteladas, esquecidas e marcadamente soterradas pela TV, tais como liberdade, vida, verdade e uma série de valores que se você fugir com um Super-8 debaixo do braço estará ajudando a que fiquem esquecidas.

Vemos nesta coletânea que os cinemanovistas declaram a intenção de realizar a resistência dentro do circuito, mas negam uma possível "contaminação" porque fazem um trabalho crítico, contrário ao lucro. Zuenir Ventura sintetizou ainda em 1971 o receio dos intelectuais de admitir os interesses comerciais: "Tendo que atender mais ao requerido pelo consumo, (...) esses intelectuais se considerariam *produtores* e não *criadores*, fabricantes de produtos em série e não criadores de objetos únicos".[6] Se Ventura tematizou a ligação entre intelectuais e mercado, Bernardet (1978) problematizou a relação entre ocupação, Cinema Novo e Cinema Marginal nos artigos *Indagações sobre as significações políticas do Cinema Novo* e *Uma crise de importância.* O primeiro foi publicado no livro *Kino und Kampf in Latinamerika* em 1974 e o segundo na revista *Argumento* em 1973. Sem defender a ocupação a qualquer preço como *Opinião*, o crítico repensa o erro das motivações cinemanovistas. Para

6 "A crise da cultura brasileira". *Visão*, v. 39, n. 1, 05 jul. 1971, p. 52-58.

atingir o mercado, o melhor seriam os filmes comerciais. Afinal frisar as intenções políticas dos filmes não é um caminho fácil para chegar ao público. Por outro lado, para fazer cinema político o ideal não é escolher o grande circuito por dois motivos: nesses espaços as discussões políticas são preteridas e há um desinteresse do espectador por essa temática.

No texto *Uma crise de importância,* Bernardet (1978) tomou os depoimentos dos cinemanovistas desta coletânea de *Opinião* como síntese das contradições e da aproximação com o Estado. Ele questionou se o grupo estava "minando" o "sistema" "por dentro" ou se justificando por fazer parte dele. Se o simples ato de passar um filme no circuito exibidor seria suficiente como ato político, não seria necessária outra forma de resistência? A contradição do grupo, segundo ele, é a da necessidade de entrar no sistema para atingir o público comercial. Arthur Autran (2013) observa neste caso um curto-circuito ideológico, porque se afirmava o domínio do mercado interno como o principal objetivo, mas a justificativa vinha através da motivação cultural.

No fundo, o questionamento ao mercado indica a preocupação com o viés político. A contradição que o jornal evita entrar é a do cineasta que defende a ocupação, mas despreza o cinema comercial. Trata-se do paradoxo do período de lutar pela autonomia da arte e aceitar a necessidade de dialogar com o mercado. Se a conquista do mercado é o ponto consensual entre os entrevistados dessa coletânea, os testemunhos revelam dois importantes pontos dissonantes: *a linguagem utilizada* e *o cinema comercial.*

A defesa inicial da linguagem clássica não é sinônimo de ocupação. Um pequeno foco de discordância começa com o papel da emoção. Eduardo Escorel prefere a linguagem clássica e reprova a supressão do prazer cinematográfico. Geraldo Sarno e

Gustavo Dahl foram os únicos a defender o uso da emoção. Eles adentram num campo minado em *Opinião* ao defender a "sensibilização" num jornal que vê a emoção com interesse comercial e melodrama de baixa qualidade artística. Nessa direção vai Dahl:

> O que a indústria pede do cineasta é que ele se dirija ao máximo denominador comum, que chegue aos sentimentos mais elementares que são comuns a grandes camadas da população – de usar como matéria bruta a emoção do espectador. Do ponto de vista do cinema mágico terapêutico, isso não é mau. Porque se vai trabalhar, como no cinema americano, na área dos grandes sentimentos.

Aqui, Dahl defende a emoção no cinema, justamente num jornal que condena o viés ideológico dos filmes hollywoodianos. Num primeiro olhar, ele parece incorporar o ponto de vista da indústria quando não questiona sua visão de mundo. Porém a ideia de emoção era a base para mobilizar o público. Dahl tentou trazer a emoção em sentido político quando fez *Uirá* (1973). As discordâncias em torno da ocupação neste texto aparecem a partir da comédia erótica. Se Dahl é o único a elogiar a política cinematográfica, dois anos depois, ele assumirá o setor de distribuição da Embrafilme.

Não se pode esquecer que a defesa da conquista do mercado em Dahl já estava presente nos artigos dele para a *Revista Civilização Brasileira* em 1966.[7] Nesta entrevista, Dahl vê a comédia erótica como elemento positivo na conquista do mercado; visão única

7 Para maiores detalhes ver Bernardet e Galvão (1983) que consideram a evolução do pensamento de Dahl extremamente coerente. O radicalismo

nos depoimentos. Num jornal de intelectuais de esquerda, o cineasta enxerga o gênero como forma de se liberar sexualmente. O argumento é sempre contestado em *Opinião* como um subterfúgio do mercado para lucrar mais. Ninguém no semanário de Gasparian discutia o mercado sem prescindir dos argumentos de fundo moral ou ideológico. Quando Dahl justifica a ocupação a qualquer preço, ele retira de pauta a preocupação ideológica, sem questionar a lógica do lucro, postura que ficará famosa com a publicação do artigo *Mercado é cultura*.[8] Dahl parece encaminhar-se para o reconhecimento da superioridade da lógica do mercado e naturalização das relações econômicas, aceitas como princípios incontestáveis e universais. Só que o argumento dele em *Opinião* tem um movimento problematizante, acompanhado da função política do intelectual.

Joaquim Pedro tem uma postura mais complexa sobre a ocupação. Ao mesmo tempo, ele considera fundamental a exploração crítica junto às massas, mas se preocupa com a "prostituição" na busca de audiência. Os dissensos sobre os limites da ocupação entre o grupo revelam disputas em torno do cinema comercial, que é o maior adensador de discórdias. Exceto Gustavo Dahl e Joaquim Pedro, todos condenam as obras voltadas ao lucro. Carlos Diegues tem a postura mais negativa e aborda o gênero comercial como algo sem originalidade e como cópia do modelo estrangeiro. Analisando a produção comercial como parte da engrenagem capitalista, o grupo se vê imune "à

---

foi deixado de lado quando ele tomou ciência da realidade do mercado. Daí em diante, Dahl questionava a falta de contato do Cinema Novo com o público. Para os autores, a acusação de virada ideológica posterior não procede porque as inflexões dele ocorreram muito antes.

8 "Mercado é cultura". *Cultura*, Brasília, v. VI, n. 24, jan. mar. 1977.

contaminação" do sistema porque realiza filmes comerciais "críticos". Assim o interesse pelo formato comercial é visto apenas como uma forma de atingir o público. Se os cinemanovistas e *Opinião* fazem tábula rasa do cinema de gênero, a contradição desse argumento é desejar ocupar o mercado, mas prescindir desse tipo de filme. A solução encontrada para o embate entre comércio e arte é citar *Macunaíma* (1969) de Joaquim Pedro de Andrade como filme autoral original que conseguiu conquistar o público. Portanto, *Opinião* não defende simplesmente a linguagem clássica e a ocupação como opção pelo mercado; mas prioriza o modelo de *Macunaíma*.

A polêmica de Gustavo Dahl – o cinema como higiene mental

As discordâncias dos cinemanovistas apontadas acima não chegam a desestruturar a união entre eles. Porém, há um afastamento gradual de Gustavo Dahl. O ponto de discórdia é o cinema comercial, pois o realizador de *O bravo guerreiro* (1968) é o único a defender o mercado, prescindindo da discussão ideológica. O depoimento de Dahl para *Opinião* nesta série de entrevistas tornou-se polêmico pela seguinte declaração:

> Pode parecer radical mas estou absolutamente convencido que a função social do cinema é a higiene mental da população. E isso coloca a necessidade de uma visão de mundo um pouco mais globalizante que a política. Pode ser a mudança de valores, de uma civilização. No meu primeiro filme, *O Bravo Guerreiro*, eu criticava as possibilidades da democracia parlamentar. Hoje, no *Uirá*, o que estou colocando em questão é a cultura branca, a civilização ocidental.

Dahl usa aqui outra palavra *proibida* num jornal de intelectuais de esquerda: a defesa da "higiene da população", numa referência positiva à função de entretenimento. Essa declaração foi considerada uma mudança de discurso, apologia ao entretenimento e oposição ao engajamento por Ortiz Ramos (1983). Pensar o cinema como uma "válvula de escape" denotava para a esquerda apatia "ideológica" infringida pelo ato de diversão. Significava a impossibilidade de atingir a emancipação crítica por causa do conteúdo da produção industrial. Ortiz Ramos vê as formulações de Dahl como um endossamento acrítico da industrialização e como consequência da política cultural.

Já Renato Ortiz (2006) inclui esta declaração de Dahl como exemplo dos que *questionaram* o Cinema Novo. É quase como se ele visse Dahl como parte do *aparelho ideológico de Estado*. Para explicar a argumentação, Ortiz esclarece a forma encontrada pelo Estado autoritário para condenar o caráter político do cinema: o regime criticava o Cinema Novo e o cinema político *em nome do público*. Dessa maneira, a ditadura escondia o caráter ideológico de suas preferências ao reprovar o viés "elitista" e desinteressado do público, e não o conteúdo de esquerda dos filmes. Para Ortiz, os cinemanovistas estavam em sintonia quando o assunto era criticar o Cinema Novo. O problema era desviado do político para o interesse do público consumidor. Dessa forma o Estado mostrava-se como espaço da neutralidade. Se Ortiz explica o funcionamento do discurso do regime, o viés não é suficiente para entender os cinemanovistas. Quase concomitante a essa declaração, o cineasta tocou no mesmo assunto em *Filme Cultura*, ampliando o contexto:[9]

9 "Premissas a um projeto de cinema brasileiro". *Filme Cultura*, 6 (20): mai. jun. 1972, p. 50-2.

> Os meios de comunicação de massa se encontram na encruzilhada de uma função higiênica (diversão), com uma função social (informação, isto é, formação). É esta segunda, moderna e misteriosa, que supera a passividade limitada da primeira e confere ao filme, que pode ser um simples produto, a categoria de ato social e civilizatório.

Neste texto Dahl explica melhor a declaração dada ao jornal *Opinião*, porque a frase pressupõe uma tensão entre a função de diversão e de formação. Assim o pensamento dele deve ser analisado em termos gerais, não numa única afirmação. Afinal o discurso dos cinemanovistas nesse período não é simples, porque pressupõe mudanças, hesitações, contradições e mensagens indiretas, mas tudo isso não é sinônimo de *adesão* ao regime. Seguindo a linha de raciocínio acima, as ressalvas de *Opinião* ao conteúdo elitista do Cinema Novo significam uma condenação ao cinema político em nome da conquista do público? Não. Num periódico censurado, as declarações dos cinemanovistas devem ser lidas no que é preciso não dizer para poder dizer. O semanário não defende o gosto do público; geralmente até o despreza. Sua luta pelo cinema político visa à conscientização. Por esse motivo, o jornal condena o hermetismo da linguagem, por impedir a conscientização do público. O signo é trocado com a ideia de entretenimento proposta por Renato Ortiz. Neste novo sentido, a defesa da emoção e o uso da linguagem clássica são armas para a conscientização. A declaração de Dahl difere dos comentários em *Opinião*, que desprezam o papel da emoção. Se ele defende a função de divertir, interpretada erradamente como negação da função política do cinema, a frase seguinte muda tudo. Dahl declara em *Opinião* que se o cineasta:

> está a fim de transar com o povo, a massa, tem que usar a linguagem dessa massa e tem que se usar as necessidades dela. Em vez de uma visão aristocrática, intelectual, falsamente cultural, acho que bastaria que a gente descobrisse dentro da gente o que é povo. (...) No momento em que os artistas se descobrirem *participantes* [grifo nosso], eu acho que eles terão resolvido uma porção de problemas, como artistas, da arte, da arte brasileira, e, sendo um pouco mais utopista, estarão também ajudando o povo brasileiro a evoluir em todos os sentidos, material e espiritualmente.

Se Dahl falasse somente em prol do cinema comercial, na frase seguinte ele não faria referência ao conceito de intelectual participante. A grande novidade é que Dahl está a meio caminho entre *Opinião* e o conceito de intelectual participante de Antonio Candido (2011). Ele quase teoriza o caminho para o intelectual *comunitário* da AP (Ação Popular), quando fala em "transar" como forma de trabalho conjunto com o povo. Porém, no meio da declaração, o cineasta volta ao ideal do arauto ou dirigente da cultura que "ajuda o povo a evoluir". Há uma tensão entre ser dirigente, fazer parte da comunidade e participar de uma ação coletiva. Literalmente no meio do caminho, Dahl procura se encaminhar para o polo do intelectual que age na comunidade junto ao povo. Ele hesita e não consegue se integrar totalmente ao conceito de Gramsci (1968) e de Florestan Fernandes (1976) de imiscuir-se com o povo, nem com o conceito sartriano (1994) do intelectual que participa e se deixa "penetrar" pelas classes desfavorecidas. A hesitação revela o quanto ele ainda se via como ser à parte do povo, como dirigente.

É inegável a *tensão* em Dahl entre *a defesa do cinema* feito para o mercado como uma *forma universal* e a preferência indireta pelo *conteúdo* político do cinema. Essa discussão não era só de Dahl, mas do período. Esse discurso antagônico criava *variações*. Em *Opinião*, num nível *superficial*, ele parece tomar partido do cinema comercial. Mas, ao contrário, no texto para *Filme Cultura*, Dahl defende explicitamente o cinema crítico, contra o filme de mercado. Este último artigo também gerou polêmicas. Ortiz Ramos (1983) viu o texto como "síntese que situa-se num nível de despolitização da cultura superior até mesmo ao da PNC" (Política Nacional de Cultura). Isso porque Dahl envereda pelo argumento de preservação da cultura, mas enquanto a PNC é de 1975, o texto da revista *Filme Cultura* é de 1972. Fato é que muito antes da PNC, o Cinema Novo já defendia a busca da cultura brasileira autêntica. Ortiz Ramos não aceita que Dahl veja o cinema industrial como uma "fôrma" sem ideologia, onde se pode encaixar qualquer conteúdo. Para o período, uma declaração como esta facilmente geraria um mal entendido porque a defesa do cinema comercial significava "vender-se" ao sistema. A discussão do mercado não podia prescindir do argumento ideológico, condenando justamente a visão liberal. Mas como vimos, Dahl estava mais próximo da busca de lacunas e fissuras defendida em *Cahiers du Cinéma* por Narboni e Comolli, sem ver obrigatoriamente o cinema americano como algo negativo.

Se no geral Dahl defendia o mercado, as declarações seguintes negam as primeiras afirmações. O tom é problematizante. É preciso tentar separar o discurso dele enquanto crítico, antes e depois da Embrafilme. Ortiz Ramos constrói sua argumentação a partir de uma frase, mas na continuação o cineasta toma outro rumo. Uma diferença precisa ficar clara. Em *Opinião*, a sentença sobre a função de higiene é cortada pela metade. Neste texto, Dahl não comenta o papel crítico do cinema. Há três possibilidades: a frase pode ter sido excluída da edição final, talvez o cineasta não tenha concluído o raciocínio ou tenha se voltado mais ao argumento mercadológico. Entre os dois textos há uma diferença de um ano. *Um ano antes*, em 1972, na revista *Filme Cultura*, Dahl defende o cinema crítico e a função de formação. No fundo, ele elogia o cinema autoral, mas não demonstra essa equação. É essa a função misteriosa e moderna que "confere ao filme a categoria de ato social civilizatório". Se a palavra civilizatório tem sentido negativo, talvez ela traga a função de conscientizar o público, porque Dahl a utilizava para falar de *Uirá*. Há uma inadequação dessa terminologia, que aponta para uma correção dos costumes populares em prol da superioridade dos valores ocidentais.

Com o título "Premissas a um projeto de cinema brasileiro", Dahl em *Filme Cultura* sinaliza a existência de um plano bem estruturado. Muito longe de uma incorporação pelo mercado, o cinema que tem como "função" a "formação" não é ninguém menos que o Cinema Novo. Entretanto, Dahl não cita o nome do movimento:

> Atualmente existe no Brasil uma indústria cinematográfica em processo de implantação (...), mas desprovida de uma ideologia, isto é, indiferente à missão de descobrir os valores de sua civilização. E existe também um movimento cultural-cinematográfico que esgotou na prática as tendências elitistas, enquanto recuperava o atraso que o cinema brasileiro mantinha em relação ao cinema mundial. Tudo leva a imaginar um encontro destas duas realidades e a prever que o

> cinema, como arte, como meio de comunicação de massas, conhecerá em nosso país a sua ressurreição.

É como se ele quisesse unir o sonho do cinema independente com o industrial e o autoral. Numa leitura sintonizada com o período, incomodava Dahl negar o conteúdo ideológico do cinema industrial. Talvez ele estivesse um pouco além de *Opinião*, ao separar a discussão do conteúdo e da forma. Para o contexto brasileiro, a frase podia indicar ingenuidade ou incorporação pelo mercado. Dahl vê o cinema como uma "fôrma" onde se pode acrescentar qualquer conteúdo. O trecho revela, assim, um deslocamento do sentido de ideologia para a missão do intelectual de descobrir os valores sociais. Portanto a ideologia ausente na indústria é a "contra-ideologia" do Cinema Novo. É este movimento quem irá descobrir os valores da "civilização".

Essa é a defesa de Gustavo Dahl do cinema comercial: a industrialização do cinema "como arte", isto é, a industrialização do Cinema Novo. Com esse segundo trecho, a citação anterior adquire outro significado. A oposição entre a função de diversão e a função de formação é a divisão entre o cinema industrial e o cinema crítico. Para ele, a diversão do cinema industrial precisa reencontrar-se com a função de formação do cinema crítico. A ideia de ressurreição é a do Cinema Novo, após a correção do problema da linguagem hermética, que impede o contato com o público. É preciso compreender os antagonismos de Dahl como parte das contradições do próprio intelectual (Sartre, 1994) e como parte do pensamento da intelectualidade que faz uma aliança com o Estado autoritário em prol do cinema. Para entender Dahl num jornal censurado como *Opinião* é preciso seguir a forma problematizante do seu texto e compreender seu projeto político. A frase polêmica de Dahl não significa uma negação do caráter político dos filmes, afinal ele saia da discussão sobre a democracia partidária em *O bravo guerreiro* para atingir um debate sobre o cerceamento à liberdade de expressão em *Uirá*. Provavelmente a forma de escrita de Dahl por antinomias revele um viés ensaístico dialético. Talvez ele seja o maior indício do discurso contraditório dos cinemanovistas em relação ao Estado.

Intelectuais cinemanovistas e estado autoritário: a tensão entre os gêneros jornalísticos

A partir de 1974, os cinemanovistas aproximam-se do Estado tendo em vista sedimentar uma política cinematográfica nacionalista na Embrafilme.[10] Esse envolvimento teria gerado acusações de cooptação na imprensa, especialmente em *Opinião*. O ápice desse debate parece ter sido o artigo de Glauber Rocha à revista *Visão*:

> *Visão* me pede para responder alguma coisa, eu também estou procurando uma resposta, a rainha Tomíris que matou Ciro era de um povo que costumava sacrificar aos deuses mais potentes os mais velozes seres humanos. Quando saí do Brasil, em 1971, deixei nas mãos do Tarso e do Maciel um artigo pra *Já*, onde anunciava que em 1974 baixava uma luz e as sete cabeças da besta se desintegrariam (...). *Visão* me pede para responder sobre arte no Brasil de 1964-74: são dez anos de Bode, daquele Demoz que crava

10 Tratamos os cinemanovistas nos anos setenta como grupo detentor de um projeto cinematográfico para o Brasil, seguindo Ismail Xavier (2001) que os vê como um grupo de pressão política junto à Embrafilme.

> fundo as patas no dorso da plebe. Reagimos, o sangue correu em Jardim das Piranhas, Antonio das Mortes falou ao terceiro mundo, esperamos agora, sobretudo Eu, que sou protestante, Luz e Ação.
>
> Acho que Geisel tem tudo na mão para fazer do Brasil um país forte, justo e livre. Estou certo inclusive que os militares são os legítimos representantes do povo. Chegou a hora de reconhecer sem mistificações, moralismos bobocas, a evidência: Costa era quente, frias eram as consciências em transe que não viram pintar as contradições no espelho da história. (...) Os fatos de Geisel ser luterano e de meu aniversário ser 14 de março, quando completo 35, me deixam absolutamente seguro de que cabe a ele responder às perguntas do Brasil falando para o mundo. Para surpresa geral, li, entendi e acho o general Golbery um gênio – o mais alto da raça ao lado do professor Darci. Sou um homem do povo, intermediário do cujo, e a serviço.
>
> Força total pra Embrafilme, Ordem e progresso.[11]

Esta declaração é o ponto de partida para pensar como *Opinião* lida com o tema. O texto causou espanto, vindo de um cineasta exilado. Ismail Xavier (2001, p. 136) explica que Glauber Rocha deu entrevistas sobre o poder que causaram estranhamento pelo tratamento da questão militar: "Na sua visão, o civilismo e a democracia liberal não estão no centro da crítica à ordem vigente, pois sua ideia de libertação nacional não exclui uma via militar e despótica, desde que carismática e antiimperialista, nacional e popular". Como de costume, esta declaração

11 Rocha, Glauber. "Abaixo a Mistificação". *Visão*, n. 5, 11 mar. 1974, p. 154-155.

de Glauber Rocha pressupõe mais de uma possibilidade de leitura. Algumas partes são bastante óbvias, como referir-se ao regime como "dez anos" de "bode" que "crava fundo as patas no dorso" do povo. Ou quando Glauber cita a besta de sete cabeças, que vai se desintegrar em 1974 (leia-se abertura política). A comparação com Antonio das Mortes é ambígua. Em *Deus e o Diabo na Terra do Sol* (1964), Antonio das Mortes é o matador de cangaceiros, mas é também o agente catalisador das mudanças. Pela violência (do regime), ele levará indiretamente à revolução do povo. O cineasta utiliza outros recursos. Glauber inicia algumas frases com premissas frágeis para desconstruir sentidos e transmitir mensagens. Por exemplo, "porque" o aniversário de Geisel é 14 de março e ambos são luteranos, os fatos o "deixam absolutamente seguro de que cabe a ele responder às perguntas do Brasil". Portanto, os fatos não dão a ele nenhuma segurança.

Para entender a declaração de Glauber é preciso compreender o discurso cinemanovista sobre a política cinematográfica. O grupo ainda via o Estado como protetor da cultura e o grande responsável pelo desenvolvimento do cinema brasileiro (Ramos, 1983). A partir do governo Médici, o regime passou a adotar paulatinamente uma perspectiva nacionalista de incentivo ao cinema brasileiro, que ao longo dos anos deu bons resultados de bilheteria. Além disso, a própria classe cinematográfica conseguiu indicar Roberto Farias para presidente da Embrafilme. Esse novo discurso possibilitava uma coalizão em prol da produção nacional com signos invertidos com o Cinema Novo.

A postura da historiografia sobre esse assunto nasceu polarizada. Ortiz Ramos (1983, p. 125) viu o discurso estatal como uma tentativa de desarticular a oposição através da incorporação do projeto nacionalista da esquerda. Segundo ele, a imprensa frisava a cooptação dos cinemanovistas que adotaram uma perspectiva do popular despolitizada e em "total convergência" com a PNC (Política Nacional de Cultura). Enquanto isso, Randal Johnson (1987) viu a relação entre cinema e Estado como complexa e avessa à ideia de cooptação. Ele descreve a associação como uma convergência de interesses e um casamento de conveniência sob a vigilância dos órgãos censores. A terminologia "cooptação" e "adesão" dos cinemanovistas é típica daquele momento e precisa ser revista, porque a compreensão das lutas culturais não deve ficar refém da dicotomia entre resistência e cooptação (Napolitano, 2011). Afinal era difícil equacionar as contradições de um regime que matava comunistas e financiava filmes de artistas de esquerda.

A historiografia dos anos oitenta prova a condenação da *imprensa* aos cinemanovistas com as matérias de *Opinião*. Portanto, nosso objetivo é verificar se o semanário endossou o coro de críticas ao grupo ou se aderiu ao seu ponto de vista. Analisamos os artigos em sua totalidade, desmembrando as significações não imediatas do discurso dos cineastas. Levamos em consideração se a autoria dos artigos é ou não dos cinemanovistas, se os textos são editoriais ou entrevistas com a primazia do gênero informativo ou opinativo. Afinal a forma da escrita constrói significações que extrapolam o sentido linear de leitura devido à censura. Ao mesmo tempo, tomamos cada crítico como sintoma das disputas internas do jornal e da Frente Cultural.

Um sinal de fissura: a radicalidade do jornal

O primeiro comentário negativo aos cinemanovistas não foi publicado em *Opinião*, mas no jornal alternativo *Movimento*.

Numa nota, o jornalista Maurício Azedo, ligado ao PCB, fez uma condenação direta ao grupo.[12]

> Os 68 milhões de cruzeiros atribuídos pelo governo federal à Embrafilme para a produção de fitas no País subiram à cabeça de alguns cineastas brasileiros, que na ânsia de pôr a mão nesses recursos, (...), estão justificando uma adesão incondicional ao poder. (...) O açodamento com que certos cineastas do Cinema Novo oferecem adesão ao governo reflete as dificuldades em que se encontram os produtores e diretores de cinema, que perderam as perspectivas profissionais, (...) - e também um pouco do pudor. (...)
>
> De olho na verba, (...) Saraceni faz a apologia do governo. (...) Ao contrário de Glauber, que está fazendo filmes no exterior com recursos de produtores dos países que percorre (....), Saraceni procura apenas sustentação política para obter os Cr$ 3 milhões necessários à realização de seu filme *Anchieta, José do Brasil.* (...).

No caso de Glauber, o depoimento sobre Geisel não significou um desmerecimento ao seu trabalho, porque Azedo separa a declaração do cineasta de um lado e o conteúdo do filme de outro. Essa atitude não se estende a Saraceni que usou dinheiro público. A condenação de Azedo indica um questionamento de um membro do próprio PCB à aproximação com o regime militar, quando foi essa ala quem se aproximou mais da política cultural. Na ver-

---

12 Azedo, Maurício. "O grito de Glauber e alguns vagidos". *Movimento,* n. 12, 21 set. 1975, p. 2.

dade, a citada prova da condenação de *Opinião* aos cinemanovistas é uma nota que comenta a matéria do jornal concorrente:

> Parece que a adesão de Glauber Rocha ao governo ganhou mais um seguidor: Paulo César Saraceni. (...) Bajular o governo seria uma maneira de Saraceni conseguir os Cr$ 3 milhões necessários para filmar *Anchieta, José do Brasil*, que, segundo o cineasta, é uma 'figura santa, mágica, histórica na defesa dos índios e na defesa da alma do povo brasileiro'. (...) Se deduz que Saraceni poderia ter sido bem mais objetivo, direto, claro. Na verdade, ele quer saber apenas se o cheque já está pronto e se já pode passar na caixa', termina Maurício Azedo.[13]

Este tom ríspido e planificado sobre as relações entre cineastas e Estado *só aparece esta única vez* em *Opinião*, incorporando partes do texto de Maurício Azedo. A condenação não versa sobre um comprometimento ideológico, mas sobre o auxílio financeiro. O tom presente nesta matéria coincide com a ideia de cooptação a que Ortiz Ramos faz referência. Há uma diferença importante na nota de *Opinião: ela não está assinada* e procura se validar através dos comentários do jornal *Movimento*. Vemos esse texto como sinal da disputa interna que recebe pouco espaço na edição final. Uma nota não basta como prova do projeto editorial, porque *Opinião* é síntese das fissuras da esquerda e não teve uma postura única neste caso.

13 "A adesão de Saraceni". *Opinião*, n. 151, 26 set. 1975, p. 23.

As entrevistas dos cinemanovistas: o gênero informativo

Nenhum crítico de cinema de *Opinião* dedica um artigo inteiro para analisar a Política Nacional de Cultura e a relação dos cinemanovistas com o Estado. Nesta mesma linha, o jornal apenas transcreve numa matéria alguns trechos deste documento.[14] O artigo não deve ser tomado como prova do alinhamento com a diretriz estatal por causa da inexistência de contestações ao seu conteúdo. Afinal, o comentário crítico está no título: "alma nacional para consumo". A matéria não tem contestações ao documento oficial, mas deve ser lida como *estratégia da política do silêncio* frente à censura.

Os textos de *Opinião* citados pela historiografia são *entrevistas*, *exceto* o artigo de Carlos Diegues. Estes espaços críticos não são editoriais (espaço por excelência da opinião do jornal). Quando um jornal dá voz aos entrevistados, quando abre espaço para seu corpo de críticos, ou quando publica artigos de terceiros, esse discurso não corresponde necessariamente ao discurso editorial e pode apontar para disputas internas, que existem em qualquer *campo*. As entrevistas esclarecem as opiniões dos cinemanovistas sobre a política cinematográfica, como se os cineastas falassem diretamente aos leitores, "supostamente" sem a interpretação do jornalista.[15] Sob o discurso de neutralidade e da atualidade, os articulistas não compõem artigos essencialmente opinativos. São entrevistados Eduardo Escorel, Arnaldo Jabor, Gustavo Dahl

---

14 "Política Nacional de Cultura. A alma nacional para consumo". *Opinião*, n. 208, 29 out. 1976, p. 20.

15 Obviamente há a mediação do jornalista na entrevista, através da seleção das perguntas e da edição do texto. Sobre os gêneros jornalísticos, ver José Marques de Melo (1985).

e Nelson Pereira dos Santos.[16] A relação com o Estado não é o tema principal de nenhuma delas. Entre as perguntas, inclui-se a conexão com o regime. Ao dar espaço ao grupo do Cinema Novo para apresentar suas ideias, *Opinião* debatia um assunto do momento, mas não deixava isso claro aos leitores. Num jornal atento ao gênero informativo, esse apagamento é significativo. Portanto, analisamos as fissuras entre o discurso cinemanovista e o do entrevistador, na introdução ou nas perguntas para esclarecer se o crítico endossa ou condena as afirmações.

A entrevista de Gustavo Dahl

Antes de assumir o cargo de diretor de distribuição da Embrafilme, Gustavo Dahl concede um depoimento a Jean-Claude Bernardet.[17] O tom sobre a política cultural é otimista: "Estamos fazendo progressos", declara ele. Ao falar na primeira pessoa do plural em nível mais imediato, o texto quase anula a distância em relação ao discurso oficial. Na verdade, ele parece falar em nome da classe cinematográfica. Mas olhando de perto, Dahl faz uma síntese crítica do vínculo cinemanovista com o Estado. Como se falasse da relação entre os "artistas modernos" com o "Estado Novo", ele comenta: "Tenho impressão de que houve uma espécie de reconciliação do setor oficial com a função social do cinema. No fundo é um compromisso entre a ten-

16 A distância cronológica entre todos esses textos é grande. Carlos Diegues publicou um *artigo assinado* em setembro de 1975. Além desse texto, são entrevistados: Gustavo Dahl em 1974, Nelson Pereira dos Santos em fevereiro de 1975, Arnaldo Jabor em outubro de 1975, e Eduardo Escorel em 1976.

17 Dahl, Gustavo. "O importante é conquistar terreno ao filme estrangeiro". Entrevista concedida a Jean-Claude Bernardet. *Opinião*, n. 107, 22 nov. 1974, p. 20-1.

tativa de impor um cinema oficial e a impossibilidade de ignorar o consenso." Se a relação para Dahl estava mais para negociação do que união, Bernardet completa na introdução que o Estado não só incentiva, mas "pode orientar". Na sequência, o crítico interrompe Dahl quando ele utiliza o argumento da naturalização das relações entre Estado e cultura: "você não acha o seu conceito de cultura um tanto monolítico e próprio da classe dominante?" Temos claramente uma tensão entre os dois discursos, mas Bernardet não taxa Dahl de adesista.

A política cinematográfica global de Nelson Pereira dos Santos

Por conta do lançamento de *O Amuleto de Ogum*, Nelson Pereira concede uma entrevista a Jean-Claude Bernardet, cuja segunda parte inteira é dedicada à política cinematográfica.[18] O cineasta é apresentado como membro de uma comissão de reestruturação dos órgãos públicos e como um dos "principais responsáveis pelas negociações em andamento entre governo e cineastas". A palavra utilizada é bastante indicativa do olhar de Bernardet. O trecho não fala em *aliança*, mas em *negociação*, sinalizando uma troca comercial sem objetivos iguais. Bernardet mantém a estratégia de distanciar-se do discurso do diretor. Os comentários manifestam-se especialmente na introdução, mas os silêncios e indagações não respondidas podem incomodar o leitor. De qualquer forma, o entrevistador não endossa, nem bate de frente contra as declarações. Já na introdução, Bernardet faz um contraponto entre os dois discursos:

---

18 Santos, Nelson Pereira dos. "Caxias, para mim, é a capital cultural do Brasil". Entrevista concedida a Jean-Claude Bernardet. *Opinião*, n. 119, 14 fev. 1975, p. 19-21.

> Nelson Pereira dos Santos *acredita* [*grifo nosso*] que se a Embrafilme tornar-se, além de produtora, também distribuidora e exibidora – transformando-se assim numa espécie de centro da economia do cinema nacional – seria possível torná-lo mais forte e naturalmente mais apto a conquistar o público brasileiro. (...)
>
> *O argumento imediatamente utilizado contra* [*grifo nosso*] essa aproximação entre cinema e Estado é o possível aumento de controle por parte desse último sobre a produção e consequentemente a criação dos filmes brasileiros. A interferência efetiva da censura, atualmente restringida ao nível da exibição, poderia estender-se à própria escolha de temas e ao tratamento. Nelson Pereira dos Santos *não acredita nisso* [*grifo nosso*]. Partindo da premissa 'centralização dos meios econômicos, descentralização da criação', *ele acha que* [*grifo nosso*] não haveria interesse do governo em criar uma produção centralizada, do tipo oficial, uma vez que o objetivo comum é 'ganhar o público brasileiro'.

Quando afirma "Nelson Pereira dos Santos não acredita nisso", Bernardet coloca-se no texto para distanciar-se do diretor. Comentando a possibilidade de censura já na escolha dos temas, o crítico contesta o diretor porque se trata de uma ditadura. Daí a frase seguinte do cineasta reveste-se de um cunho opinativo contestável.

O ponto alto do artigo é o momento no qual Nelson Pereira sinaliza que o projeto não é do Estado, porque a paternidade é da classe cinematográfica: "Os órgãos de classe (...) conseguiram elaborar um programa para a implantação de novas bases no cinema brasileiro para dar esse salto, e esse programa foi aceito pelo atual governo e está sendo posto em execução". Como Gustavo Dahl, ele parece falar em nome do Estado ou da comissão da qual faz parte: "o que estou dizendo é que não vai haver protecionismo". O discurso construído para isso é a lógica neutra do capital, numa "política traçada cientificamente de mercadológica". Nelson Pereira desenvolve um argumento de que o Estado será somente um "parceiro" econômico. "Como empresário, ele não terá condições de controlar a criação, porque o empresário precisa da criação livre e cada vez mais forte". Ortiz Ramos (1983, p. 131) viu essa declaração como prova do esvaziamento político de Nelson Pereira. A evidência seria a proximidade cronológica entre o lançamento de *Amuleto* e a publicação da PNC, porque os dois fazem referência à ideia de cultura autêntica. Contudo, tal crença é muito anterior ao ano de 1975.

O argumento de Nelson Pereira neste texto é o da *neutralidade do Estado*, chave explicativa para o discurso cinemanovista. A visão era típica da esquerda, que tentava ver no Estado um protetor do cinema sem a pecha da associação com o governo. Bernardet (1979) observa essa perspectiva como a última esperança do bloco nacionalista para justificar o ônus indesejável com a situação política. Quando este vínculo poderia criar um compromisso ideológico indesejável, reforça-se a ideia de neutralidade estatal. Mário Brockmann Machado (Miceli, 1984) observou que alguns setores da sociedade perceberam uma autonomia ampla das agências do governo e viram esses órgãos como "agências de socialização política", isto é, como arenas políticas e espaços a democratizar. A tese da neutralidade do Estado não era uma novidade. Há uma forte tradição política e intelectual brasileira que vê o poder público como sujeito da história. O próprio Daniel Pécaut (1990) mostra como a articulação dos intelectuais está constantemente ligada ao Estado. Do mesmo modo, ao longo da história do cinema brasileiro não era costume conceber o desenvolvimento industrial sem o auxílio estatal (Ramos, 1987).

A tensão entre os gêneros jornalísticos na polêmica com Arnaldo Jabor

No final de 1975, Jabor lançava *O Casamento* (1975), quando Clóvis Marques o entrevista para *Opinião*.[19] A época coincide com a publicação da Política Nacional de Cultura. Se o filme parece ser o centro da discussão, as perguntas e respostas *giram* em torno da política cinematográfica, numa disputa acirrada entre cineasta e crítico. De todas as declarações, Jabor foi o que menos problematizou a união com os órgãos estatais de cinema. Quando questionado, ele muda de assunto ou ataca a crítica de cinema "esteticista", que imagina o governo obrigando os cineastas a "fabricar epopeias dirigidas". A declaração não está errada, porque mais de um filme crítico ao sistema foi feito com o apoio estatal. Por outro lado, o realizador deixa de lado a presença da censura. Jabor endossa os elogios de Glauber a Geisel e Golbery, porque os dois "lutam" para "abrir caminhos ao cinema brasileiro" contra a "máfia" das distribuidoras estrangeiras. O argumento é a da necessidade econômica de enfrentar o cinema estrangeiro. Fato é que o discurso problematizante sobre o Estado não está presente na entrevista.

O tom de Clóvis Marques em relação a Jabor é negativo, ora direto, ora na entrelinha. A primeira condenação aparece logo no subtítulo: "O cineasta de *Toda Nudez Será Castigada* está con-

---

19 Jabor, Arnaldo. "Jabor não esconde o jogo". Entrevista concedida a Clóvis Marques. *Opinião*, n. 152, 03 out. 1975, p. 20.

tra a crítica e a favor do ministro Ney Braga". Ser contra a crítica sinaliza quase uma união indevida com o Estado. As frases sintetizam uma tensão entre reprovar a proximidade com o Estado e desejar ocupar o mercado. O crítico não dá uma resposta única ao problema, mas aproveita para adentrar no tema da liberdade de expressão frente ao aparelho estatal. Ele pergunta se a associação com o Estado é uma garantia do final da censura. A frase é irônica, ao insinuar que a censura não precisará atuar porque os cineastas não farão protestos. Marques não afirma a "adesão" ao Estado, mas solicita sem sucesso a abertura do debate. Não é possível afirmar que *Opinião* tenha uma atitude hostil com Jabor por causa desta declaração. Afinal os comentários negativos datam do lançamento de *Toda nudez será castigada* (1972). Marques nem por um momento se furta a excluir as tensões do corpo do texto. A riqueza do entrelaçamento entre texto informativo e opinativo deriva destas tensões. Se o crítico não taxa Jabor de adesista, ele não parece aprovar a ligação com o regime um degrau acima de Bernardet. Portanto, esta entrevista é espaço de um conflito não só com o crítico, mas da esquerda sobre como fazer a resistência e ocupar o mercado.

As esperanças de Carlos Diegues – o discurso cinemanovista sem mediação

Após o lançamento da PNC e na mesma edição em que é publicado o texto *A adesão de Saraceni*, *Opinião* publica quase um direito de resposta do grupo, através de Carlos Diegues.[20] Ele toma uma postura questionadora em relação à Embrafilme, mas faz isso em duas partes. Começa dizendo: "Confio na missão da

20 Diegues, Cacá. "As esperanças do cinema brasileiro". *Opinião,* n. 151, 26 set. 1975, p. 21.

Embrafilme", "sobretudo em sua vocação de empresa democrática". É interessante ver como Diegues aplica o verbo "confiar" na "missão" da empresa, retomando um viés *missionário*. Seria ingênuo acreditar que Diegues defenderia totalmente a política cinematográfica. A construção das frases revela ironia e exige uma leitura na entrelinha. Logo na abertura, ele declara: "a única coisa realmente transformadora foi a lei 8x1". Mas a lei é de Getúlio Vargas. Ou seja, o governo não altera as regras do jogo, o que é considerado fundamental pelo cineasta. Assim o papel da Embrafilme é apenas "o segundo momento *potencialmente* [grifo nosso] transformador", isto é, trata-se de uma possibilidade. A confiança na Embrafilme não se estende ao Estado porque seria "trágico" se o cinema dependesse dele. Sobre essa perspectiva, declara Diegues: "Se não nos transformássemos em funcionários públicos da criação, como nas piores cinematografias de certos países socialistas, acordaríamos um dia diante da descoberta de que o que o governo nos dá com uma mão pode nos tirar com a outra: a da censura".

Para Diegues, numa equação de culpas pelos problemas do cinema brasileiro, a primeira da lista é a Embrafilme porque esquece os filmes nas prateleiras. Um único grupo obviamente fica imune à condenação: os cineastas. A tese de Diegues é a de que a ocupação do mercado não prescinde do cinema crítico autoral. Assim ele problematiza a ocupação a qualquer preço, uma raridade em *Opinião*. A solução proposta não está na Embrafilme, mas nos filmes dos cineastas autores: "Em suma, o mais importante mesmo (e sempre) é que os filmes sejam bons. Eles é que podem transformar o mercado, *e realizar o programa que temos definido* [grifo nosso] durante estes anos todos." A equação não é difícil de resolver. Os filmes bons são os dos cinemanovistas e Diegues lembra que o grupo está "novamente junto". O poder transformador do cinema brasileiro, segundo ele, está no programa do Cinema Novo. Assim quem aderiu ao projeto foi o governo. Portanto, o texto é indicativo de resistência, não de adesão.

A auto-análise de Escorel: a ambiguidade na resistência

Quando entrevista Eduardo Escorel,[21] Clóvis Marques deixa de lado a conexão dos cinemanovistas com o Estado e faz perguntas sobre *Lição de amor* (1975). A postura não lembra em nada o tom em relação a Jabor. Diferente dele, Escorel traz uma visão desiludida em 1976. O texto inteiro deve ser lido dentro da *estética do silêncio*. Juntando as partes com algum conhecimento sobre o auxílio estatal às adaptações literárias, o leitor entende que Escorel escolheu o tema de seu longa-metragem para conseguir recurso estatal. Assim o trecho revela detalhes da situação do intelectual e explica como o controle governamental incide no trabalho do realizador: "Ele não trata de temas de atualidade polêmica, não se preocupa com a História (a não ser para fabricar certos confeitos comemorativos), não investiga, não documenta". E é obrigado a viver num limbo entre a comédia erótica e "a artificiosa dignidade das *adaptações literárias de autores consagrados*" [grifo do texto]. Mais à frente, o realizador comenta que quando o Estado entra no jogo, o cineasta é impedido de tratar de assuntos polêmicos e perde sua autonomia. Escorel foi o único cinemanovista a admitir com um pouco mais de clareza essa possibilidade. Entre a aproximação com o Estado por necessidade ou cooptação, as fronteiras da resistência tornam-se mais flutuantes. Isto é, sem condenar o

21 Escorel, Eduardo. "Num país como o nosso, o fazer é uma forma de ação útil". Entrevista concedida a Clóvis Marques. *Opinião,* n. 183, 07 mai. 1976, p. 19-20.

Cinema Novo, Clóvis Marques forneceu espaço para Escorel problematizar o vínculo com o regime.

Onde estava nesse debate a "Crítica" aos cinemanovistas?

Para *provar* a condenação aos cinemanovistas na imprensa alternativa, não era preciso gastar as energias com *Opinião*, um jornal de *Frente Ampla* mutilado pela censura. Teria sido mais fácil olhar para *Crítica*, onde Glauber Rocha indagou se Geisel teria mesmo uma política cultural.[22] No artigo, o cineasta repele a postura de alguns cinemanovistas interessados em verbas e desaprova a Embrafilme por só produzir "pornochanchadas", sem abrir espaço aos novatos. A condenação tinha dois alvos fáceis de localizar: Gustavo Dahl e Paulo Cesar Saraceni. O primeiro porque era diretor de distribuição da Embrafilme e o segundo realizava *Anchieta, José do Brasil* (1977) com verba estatal. Se *Crítica* não fornece os nomes dos que "aderem" à "estatização", os "réus" são os primeiros "convidados" a responder. Como fez Jabor em *Opinião*, Dahl e Saraceni defendem o Estado e o presidente Geisel. Saraceni problematiza discretamente a necessidade de aceitar as regras do jogo para poder produzir, tema que Escorel aprofundará em *Opinião*. Rebatendo as críticas, Saraceni frisa que permaneceu no Brasil, enquanto Glauber foi para o exílio.

Enquanto *Crítica* opta pelo jornalismo opinativo no corpo das notícias, *Opinião* segue à risca as lições de jornalismo informativo. Nas matérias de *Crítica*, as fronteiras entre os gêneros se imbricam totalmente. O jornal questiona se a aproximação com o Estado não visa ao enriquecimento e às gratificações.

22 Rocha, Glauber. "Glauber por Glauber". *Crítica*, n. 55, 25 a 31 ago. 1975, p. 12-4.

Mantendo essa linha, Tânia Coelho insinua que Gustavo Dahl conseguiu verbas para filmar porque trabalha na empresa estatal. Depois ela explica que a entrevista com o cineasta só foi até certo ponto porque a Embrafilme não aconselha declarações à imprensa.[23] Não temos acesso às perguntas feitas por Tânia Coelho. Tomando como modelo as entrevistas em *Opinião,* fica a impressão que *Crítica* desmembra respostas complexas em tópicos muito curtos.

O que Jean-Claude Bernardet falava por nuances em *Opinião* para mostrar que *talvez* o Estado exercesse seu poder de censura na Embrafilme, *Crítica* afirmava sem titubear. Neste jornal, não há a tendência a problematizar; nem a enxergar ambiguidades no processo. É digna de nota a liberdade consentida que *Crítica* tem para escrever sobre censura e condenar o Estado e a Embrafilme sem rodeios. Enquanto isso, *Opinião* não vilaniza os atores sociais porque entende o processo político como algo contraditório. Comparando os dois jornais, percebe-se o grau aniquilador da censura ao jornal de Gasparian.

Opinião como um todo não acusa os cinemanovistas de cooptação, porque leva em conta a ambiguidade do jogo político, separando o regime militar das empresas estatais "neutras". O tom ríspido caracteriza somente a nota não assinada e em alguma medida os comentários de Clóvis Marques sobre o discurso nada problematizante de Jabor. Porém, as condenações não se estendem a todo Cinema Novo. Bernardet toma cuidado para se distanciar do discurso de Nelson Pereira, mas não o contradiz. Ele aponta os antagonismos, teme pela autonomia da produção

23 Coelho, Tânia. "Pornochanchada é cultura popular?" *Crítica,* n. 59, 22 a 28 set. 1975, p. 12-13.

cinematográfica em face da censura, mas vê a proximidade como "negociação". Há uma ambiguidade e um tempo de espera para tirar conclusões. Fugindo de uma resposta única em *Opinião*, o crítico vai além das categorias valorativas de cooptação e resistência. A própria análise de Bernardet sobre esse tema ao longo dos anos variava. Em *Cinema brasileiro - propostas para uma história* (1979), ele tomará uma postura mais acirrada, conforme o ângulo de abordagem. Já Clóvis Marques adota uma posição a meio caminho, entre o lado combativo e as perguntas problematizantes, às vezes quase em tom afirmativo. Podemos pensar nele como sintoma de uma fissura se abrindo, num jornal que "favorecia" o Cinema Novo. Quando Marques indaga os entrevistados e toca nos pontos polêmicos, ele toma a correta postura do jornalista.

Mais relevante ainda é pensar que num jornal de *Frente Ampla*, a condenação *direta* à associação com o Estado só conseguiu "conquistar" completamente o espaço de uma nota. Pelo menos, esses dois casos significam uma abertura ao dissenso da esquerda. Todavia, mais do que reprovar, *Opinião* outorga muito a palavra aos cinemanovistas para debater suas ideias. Essa postura indica uma possível convergência, mais do que um acirramento. Sérgio Augusto comentou em entrevista que o Cinema Novo foi muito "mimado" pela imprensa. Ganhava sempre capa dos principais cadernos culturais a cada lançamento. Houve certa "condescendência" e uma "discussão amiga" nos jornais, porque todos eram muito ligados; explica o crítico. O que causava um mal estar na sociedade, segundo ele, era a proteção dada na Embrafilme aos cineastas brasileiros. Protegidos, financiados e "paparicados", muitos embolsavam metade dos recursos sem precisar prestar contas, mesmo com resultados ruins de bilheteria. Em entrevista, José Carlos Avellar manifestou opinião diferente, que não sentia uma preferência pelo Cinema Novo nas redações dos jornais. Segundo ele, metade gostava dos filmes, a outra metade não. Para o crítico, sequer existia um bloco de apoio ao cinema brasileiro nos jornais. Avellar observa uma mudança de enfoque em relação ao Cinema Novo antes e depois do golpe. Com o regime militar, a defesa do movimento significava a luta pela expressão democrática livre. Assim o Cinema Novo ganhava repercussão na imprensa porque se expressava contra a ditadura, não por uma preferência dos jornalistas.

Vemos o discurso cinemanovista como parte das disputas internas no campo cinematográfico e como estratégia de legitimação, quando a aliança com o Estado estava sobre questão. As declarações do grupo fazem parte de um discurso apologético, não ao Estado, mas a si mesmos. Ao apontar o cinema autoral como solução, os cinemanovistas querem demonstrar sua paternidade no projeto. Assim o Estado teria "*aderido*" às suas ideias. Trata-se de uma disputa pelo poder de nomeação em torno das categorias de percepção legítimas. Se Saraceni é acusado na nota *não assinada*, Gustavo Dahl, Nelson Pereira e Jabor são os que mais defendem a política cultural, sem *explicitar* totalmente a diferença entre os dois discursos por causa da censura. O que parece controverso é atacar Jabor e Saraceni, mas não contestar Nelson Pereira dos Santos. O critério não passa pelo teor das declarações, mas pela *distinção simbólica*, provando que o jornal não via os cinemanovistas como um todo homogêneo. Os depoimentos mais interessantes são os de Eduardo Escorel e de Carlos Diegues. O primeiro coloca em pauta a ameaça à autonomia do cineasta por causa da associação com o Estado. O segundo teve a chance de trazer seu ponto de vista, sem a "mediação" de nenhum jornalista. O discurso cinemanovista em *Opinião* presta-se a dois objetivos:

provar o apoio ao regime através das declarações à imprensa para depois fazer críticas indiretas ao Estado e participar da resistência ao lado dos intelectuais. Pensamos esse discurso como parte da estratégia de *minar por dentro* o regime. Afinal os depoimentos devem ser vistos como provas de um *jogo político*.

Lição de amor: Fräulein como duplo do cinemanovista na resistência

Dando continuidade a avaliar o discurso dos críticos sobre a proximidade entre os cinemanovistas e o Estado, analisamos o artigo de Jean-Claude Bernardet sobre *Lição de amor*, que constitui o ápice do questionamento sobre a postura do intelectual na seção de cinema de *Opinião*.[24] A abordagem foge do categórico, porque inclui a própria contradição do intelectual no movimento textual. O sentido do dizer depende da forma ambígua do ensaio. Fugindo da postura de juiz, Bernardet inclui-se na indagação sobre as possibilidades de resistência dos cinemanovistas, face à aproximação com o Estado. O artigo é escrito a partir de antagonismos numa mesma região discursiva. Numa leitura superficial, alguns o leram como crítica negativa. Internamente, percebe-se que o debate pertence a uma região fronteiriça onde não é mais possível determinar de maneira definitiva o intelectual, mas apenas apontar interrogações.

Quando Bernardet compara seu papel de intelectual com o da protagonista do filme, ele parece seguir o movimento sartriano (1994) de radical autocrítica do intelectual, mantendo como primeiro objeto de estudo a própria *intelligentsia*. Assim o crí-

---

24 Bernardet, Jean-Claude. "Uma estética bem comportada?" *Opinião*, n. 194, 23 jul. 1976, p. 32.

co coloca-se no artigo como espelho dos cinemanovistas. Numa leitura *alternativa* do texto, é possível substituir *Fräulein* pelos cineastas que recebem o auxílio do Estado:

> Num aspecto de Fräulein que o filme acentua, me encontrei bastante. Fräulein como professora de amor, assume uma posição profissional: exerce a profissão com a finalidade de obter rendimentos (...). Ao mesmo tempo, há um envolvimento emocional profundo (...). As atitudes de Fräulein são ao mesmo tempo e contraditoriamente as de uma amante e de uma profissional. Sinto nesta personagem muito do intelectual (de um certo tipo de intelectual) cujo trabalho é remunerado, mas também cujo trabalho é vivido, como uma vontade/projeto cultural, sem comum medida com a remuneração. (...) Esta situação vincula necessariamente Fräulein (e o dito intelectual) à classe que paga, (....), mas com a qual ela entra em contradição (parcial), pois as ideias e sentimentos que ela põe em prática (...) não são totalmente aceitáveis pela classe que paga. Assim Fräulein é sempre usada e rejeitada, o que, salvo engano, o diálogo do filme acentua mais que o romance.

O artigo pode ser lido como uma forma de problematizar a aproximação entre cinemanovistas e Estado através da figura de Fräulein. Ao mesmo tempo, o tornar-se "amante" significa uma relação de luta e amor ao cinema brasileiro e a necessidade de sobrevivência. Esta relação de entrega não é nada pacífica porque o cineasta é "usado" e "rejeitado" pela classe que paga (no caso o Estado através dos prêmios para as adaptações literárias). Bernardet está longe de condenar os cinemanovistas por *adesão* ao Estado, mas aproveita o ensejo para pensar a contradição intelectual. Por causa da necessidade de diálogo com o governo, entende-se o cineasta noutro regime de análise. Neste texto, nenhuma ação é desligada das relações de poder, um viés único em *Opinião*. Num regime de exceção, Fräulein como *duplo* de Escorel é possível e aceita. Aqui, o intelectual admite a influência do contexto sobre si mesmo (Schwarz, 1994). Da necessidade de *prestar serviços* para sobreviver, perde-se parte da autonomia. Ao mesmo tempo há um distanciamento de uma visão idealista do intelectual e um questionamento sobre o *desinteresse*. Avançando na problematização do funcionamento do campo cultural, sintonizado com Bourdieu (1996), Bernardet mostra que a tão sonhada autonomia do campo intelectual é relativa por causa das disputas e sanções com o campo político. Ele foge de uma postura idealista de condenar os cinemanovistas porque a relação entre contradição, cumplicidade e ambiguidade com o regime militar não é fundada na *escolha*, mas é imperativo intelectual da resistência. Fräulein como duplo de Escorel associa-se ao Estado na co-produção, mas é censurada. Se o filme destaca Fräulein, o intelectual é o protagonista da resistência ao poder:

> Fräulein como projeção de um certo tipo de intelectual. Um desses intelectuais imprensados entre o projeto cultural e a remuneração é o diretor do filme. Como nos serviços prestados por Fräulein à família burguesa Souza Costa, a realização de *Lição de amor* supõe contradição, ambiguidade e cumplicidade entre o projeto cultural e a prestação de serviços. (...) O cineasta que descreveu o envolvimento emocional de Fräulein e que a fez repetir com tanta insistência que ela queria seus oito contos, não está absolutamente alheio nem às contradições da governanta, nem às próprias.

O trecho é claro. Ao associar-se ao Estado, a ligação com o cineasta significa prestação de serviço e cumplicidade, cuja contradição aparece no estilo "aristocrático" de Escorel. Chegamos a um paradoxo. O intelectual evoluiu para uma atitude mais ambígua. Ele pode até corromper-se um pouco nesta associação, mas deve ser um intelectual espião. A linguagem cifrada de Escorel, cabe a Bernardet decifrar. Ele solicita uma posição contestadora e engajada do realizador como dirigente da cultura, que informa o "público formador de opinião". Assim, tanto o articulista quanto o diretor cumprem a função de formadores de intelectuais orgânicos. Da impossibilidade do cineasta expor todo o percurso de resistência aos leitores, o crítico incorpora a função de *explicador*.

Mas o estilo textual do *explicador* não parte jamais de uma leitura linear da obra. Não se pretende transformar o contraditório em totalidade harmoniosa, porque o intelectual como parte da sociedade conhece a impossibilidade de considerar o conjunto social objetivamente. Da consciência de viver imerso na sociedade, o crítico começa pela *universalidade singular* no confronto concreto com o acontecimento (Sartre, 1994). Portanto a ambiguidade do texto ensaístico de Bernardet é uma forma de evitar acreditar na universalidade. Se o crítico incorpora a contradição nas suas conclusões, a forma do texto é um passo importante do trabalho. Sem afirmar a dominação do Estado, a ambiguidade do material fílmico aponta uma disputa entre os atores sociais.

As observações acuradas de Bernardet em *Opinião* agendam comentários e respostas dos cineastas ao longo dos anos. Assim o semanário era um dos espaços de *ação* de Bernardet no campo cinematográfico. Isto é, ele levou a cabo realmente a ideia de crítica participativa e de intervenção sobre o cinema brasileiro na prática do jornalismo. Bernardet é o intelectual que lidera intelectuais em *Opinião*. Talvez o semanário de Gasparian tenha sido um jornal líder de intelectuais, mas é preciso analisar cada editoria. Por hora, é possível inscrevê-lo no intelectual moderno descrito por Karl Mannheim (1974, p. 82) que graças à "multipolaridade de visões" possui "maiores oportunidades de testar e aplicar as visões socialmente disponíveis e de experimentar suas incoerências".[25]

Ao analisar as conexões entre a estrutura interna e externa da obra, Bernardet dá novo alento ao debate entre estética e política no cinema. A dualidade descrita ao longo do texto não é só característica de Eduardo Escorel, mas da gênese do intelectual na dicotomia entre a busca de autonomia estética e o engajamento, descrito por Pierre Bourdieu (1996). Se a separação dos críticos de cinema entre os polos da estética e da política poderia parecer muito sedutora do ponto de vista didático, Bourdieu revela como os dois lados costumam imbricar-se constantemente. É através da conquista da autonomia no campo artístico que o intelectual adentra no campo político. Afinal tanto o intelectual voltado à arte pura, quanto o engajado, completam-se porque a autonomia da arte é feita em função do debate político. Para Bourdieu, o intelectual constitui-se como sujeito a partir da sua intervenção no campo político e assim ganha legitimidade. Primeiro ele prova sua independência através de abnegação, competência e desinteresse para poder entrar na discussão política. A operação lhe garante um pressuposto ético, político e estético para poder aumentar sua liberdade de crítica em relação

25 Enxergando além de sua subjetividade, a *intelligentsia mannheiniana* tem um alcance de visão mais amplo e aberto a múltiplos pontos de vista. É capaz até de experimentar concomitantemente várias abordagens conflitantes do mesmo objeto.

aos poderes. A ação só é possível porque antes a intelectualidade conquistou sua liberdade dentro do campo artístico *contra* a política. Deste passado, alguns críticos de *Opinião* utilizam armas que não são as da política a serviço da causa pública. Eis, por exemplo, a aplicação do conceito de estrutura ao filme *Lição de amor*, como vimos no capítulo 3. Por outro lado, não havia simplesmente uma subordinação da arte à política no jornal por causa do contexto repressivo. Ao contrário, *a discussão política é feita em nome da arte*. Tanto é verdade que os críticos do jornal não apreciam o conteúdo político de filmes de esquerda de Costa-Gravas e Elio Petri.

Da impossibilidade de desconectar o campo político, Bourdieu pensa a autonomia do intelectual frente às sanções da esfera política. Portanto a autonomia é sempre incompleta por causa das sanções internas de qualquer campo. É exatamente este caráter paradoxal do intelectual entre a arte pura e o engajamento que caracteriza *Opinião*. Se os críticos sintonizados com a concepção de intelectual tradicional estavam interessados no enriquecimento do conhecimento e na sensibilidade, eles prezam acima de tudo sua autonomia. Contudo nenhum intelectual num regime autoritário pensa a si mesmo como alguém distante das causas políticas. Por isso, qualquer crítico em *Opinião* estava muito distante do intelectual alheio à política e aos conflitos sociais. Se a crítica de *Opinião* é formulada na tensão entre estética e política, Bourdieu mostra que esta dicotomia pertence a qualquer campo intelectual. Assim, as duas dimensões de identidade do intelectual – pureza e engajamento – geram uma combinação instável sem uma postura exclusiva. Os dissensos sobre o papel do intelectual deste texto não são marca somente do Frentismo e da dificuldade de formular um projeto coeso ao cinema brasileiro. Esse viés é também uma marca da incorporação da contradição no pensamento de Bernardet e da habilidade dele de ir além das universalizações. "O estatuto dos intelectuais é um pulular de contestações. Os que se chocam com isso, acreditam ainda no universal" (Sartre, 1994, p. 50). Percebendo as particularidades de cada caso, o crítico coloca-se como sujeito que interfere nas conclusões por causa de sua subjetividade. Ao invés de fechar os temas, Bernardet abre mais questionamentos e debates para o público. Não age como um guia de soluções, mas como um constante indagador.

Por dentro do discurso do Cinema Novo sobre o intelectual

O movimento da intelectualidade deslocando-se da função de arauto em direção ao intermediário neutro do processo cultural sintetiza os dois polos de pensamento sobre a missão do cineasta em *Opinião*. Nos anos sessenta, a vontade dos cinemanovistas de influir na realidade brasileira trazia o ideal do indivíduo à frente do processo histórico, que auxiliava na tomada de consciência dos problemas sociais. Essa visão dialogava de perto com a tradição do intelectual como arauto da liberdade política e crítico do sistema de tradição socialista (Napolitano, 2011, Aggio, 1998).

Com a revisão da cultura do nacional popular, a partir da segunda metade dos anos sessenta, se deu início ao questionamento do arauto como detonador da consciência popular. Esse debate apareceu no discurso dos cinemanovistas e em filmes como *O desafio* (1965) de Paulo César Saraceni, *Terra em Transe* (1967) de Glauber Rocha e *O Bravo Guerreiro* (1968) de Gustavo Dahl. Ainda em 1965, Carlos Diegues colocava em xeque o passado paternalista do Cinema Novo. Ele antevia uma nova fase "antropológica" (Ortiz, 1983),[26] na qual o cineasta cumpria a função de um mediador neutro do povo, encarregado de ajudar a aprofundar o conhecimento da realidade.

Essa tendência aparece nos depoimentos dos cinemanovistas no jornal *Opinião* [27] quando o grupo não se refere mais à função de conscientizar as pessoas e passa a usar eufemismos como "liberar" o público, "aprofundar a realidade" e propiciar o "conhecimento do outro". Bernardet (Schwarz; Sosnowski, 1994, p. 10) vê essa mudança como um momento de queda do pedestal, quando a *intelligentsia* percebe sua incapacidade de provocar a consciência popular. Como parte desse pensamento, Gustavo Dahl em *Opinião* cita o sentimento do artista como responsável pelo mundo como o "bode da arte", porque a postura levou à destruição da arte. Num movimento paradoxal, ele recusa o cinema como ação política, mas exime os parceiros, quando faz uma correção ao projeto cinemanovista. O passado do grupo é visto como um "mal entendido" e como uma postura "ingênua", sem intenção crítica. Naquele mesmo período, o intelectual que falava como porta voz do povo era questionado, porque a aproximação forjada entre artista e povo não tinha o mesmo consenso de antes (Napolitano, 2011).

26 "Vitória do Cinema Novo". Debate realizado por Alex Viany com Gustavo Dahl, Carlos Diegues, David Neves, Paulo César Saraceni. *Revista Civilização Brasileira*, n. 2, mai. 1965, p. 227-248. O artigo pode ser encontrado também em Viany (1999: 101-123).

27 Hollanda, Heloisa B. de; Brito, Antonio Carlos de. "Dez anos de cinema nacional". *Opinião,* n. 32, 11 a 18 jun. 1973, p. 17-19. Hollanda, Heloisa; Brito, Antonio Carlos de. "Dez anos de cinema nacional". *Opinião,* n. 40, 13 a 20 ago. 1973, p. 16-17.

Por esses motivos, observa-se nos depoimentos dos cinemanovistas em *Opinião* um desvio do aspecto político, quando Carlos Diegues afirma: "Quero ajudar a transformar o cinema em forma de conhecimento e essa é uma das razões morais que me leva a fazer cinema: a de me relacionar com o outro, através de uma possibilidade de conhecimento que lhe dou". Ainda existe na frase a missão do intelectual, mas o papel de conscientizador é denegado. Se a função de dirigente ainda aparece, ela se esconde na função do organizador da cultura. A estratégia de Diegues é desviar a motivação política para a questão moral. Dessa forma, o discurso antropológico encontra a moralidade como forma de eufemismo político atrelado à resistência e à ética.

Os cinemanovistas em *Opinião* apresentam-se a meio caminho entre duas balizas teóricas. A primeira é a do projeto do intelectual arauto, responsável pela elaboração de uma consciência crítica. A segunda define o cineasta como *porta voz* que não intervém na representação popular. Se a mudança ocorre por causa da oposição ao arauto, os cinemanovistas recorrem com frequência à ideia de "tradução" das demandas populares, "supostamente" sem a intervenção do cineasta. Por isso Nelson Pereira dos Santos nega sua participação enquanto sujeito em *O Amuleto de Ogum* (1974) e destaca como o *aprofundamento* da cultura nacional e a *investigação antropológica* do homem brasileiro surgem de maneira "neutra". É como se a palavra conscientização estivesse vetada, revelando um núcleo de ideias bastante coeso entre o grupo.

A argumentação sobre o papel do intelectual dos entrevistados é baseada numa antinomia de avaliar de forma crítica o passado cinemanovista, mas elogiá-lo indiretamente, como se a discussão fugisse ao cinema político. Esse viés aparece somente quando o cineasta conta aos leitores como auxilia a defender, proteger e preservar a identidade nacional. Se as formulações surgem por vias intrincadas, o processo permitiu que o grupo se pensasse como entidade a serviço do povo. Dessa forma os cinemanovistas poderiam ver-se como auxiliadores no processo de elaboração da consciência popular. É assim que Diegues esbarra "sem querer" no sentido político de dirigente ou organizador da cultura (Gramsci, 1968), encarregado de ajudar a formar a vontade nacional e a preservar a cultura brasileira contra as ameaças externas. De alguma forma se mantém discursivamente uma função de comandar o povo, nem que seja através da cultura. A autoridade é, então, extraída da vocação nacional.

O questionamento do intelectual arauto aprofundou-se mais durante a abertura política, quando as tensões da esquerda ficaram mais expostas. Porém o conceito era vindouro entre os cinemanovistas por causa do imperativo da resistência. Como consequência, o grupo não se apresentava como dirigente da cultura, mas se mantinha como vanguarda à frente do povo. Os depoimentos fazem parte de um período de reavaliação do projeto cinemanovista. As frases assinalam o encerramento de um projeto *explícito* de engajamento atrelado à ideia de gerar a ação política. Na triste constatação do declínio do intelectual à frente do processo histórico e do fracasso do projeto político dos cinemanovistas fica a impressão da inexistência de uma nova função ao grupo. Daí o eterno retorno a um arauto amenizado. Ao mesmo tempo, constata-se a ausência de um novo programa conjunto. Por outro lado, negar a função de arauto é uma forma de combate à ditadura através da estética do silêncio. Assim a suposta "neutralidade" do intelectual pode ser encarada como um ato eminentemente político, dando vazão ao mesmo projeto de antes.

Através da ideia de missão e de resistência, os cinemanovistas podiam pensar seu próprio trabalho na esfera da luta contra a ditadura, sem debater sua contradição. Trata-se do pressuposto básico da resistência, invertendo o percurso da ação: o cineasta age porque a sociedade solicita. Assim o mediador invisível que *libera* o público significou uma nova forma discursiva dos anos setenta que servia de anteparo às críticas recebidas no passado. O grupo fazia um malabarismo para construir um discurso socialmente aceito aos novos tempos, sem alterar suas crenças mais importantes.

A crise do arauto não gerou uma autoavaliação da função da crítica de cinema de *Opinião*, porque a ideia de jornal de resistência pressupõe a figura do dirigente da cultura. Por esse motivo, o semanário não bate de frente contra os cinemanovistas, porque se vê como vanguarda do pensamento num ambiente repressivo. Entre a missão perante a sociedade e a constatação de que o projeto do Cinema Novo dos anos sessenta fracassou, os críticos não implodem os conceitos antigos, porque não têm um cânone melhor para colocar no lugar. Para *Opinião,* nada preenche o espaço deixado pelo Cinema Novo enquanto estética e política. Portanto, o jornal é instante de formulação desta hesitação e desta dificuldade de construir um novo projeto de cinema brasileiro, porque a ideia de ocupação e da primazia do mercado só era aceita para a produção autoral engajada. Assim se mantêm no semanário os pilares da Frente Cultural, mas as divergências internas da oposição significavam uma dificuldade para compor um novo projeto de cinema. As discordâncias sobre o significado político do Cinema Novo devem ser vistas neste contexto, quando o povo não é mais unidade a ser emancipada, quando a intelectualidade percebe seus próprios interesses e quando a aproximação da democracia significava o fim dos grandes mitos unificadores. Se já era impossível monopolizar a representação da nação, os cinemanovistas ainda tentavam fazer isso em *Opinião* por causa da preferência do jornal pelo viés engajado. No novo contexto, a intelectualidade teria dificuldade de instalar-se na dianteira da história. O tempo das representações totalizantes, como a do Cinema Novo, estava passando (Pécaut, 1990).

Era raro que os críticos do jornal colocassem em questão seu próprio papel, revelando suas contradições aos leitores (Sartre, 1994). Esse viés não é exposto porque o intelectual de *Opinião* é figura *primordial* do processo de democratização. A contradição do intelectual só aparece na condenação a Jabor como cineasta "burguês" (ver Capítulo 2), mas esse tipo de comentário nunca é empregado aos críticos de cinema. A perspectiva traz uma concepção de neutralidade e autonomia da intelectualidade. Assim era possível ao crítico denegar seus interesses e projetar fora de si a condição de classe média em alguns cineastas brasileiros. Jamais em *Opinião* alguém irá declarar como Sartre que o intelectual se une aos trabalhadores para tentar resolver suas próprias contradições e sentimento de culpa, mas mesmo assim ele nunca deixará de ser "pequeno-burguês". Quando os críticos não colocam lentes de aumento na própria contradição, evitam romper a Frente Cultural. Longe do método descrito por Sartre, há apenas a intenção de participar dos valores das classes desfavorecidas, sem conseguir estender o conceito do intelectual *participativo*. Entre os críticos, Bernardet é o que mais relativiza seus comentários, colocando em questão a dependência dos intelectuais ao poder. Ele parece seguir os passos do método sartriano ao questionar a falta de autonomia completa do intelectual e sua contradição constitutiva. No artigo sobre *Lição de amor*, Bernardet indagou a intelectualidade já no formato do texto. Não se trata de mera inculcação da consciência em seres incultos, mas de usar o método sartriano dialético (1994, p. 46-7) para *ajudar* na tomada de consciência do proletário, porque o intelectual já tomou ciência de sua contradição.

5. A cultura popular como palco de tensão

O capítulo é dedicado ao posicionamento dos críticos de cinema em relação à cultura popular na primeira e na segunda fase do jornal. Não estamos atrás nem de uma periodização precisa, nem de mitos fundadores. Longe disso. Vemos os artigos sobre o cinema popular como parte dos debates internos da esquerda sobre a cultura do nacional popular. Por esse motivo, os textos não são tratados como área autônoma unicamente do cinema. Com esse viés em mente, analisamos quatro momentos de tensão crescente dos articulistas em relação aos cineastas que se colocavam como mediadores ou como tradutores da cultura popular. Jean-Claude Bernardet é o responsável por dois artigos exemplares desse debate: a discussão sobre *O Amuleto de Ogum* (1974) de Nelson Pereira dos Santos e a análise do filme *Nordeste: cordel, repente, canção* (1975) de Tânia Quaresma. Na segunda fase do jornal, a polêmica se acirrou em torno da cultura do nacional popular, tanto na crítica de teatro sobre as peças *Gota d'água* e *Fim de partida*, quanto nos bastidores da coletânea sobre *Xica da Silva* (1976) de Carlos Diegues.

A cultura popular na primeira fase de *Opinião* e a transição de saída com *O Amuleto de Ogum*

O debate sobre a cultura popular em *Opinião* ao longo dos anos tem alguns pontos em comum entre os críticos. Em geral, o povo surge como concepção genérica. É ao mesmo tempo destinatário e matéria prima dos filmes. O jogo cultural é descrito entre os amigos do povo e os inimigos da nação. Tendo como ponto pacífico que o imperialismo é o inimigo da cultura brasileira, a discussão foge da avaliação se existe uma porção popular e não popular na população e se a cultura popular pode ser tomada como um conceito móvel ou eterno. As exceções a essa abordagem estão nesse capítulo. No geral, os articulistas tratam a cultura popular como caminho da autenticidade. O apagamento é significativo porque revela um silêncio sobre a parte não-popular da população, para não atrapalhar a união forjada em torno da identidade nacional.

Quantitativamente, os articulistas de *Opinião* dedicam-se à ausência de autenticidade da cultura popular, seja a da produção norte-americana ou a do cinema de gênero brasileiro. No geral, o importante é frisar o componente ideológico dos sucessos de bilheteria, como vimos no capítulo 2. Assim os filmes da chamada "indústria cultural" são tema constante de represália. Se os críticos aguardam ardentemente a conquista do público, o mercado tem um papel paradoxal, mais atrelado ao lado do inimigo. A ele quase nenhum elogio era feito, nem em nome da arte, nem em nome da política. Para a produção da indústria cultural, os analistas do jornal não localizam nem os traços de nacionalidade, nem as marcas distintivas da forma e do conteúdo do cinema brasileiro. Portanto, a necessidade de conquistar o público não significa em *Opinião* aceitar os valores do cinema comercial. Além disso, as questões subjetivas do gosto do público são preteridas em nome do cinema artístico e da política.

Indiretamente o debate se inclina para uma defesa da arte, dos imperativos políticos e da forma original. Se *Opinião* prefere o cinema autoral com linguagem acessível ao público para ocupar o mercado, quando *Toda nudez será castigada* (1972) de Arnaldo Jabor atinge esse patamar, o filme é condenado por causa do flerte com o mercado. Em nome da presença da política na forma da obra, Jabor é tratado como alguém que tem objetivos comerciais e estéticos mais fortes. O debate demonstra como no fundo os núcleos da arte e da defesa do mercado são um tema de luta interna no *Opinião*.

Mas ambos os lados não estavam em permanente disputa no jornal. A conciliação entre esses dois objetivos tinha como modelo *Macunaíma* (1969) de Joaquim Pedro de Andrade, por possibilitar a união entre o público popular e o culto. Se *Macunaíma* é sempre lembrado como possibilidade concreta de solução ao cinema nacional, percebe-se como a busca de um projeto cinematográfico para o Brasil passava mais pela produção autoral feita *sobre* o povo, mas dotada de uma marca distintiva do "autenticamente popular".

Quando o jornal vê a cultura para as massas como algo tosco, artificial, corrompido e sem dignidade artística, a abordagem está mais voltada a uma concepção aristocrática da cultura. Se a primeira fase da revista *Cahiers du Cinéma* com os *Jovens Turcos* dava aos diretores considerados comerciais a distinção da autoria, esse caminho estava fechado em *Opinião*. Quase se negava no semanário a possibilidade de conteúdo artístico à produção da indústria cultural. No fundo, um cineasta comercial não é considerado um *verdadeiro* artista no jornal. Trata-se de uma imposição no interior do campo do lugar da arte enquanto arte. O jornal procura deter o monopólio da legitimidade artística e se afastar da discussão sobre a luta pelas categorias legítimas de percepção no campo artístico. Daí a preferência pelo cinema que nada concede ao público, afinal sua força e seu prestígio derivam desse desinteresse e dessa denegação.

Se inexistia um cinema realmente feito pelo povo, já era um exercício para o jornal não ver o povo como código restrito e inferior, quando o gosto do crítico e do público não era o mesmo. Duas ausências são relevantes. Não há nenhuma linha em *Opinião* sobre dois grandes campeões de bilheteria daquela década: Mazzaropi e os filmes dos Trapalhões, talvez porque ambos não representassem um *perigo* à representação do nacional ou uma incorporação da cultura estrangeira. O vazio indica uma falta de debate do semanário para lidar com a preferência popular. A atitude em relação a Mazzaropi não era somente de *Opinião*, mas da crítica de cinema em geral, como atestou Paulo Emilio Salles Gomes (Calil, 1986), fazendo uma *mea culpa* pelo silêncio com que tratou a produção do comediante.

Foi preciso entrar na redação do *Opinião* o cineasta marginal Carlos Frederico para contar ao público que as maiores bilheterias da década eram exatamente os Trapalhões e Mazzaropi.[1] Esta foi a primeira vez que a produção brasileira apreciada pelo público apareceu no jornal sem um viés negativo. Entre os críticos, quem mais se esforçou para ver com bons olhos a produção estrangeira estritamente comercial foi Sérgio Augusto. Contudo,

1 Frederico, Carlos. "Um balanço da indústria cinematográfica". *Opinião*, n. 225, 25 fev. 1977, p. 24.

no final das contas, esse tipo de filme sempre ganhava mais ressalvas do que elogios.

Se o gosto do público estava na gênese da maior parte das discussões sobre o cinema brasileiro, *Opinião* não levava em conta de forma alguma as preferências dos espectadores. Daí o viés mais aristocrático do semanário. Ao que tudo indica, o gosto do público é visto num limbo entre a cultura popular e a industrial. Pelo menos, o espectador não era malhado pela sua preferência, como ocorreu na crítica de cinema em décadas passadas.

Da inexistência de um cinema feito realmente pelo povo, o foco do jornal incide na representação do popular realizada pelo cinema autoral e pela cultura de massa. Nesses dois casos, o critério muda bastante. Para a produção voltada ao consumo popular, os críticos oscilam entre a busca da invenção do povo ideal e um desprezo pela representação popular da indústria cultural. Ainda era mais comum pensar o crítico como vanguarda e dirigente do que como interlocutor de igual para igual. Além disso, havia uma tentativa indireta de condenar a preferência do público pelo cinema americano. No geral, tanto Jean-Claude Bernardet quanto Sérgio Augusto abordam a pornochanchada ou a chanchada como imitação passiva do cinema estrangeiro. Uma exceção se encontra em Augusto, quando ele elogia a composição do malandro de *Vai trabalhar vagabundo* (1973) de Hugo Carvana.[2] Embora "esquemático", o estereótipo é "autêntico", porque compõe o tipo do "malandro real". Aqui, a cultura popular é ainda uma possibilidade de autenticidade. Nesses casos, o arsenal utilizado é o da análise de discurso político dos filmes para localizar a ausência de autenticidade da cultura po-

2 Augusto, Sérgio. "Saudades do carne frita". *Opinião*, n. 57, 10 dez. 1973, p. 23.

pular através do conceito de ornamento. Nestes casos, a cultura popular aparece como algo forjado e externo, que revela parte do nacionalismo do período e do jornal.

O fator ideológico estava presente na análise de três tipos de filmes: a comédia erótica, a produção histórica e a americana. Geralmente o cineasta surge nesses textos como representativo de sua classe social (ver Capítulo 2). Comparando a estrutura da sociedade e as relações sociais presentes nos filmes, essas obras são vista como reflexo distorcido da estrutura real. Esse tipo de produção é condenada porque se apresenta como *parte* da cultura popular. Por exemplo, não se aceita sobre hipótese alguma que a estrutura da pornochanchada possa ser igual em alguma medida à estrutura da sociedade. Afinal a comédia erótica seria por síntese o polo da falta de autenticidade. Para os críticos de *Opinião* era difícil aceitar uma possível preferência do público à comédia erótica,[3] atribuindo certos gostos a uma imposição da indústria cultural.

Se os colunistas da grande imprensa tentavam vez por outra realçar algum aspecto positivo em separado das comédias eróticas, *Opinião* não se preocupava com o nível técnico ou com um possível viés autoral desta produção.[4] O ponto em comum com a grande imprensa é não ver na comédia erótica nada de nacional ou genuíno. A tese da incapacidade criativa de imitar de Paulo

---

3 Jean-Claude Bernardet (Abreu, 2006) explicou que os críticos observavam atitudes moralistas e retrógradas na comédia erótica, mas o sentimento do público era totalmente outro; era de libertação. Ele percebeu isso ao acompanhar os filmes na exibição e em discussões com o público.

4 Sobre a comédia erótica na imprensa alternativa, ver Adamatti, Margarida Maria. "A comédia erótica na crítica de cinemas dos jornais alternativos *Opinião* e *Movimento*". *Revista Movimento*. n. 1, jun. 2012.

Emilio (Gomes, 1980) sobre a chanchada não valia para a comédia erótica em *Opinião*, porque esta seria apenas uma cópia sem nenhum tipo de elaboração da cultura local.

A única exceção a essa regra foi o artigo de Jean-Claude Bernardet sobre *Ainda agarro essa vizinha* (1974) de Pedro Rovai.[5] Ele observou que o cineasta retratava situações reais vividas pelo público. Sem planificar o gênero, o crítico viu algo de uma estrutura brasileira na produção. Percebeu, inclusive, que a comédia erótica abria caminhos no contato com o público, diferente do viés de cultura decorativa de *Os condenados* (1973) de Zelito Vianna. O artigo levantou uma polêmica e causou indignação, encerrando o caso com a carta de Miguel Faria Júnior, produtor de Vianna.[6] Inicialmente Bernardet queria criar em *Opinião* um espaço de debate com o diretor de *Os condenados* e com Eduardo Escorel. Pela primeira (e única) vez em *Opinião*, afirmou-se a preferência por uma comédia erótica em face de uma produção de qualidade, considerada conservadora, vazia e sem apelo popular. Em carta a Paulo Emilio, Jean-Claude Bernardet comentou que houve grande repercussão do texto.[7] "O artigo estourou na redação, hoje de manhã recebi o apoio de todo mundo e estão me oferecendo guarda-costas caso eu venha a sair de casa depois de publicado o artigo".

Em entrevista, Jean-Claude Bernardet lembra que a crítica dele sobre *Ainda agarro essa vizinha* causou muita repercussão no

5 "A pornochanchada contra a cultura culta". *Opinião*, n. 99, 27 set. 1974, p. 23.

6 "Cultura culta vs. pornochanchada". *Opinião dos leitores, Opinião*, n. 101, 11 out. 1974, p. 24.

7 Pasta PE/CP 1406 a 1420 - Carta de Jean-Claude Bernardet. Rio de Janeiro. 24 set. 1974. Cinemateca Brasileira. Arquivo Paulo Emilio Salles Gomes - Centro de Documentação e Pesquisa da Cinemateca Brasileira.

meio, mas repercussão negativa. "Sempre elogiei a cultura do povo (...). Eu me recuso a achar que a comédia erótica seja desprezível ou que não seja bom cinema. Não aceito isso." Bernardet esclareceu que quando defendeu o filme de Rovai tinha em mente duas coisas: os intelectuais não detêm a verdade da cultura e não se pode rejeitar o cinema de público. Se a cultura da elite pode fazer coisas ótimas e maravilhosas, ela não pode se considerar a "única cultura verdadeira". A questão não era o filme de Vianna em si, mas a postura em relação à política cultural (ver Capítulo 3).

Através das anotações manuscritas de Bernardet, é possível observar o quanto os textos dele repercutiam no meio cinematográfico.[8] Ele recebeu uma quantidade considerável de telefonemas por causa do artigo sobre *Ainda agarro essa vizinha*. É possível perceber que o contato do crítico com os diretores era intenso. Os cineastas ligavam tanto para elogiar, quanto para criticar. Bernardet exercia com todas as letras a crítica participativa no seu dia a dia. Foi Ana Carolina quem telefonou para passar a ligação a Miguel Farias, produtor de *Os condenados*. Arthur Omar entrou em contato para apoiar inteiramente o artigo e usou palavras elogiosas, referindo-se à crítica independente. Ele teria comentado o texto com amigos que também se manifestaram favoravelmente. Oswaldo Caldeira ligou para discordar, mesmo sem ter visto *Ainda agarro essa vizinha*. Afinal, Pedro Rovai representa a direita e a CIC (Cinema International Corporation), que quer usufruir da lei de proteção dada ao cinema brasileiro. Para Caldeira, o artigo radicalizou muito, mas ele achou "boba"

8 "Repercussão ao artigo a forma da chanchada vs. a cultura culta em *Opinião*". Cadernos de Anotações Manuscritos de Jean-Claude Bernardet. AJCB Pasta PI - 8 p. Caderno V. Arquivo Jean-Claude Bernardet. Centro de Documentação e Pesquisa da Cinemateca Brasileira. 30 set. 1974.

as declarações de Ana Cristina. Ela teria indisposto todo o Rio de Janeiro com suas declarações. Enquanto isso, Geraldo Sarno ficou "totalmente contra" o artigo, porque é "texto que divide". A postura dele é bem frentista. Para Sarno, o texto levava as pessoas a se estranharem, "afinal a questão é ocupar as telas" e a crítica de Bernardet poderia atrapalhar esses objetivos. Porém, o documentarista não se opôs à proposta de Bernardet de discutir a posição nacional popular, quando se falava em ocupar as telas. Observa-se nesses depoimentos o grande poder dado à crítica de cinema para atrapalhar a Frente de Oposição ao regime. Pode-se imaginar também o clima tenso, caso um crítico decidisse enfrentar os cânones do nacional popular do período ou tivesse uma opinião diferente da maioria dentro da Frente Ampla, como veremos ao longo desse capítulo.

Se a cultura popular tem uma autenticidade que é negada à cultura de massa, algumas produções autorais escapam à regra, mesmo feitas *para o povo*. Nestes casos, grande parte dos artigos aborda o *cinema de perspectiva popular*, geralmente pelas mãos de Jean-Claude Bernardet. Nos textos, o critério autoral ressurge indiretamente como algo positivo para os cinemanovistas, porque eles analisam a estrutura da sociedade. São esses filmes que uniriam as solicitações estéticas e políticas numa coincidência com a estrutura real da sociedade. Não se trata de cópia do real, mas de reelaboração factível da realidade. O conceito de estrutura estaria encarregado de conferir um tipo de autenticidade distante do sentido de apreensão simples do real, como uma espécie de construção da sociedade brasileira com todas suas contradições. Para os cineastas-autores cinemanovistas, o debate sobre a cultura popular não parte de condenações diretas. Ao contrário, os artigos tentam averiguar se existe uma similitude entre o discurso do filme e a transformação da realidade brasileira. Muitas vezes os textos realçam mais o quanto a obra diz respeito à sociedade, diminuindo o peso da análise interna. No fundo, há alguma busca de autenticidade da cultura popular, mesmo que em cada exame de caso ela não apareça.

É interessante frisar que nunca se admite em *Opinião* que a produção do Cinema Novo seja de filmes *feitos para* o povo, porque com tal constatação o debate teria de ser feito em outros termos, isto é, como representação. O elogio parte do esforço de unir a autoria e o interesse social. Ele cabe aos cineastas que abdicam de sua visão de mundo para tentar incorporar a das classes populares. Esse conceito foi definido ainda no livro *Brasil em Tempo de Cinema*. Bernardet procurava por grandes obras, cujo valor estético é determinado na tensão superada entre a extrema unidade e a extrema riqueza, entre a coerência da estrutura e a multiplicidade do universo imaginário. Por exemplo, os elogios a *São Bernardo* (1972) de Leon Hirzsman referem-se a esta capacidade de relacionar as homologias e as estruturas. Em síntese, a forma do filme consegue captar a estrutura da sociedade e a coisificação do homem. Pouco importa neste caso que Leon Hirzsman seja da classe média, porque ele optou pelo ponto de vista das classes populares. É nesses casos que se abandona a comparação entre a classe social e a visão de mundo aplicada a Arnaldo Jabor e a Cacá Diegues. Os cineastas preferidos reúnem a estética apurada, o apelo ao público e o engajamento pelo cinema brasileiro. São basicamente três: Nelson Pereira dos Santos, Leon Hirzsman e Joaquim Pedro de Andrade. Todos eles respondem às indagações de *Brasil em Tempo de Cinema:* o encontro entre um cinema de base estética e de apelo popular. Mesmo se Nelson Pereira dos Santos declarasse trazer a cultura popular em sua forma pura, ele não seria questionado porque não se vê *Amuleto* como reflexo da classe que o produziu. Era nesses casos que se procurava o popular: como tentativa de aumentar a audiência, comunicar-se com as massas e como fonte de inspiração artística.

Não há grandes questionamentos diretos à cultura popular atrelada à cultura do nacional popular na primeira fase do jornal. A exceção foi o comentário de Jean-Claude Bernardet sobre *O Amuleto de Ogum* (1974) de Nelson Pereira dos Santos, onde se observa uma tensão sutil com o discurso do entrevistador por causa do conceito de cultura popular cinemanovista.[9] O filme significava uma revisão da postura do cineasta em relação à cultura popular. Tanto as manifestações religiosas africanas quanto seus mitos não seriam mais tomados como alienação e atraso, mas como extremo respeito do cineasta. Para sintetizar a mudança, Nelson Pereira dos Santos repetia a mesma frase à imprensa: "Meu filme não tem sociologia, não critica os personagens, não toma partido de ninguém". A sentença estava em sintonia com os debates do período, quando os intelectuais viam-se como porta voz do povo, cujos interesses imaginavam representar (Ridenti, 2000). Com essa ideia em mente, Nelson Pereira explicava a possibilidade de "traduzir" a cultura popular através de uma postura neutra e sem sua intervenção enquanto cineasta.

Jean-Claude Bernardet toma duas posturas em relação ao discurso do cineasta. Na *entrevista*, ele distancia-se das de-

---

9 Para uma análise detalhada do discurso de Nelson Pereira dos Santos e da fortuna crítica do filme *O Amuleto de Ogum*, ver Adamatti, Margarida Maria. "O Amuleto de Ogum e a discussão do cinema popular na crítica de cinema". In: CÁNEPA, Laura Loguercio; SOUZA, Gustavo da Silva (orgs.). *I Estudos de Cinema Intercom.* São Paulo: Intercom, 2015.

clarações de Nelson Pereira através do gênero informativo.[10] Utilizando frases como "depreende-se das palavras do cineasta", "segundo Nelson Pereira dos Santos", Bernardet explica a atitude cinemanovista como um mergulhar "*um pouco mais fundo*" na realidade e um esquecimento só "em parte" dos esquemas sociológicos. Dessa forma, o crítico mostrava que não havia uma mudança tão grande, porque o olhar sociológico do Cinema Novo ainda impedia uma aproximação com a realidade do país. Bernardet não explicita as contradições do discurso do diretor, mas as frases estão lá para a análise do leitor.

Quando escreve uma *crítica de cinema* sobre *Amuleto*, Bernardet toma uma postura opinativa um degrau acima desse distanciamento.[11] Em oposição às declarações de Nelson Pereira, ele desmonta a visão do cineasta como criador de uma cinematografia popular:

> Evidentemente, nem Nelson nem ninguém possui a fórmula do cinema popular, ou melhor, do *cinema de perspectiva popular* [*grifo nosso*] para não confundir com o filme de simples sucesso de bilheteria. Inclusive porque este cinema não existe em si. Ele é um processo, ele é constantemente uma aposta estética e política. A aposta básica feita por Nelson neste filme, me parece, é de aceitação dos valores da realidade sócio-cultural que ele aborda e da faixa de pú-

10 Santos, Nelson Pereira dos. "Caxias, para mim, é a capital cultural do Brasil". Entrevista concedida a Jean-Claude Bernardet. *Opinião*, n. 119, 14 fev. 1975, p. 19-21.

11 Bernardet, Jean-Claude. "O novo Cinema Novo". *Opinião*, n. 119, 14 fev. 1975, p. 20.

> blico a que se dirige primordialmente. Não se trata de posição abstrata, mas do caso específico da umbanda.

De forma sutil, Bernardet retoma um conceito deixado em aberto desde *Brasil em tempo de cinema*: a crítica à representação cinemanovista de cultura popular. O famoso livro demonstrou que as obras cinemanovistas não eram parte da cultura popular, mas uma produção típica da classe média. Em *Opinião*, Bernardet deixa de lado a indagação central de *Brasil em Tempo de Cinema*. Indiretamente os cinemanovistas ainda tentam apresentar sua obra como "cultura popular", mas Nelson Pereira não é questionado pela pretensão de trazer os valores populares como "tradução". Isso acontece porque Bernardet vê a empreitada como uma proposta original do ponto de vista estético e pela tentativa de diálogo com as classes populares na exibição. O elogio implícito a Nelson Pereira é o de trazer a cultura popular como forma de resistência.

Se Jean-Claude Bernardet evitou bater de frente contra Nelson Pereira dos Santos em *Opinião*, ele o fez no *Manifesto por um Cinema Popular*.[12] Nesse texto, o crítico elogia o cineasta de *Amuleto* por não mostrar mais a religião como forma de opressão e por romper com o paternalismo de *Barravento* (1961) de Glauber Rocha. Trata-se da apreciação mais negativa do filme, quando Bernardet declara que a tese de Nelson Pereira dos Santos é tão ingênua quanto a do Cinema Novo:

---

12 "Ensaio – O Amuleto mudou tudo. Manifesto por um cinema popular". Cineclube Macunaíma, Cineclube Glauber Rocha e Federação dos Cineclubes do Rio de Janeiro. Cinemateca Brasileira. Fol 145.

> A posição, então, é oposta e radical. E a longo prazo talvez tão ingênua quanto a tese da conscientização do início do Cinema Novo. De fato, os valores populares não constituem uma entidade autônoma. (...)
>
> A longo prazo, o assumir acriticamente o que Nelson chama de valores populares leva a uma posição que, por muito diferente da sua posição inicial do Cinema Novo, não deixará de ser também romântica e populista.

Um tipo de comentário assim direto à cultura popular era filtrado na primeira fase de *Opinião*, talvez pela preferência à cultura do nacional popular, pela distinção simbólica dos cineastas engajados ou para não atrapalhar as possibilidades comerciais dos filmes brasileiros. É interessante demonstrar que o grande espaço dado a *Amuleto* diz respeito a um projeto político e cultural defendido em *Opinião*. Isso é visível pelas ausências. Por exemplo, *Quem é Beta* (1973) do mesmo diretor só recebe uma menção no jornal como filme alegórico, porque não corresponde ao interesse dos críticos por um cinema político e de fácil entendimento popular.

Amuleto foi um divisor de águas em *Opinião* porque significou o fim das esperanças da crítica de cinema por um cinema popular, autoral e comercial, com a união entre um público culto e popular, cujo objetivo parecia ter sido concretizado com *Macunaíma* (1969) de Joaquim Pedro de Andrade. Algum tempo depois do lançamento, Jean-Claude Bernardet constata em *Opinião* a impossibilidade de atingir o público popular, porque *Amuleto* não foi visto pela classe popular, mas pela classe abastada e universitária de sempre.[13] Embora não houvesse uma impossibilidade de identificação das classes populares no filme, para ele, a distribuição impediu o processo, como se o mercado conseguisse determinar quais as classes terão acesso aos produtos.

Esse primeiro marco de uma crítica ao nacional popular na seção de cinema de *Opinião* antecipa as discussões internas da esquerda nos anos setenta, mas não foi inédito na trajetória de Jean-Claude Bernardet. Afinal o artigo retoma as indagações de *Brasil em tempo de cinema* sobre a ligação entre o filme e o complexo de comercialização. Ainda nos anos sessenta, o autor percebia que o caráter popular de uma obra não determinava a fruição do público, como se pensava. Publicado em 1967, o livro foi o pioneiro na crítica ao nacional popular no campo do cinema (Xavier, 2009).

Como não poderia deixar de ser, *Brasil em Tempo de Cinema* causou polêmica antes mesmo do lançamento, quando uma banca informal discutiu o trabalho durante o Festival de Brasília. O ponto de atrito era exatamente o cinema popular. Se alguns cineastas viam-se como sujeitos responsáveis por fazer aflorar a cultura popular, o livro encerrava o debate, declarando a inexistência de qualquer cinema popular no Brasil *até aquele momento*. Se não existia um cinema popular feito *pelo* povo, o livro gerava divergência ao inserir a produção do Cinema Novo como típica da classe média. Bernardet contestava não só os cinemanovistas, mas também o CPC (Centro Popular de Cultura) como vanguarda intelectual encarregada de gerar uma cultura popular revolucionária. Ao contrário, o crítico via essa produção como típica de classe média. Com esses comentários, Bernardet levava embora

13 "Os outros donos de Amuleto". *Opinião*, n. 134, 30 mai. 1975, p. 24.

o sonho do intelectual cinemanovista de se ver como mediador autorizado do povo.

Tomamos aqui *Brasil em Tempo de Cinema* como marco inaugural no campo do cinema de condenação à cultura do nacional popular *ainda nos anos sessenta*, juntamente com a publicação do artigo de Sebastião Uchôa Leite na *Revista Civilização Brasileira*.[14] No mesmo ano da dissertação de Bernardet, Uchôa Leite foi o responsável por problematizar o conceito de cultura popular nas artes e diferenciar a cultura *feita pelo* povo, *para* o povo e *sobre* o povo. Jean-Claude Bernardet e Maria Rita Galvão (1983) sinalizaram que a abordagem de Uchôa Leite sobre a cultura popular foi original e progressista para o período, porque apontava a necessidade de proporcionar ao povo as condições culturais de enriquecer seu próprio conteúdo. O teórico via na própria cultura feita pelo povo a potencialidade crítica para essa abertura.

O epicentro da discussão sobre a cultura brasileira nos anos setenta residia na questão do nacional popular, trazendo junto a condenação à pretensão do intelectual de ser um porta voz do povo. Naquele momento, o nacional popular era visto como símbolo de uma ação autoritária, mistificadora, nacionalista e afeita às regras do mercado e do estado autoritário (Napolitano, 2011, p. 316). A revisão da cultura nacional popular era realizada especialmente por alguns segmentos que compõem a *Nova Esquerda*: os trotskistas, a antiga Ação Popular (AP), a esquerda

14 "Cultura Popular: Esboço de uma resenha crítica". *Revista Civilização Brasileira*, n. 4, set. 1965. O artigo também está disponível in Fávero (1983). Para uma análise do artigo de Uchôa Leite, ver Bernardet; Galvão (1983). Bernardo Kucinski (1991) vê a *Revista Civilização Brasileira* como o início da exegese da cultura de esquerda, fazendo a autocrítica de seus fracassos.

católica e os movimentos sociais e basistas (Napolitano, 2011). Algumas figuras relacionadas a esses núcleos estavam presentes em *Opinião*, como veremos. O segmento é heterogêneo e teve importância fundamental no desenvolvimento de uma revisão da cultura nacional popular. Esse movimento crítico à esquerda nacionalista e comunista ganhava o reforço da Nova Esquerda *intelectual*, avessa ao conceito do arauto. Havia naquele período, uma crítica conjunta à mediação feita pelo mercado, ao elitismo e à massificação industrializada da cultura. Ao mesmo tempo, esses segmentos buscavam valorizar os aspectos comunitários no interior dos movimentos sociais, reconhecendo a necessidade de resolver os problemas *com* o povo, nunca para ele. Autores como Marilena Chauí (Chauí, 1983, 1986; Queiroz; Valle, 1982), Alfredo Bosi (1987, 1992), Ecléa Bosi (2007), Paulo Freire (Fávero, 1983) renovaram conceitos importantes da cultura popular em relação à intelectualidade.

No campo específico do cinema, a revisão teórica do conceito de nacional popular concretizou-se no livro *Cinema: repercussões em caixa de eco ideológica - as ideias de "nacional" e "popular" no pensamento cinematográfico brasileiro* escrito por Jean-Claude Bernardet e Maria Rita Galvão (1983). Se o livro foi publicado em 1983, alguns antecedentes desse debate já estavam presentes anos antes em alguns artigos de *Opinião*. É sobre esses textos que nos dedicamos a partir de agora. O debate em torno da cultura popular em *Opinião* surgia em meio a três atores sociais: 1. o núcleo do nacional popular, que perdia espaço dentro da seção cultural; 2. os opositores ao nacional popular e por último, 3. os liberais na figura de Fernando Gasparian.

Nordeste Congelado: cultura popular em frasco

Uma crítica aos intelectuais, à política cinematográfica e à cultura do nacional popular. Por causa do lançamento de *Nordeste: cordel, repente, canção* (1975) de Tânia Quaresma,[15] Jean-Claude Bernardet observa um interesse nos documentários de curta metragem daquele momento pelo Nordeste e pela cultura rural, cujo maior representante é Geraldo Sarno. O crítico sugere deixar de lado o assunto do filme e abordar a relação entre a produção, a cultura popular e o público, afinal essa relação permanece oculta no produto final. Ninguém discute o porquê e para quem o filme é feito, explica Bernardet. A discussão fica só no *fazer e como fazer*, para não quebrar o clima de "autenticidade".

Analisando as tendências desses documentários de curta metragem, Bernardet tira algumas conclusões: 1. os filmes não são *de* cultura popular, mas *sobre*; 2. os realizadores não fazem parte da cultura popular; 3. os produtores e consumidores da cultura popular não participam da *realização* dos filmes, nem têm acesso ao resultado final; 4. o público geralmente é o espectador culto. Portanto, a cultura popular serve de matéria prima, compondo um retrato de "desapropriação cultural" de suas imagens e sons. Bernardet observa que os filmes passam por três máximas: a ideia de "registro", de "preservação" e de "memória" para fazer frente à indústria cultural. A proposta de "registro" quer armazenar a cultura popular antes de seu "desaparecimento", ou antes que ela seja "deturpada". O artigo traz uma provocação: por que preservar Lampião e deixar de lado Roberto Carlos? Por que

15 "O Nordeste congelado pelo cinema". *Opinião*, n. 164, 26 dez. 1975, p. 20.

o primeiro seria mais genuíno? Isto é, por que a cultura do povo seria autêntica e a da cultura de massa artificial?

A resposta de Bernardet à própria pergunta não está nos filmes, nem na cultura popular. A indagação é tomada para problematizar o comportamento dos intelectuais num ambiente cultural nacionalista. O crítico prova que essa produção não foi feita para o povo, mas cumpre a função de construir a identidade do público culto, descaracterizada pelo consumo:

> Mas como a crítica e a participação são reprimidas, como se tenta bloquear a inserção nossa no presente e no futuro, essa identidade é procurada no povo (em oposição aos dominadores), nas formas não industrializadas (em oposição à industrialização saqueadora e despersonalizadora), no passado estagnado (sendo bloqueada a dinâmica do presente e do futuro). (...)
>
> Diante de uma despersonalização progressiva, apoderarmo-nos destas formas de cultura popular cinematograficamente elaboradas por nós é uma tentativa nossa para não desaparecer. Numa atitude de nacionalismo infantil e mágico (...), identificamo-nos com um museu criado por nós. Timidamente e sem alterar as regras do jogo as que nos são impostas, respondemos à alienação da despersonalização cultural como uma outra alienação: 'o museu popular'.

O trecho não poupa os intelectuais da autoanálise. O uso da cultura popular serve para cada um formar sua identidade como sujeito da resistência e incide na representação mostrada do povo. Ele aparece miserável na imagem, mas é sempre manso. Sofre "violência", mas devolve "artesanato" e poesia. "Não é pacato o povo de *Nordeste: Cordel, Repente, Canção?*", pergunta Bernardet.

O artigo contém uma série de críticas e pontos de atrito. Quando Bernardet questiona a indústria cultural e o conceito de preservação difundido pelo Estado, traz alguns argumentos da esquerda contrários à aproximação entre intelectuais e Estado. Alguns desses comentários tomarão mais força nos anos seguintes através da Nova Esquerda. O ano do artigo é significativo. Em 1975 foi promulgada a Política Nacional de Cultura. Bernardet questiona quem são os responsáveis por determinar quais práticas serão preservadas e o porquê do desprezo à evolução das formas culturais. Provavelmente parte da contestação ao projeto de preservação resida no fato de que *Nordeste: cordel, repente, canção* foi patrocinado e distribuído pela Embrafilme. Porém, essa informação não aparece no texto. Bernardet coloca em xeque a intenção desta produção de chegar ao povo porque "estes filmes não atuam sobre a área cultural de que tratam". Isto é, fingem ser cultura popular porque não há contato como povo.

Por detrás deste comentário está a certeza de que só os produtores da cultura popular são capazes de representá-la; quase dotados de uma autenticidade. Há aqui uma aspiração à participação do artesão no próprio processo de confecção fílmico. Cinema popular mesmo consistiria na entrega da câmera ao povo. Esse é o tema indireto da matéria que antecipa um argumento do livro *Cineastas e Imagens do povo* (Bernardet, 1985): a falta de acesso dos produtores culturais ao mecanismo de produção.

Se os cineastas não entregam a câmera ao povo, o artigo realça o interesse dos intelectuais pela imagem da população miserável, cujo objetivo é despertar compaixão, como num tipo de "nacionalismo infantil". Quando Bernardet relaciona os filmes lançados à classe social de origem do cineasta, os comentários têm como origem *Brasil em Tempo de Cinema.* Há um ponto em comum com o livro no sentido de condenar a pretensão intelectual de *traduzir* a cultura popular. Indiretamente o artigo mostra que é impossível apreender a cultura popular, porque o cineasta é de outra classe social e costuma eliminar nos filmes os conflitos entre a burguesia e os trabalhadores para esconder sua má consciência. Talvez sintonizado com Sebastião Uchôa Leite (1965), Bernardet (2007) separava a cultura popular feita pelo povo da cultura popular *feita* pela classe média para o povo.

Quando o crítico frisa o quanto a população é pacata e passiva na obra de Tânia Quaresma, a visão não era muito diferente da exposta em *Brasil em Tempo de Cinema.* Naquele livro, o autor observava como os filmes sobre proletários e camponeses mostravam os dois grupos como pessoas sem defeito, esfomeados ou injustiçados. Ainda em 1967, Bernardet explicava com todas as letras que o sentido de popular estava só na inspiração da temática e das formas populares:

> assim, embora aspirando a ser popular por sua temática e pelo público que desejava alcançar, o recente cinema brasileiro, tanto o cinema de ideias como o artesanal e comercial, foi popular apenas na medida em que se inspirou em problemas e formas populares. Mas o que fez foi elaborar temática e forma que expressam a problemática da classe média. De *Cinco vezes favela* até *A falecida*, *São Paulo S.A.* e *O desafio*, passando por *Deus e o diabo*, divisor de águas do atual cinema brasileiro, elaborou-se em alguns anos uma temática que vai de uma alienação na qual a classe pretendia ilusoriamente identificar-se

> ao povo, a uma possibilidade concreta de afrontar os problemas dessa classe (Bernardet, 2007, p. 183).

O autor decompôs no livro as possibilidades e a inexistência do cinema popular: "Entre a constatação de que um filme é popular por ser baseado em problemas que dizem respeito ao povo, de que ele se vale de formas populares, e a conclusão de que ele é popular, ou seja, destinado a ser compreendido por um público popular, é um passo só, e uma confusão muito grande se estabelece." (Bernardet, 2007, p. 168). O trecho não só decompõe os significados do popular no cinema, mas também vai atrás das motivações dos cineastas interessados nesse tipo de filme. Então, Bernardet demonstra o quanto os realizadores tentam se autenticar através da ideia de representantes legítimos da cultura popular. Para ele, cabe ao "povo encontrar suas próprias soluções", e não ficar esperando o Antonio das Mortes glauberiano para "livrar Manoel da alienação". A conclusão não poderia ser outra: "dizer que *Deus e o Diabo* é filme popular é idealismo e mistificação".

Esse tipo de condenação clara ao cinema popular está ausente de *Opinião* quando o assunto é o grupo do Cinema Novo. Mas o critério ressurge para Tânia Quaresma. Em *Opinião,* os cinemanovistas canônicos só levavam alguns arranhões. Se no semanário alguns desses temas não aparecem, Bernardet decompunha as contradições do discurso cinemanovista em outros veículos da imprensa. Por exemplo, num artigo de 1974 para o livro *Kino und Kampf in Latinamerika*, Bernardet (1978, p. 125-139) dizia claramente que quando a esquerda do Cinema Novo acreditava ser revolucionária, vivia uma alienação.

Não era só em *Brasil em Tempo de Cinema* que Jean-Claude Bernardet participava de alguma maneira da crítica à intelectualidade. Como ator, ele aceitou interpretar um intelectual em *Orgia, o homem que deu cria* (1970) de João Silvério Trevisan. Sozinho e nu no meio do mato, o personagem é um típico intelectual à parte do mundo social. Prefere as letras e o conhecimento ao diálogo possível com os dois visitantes que se aproximam. O máximo de comunicação que há entre eles são alguns grunhidos sem sentido. Se o homem literalmente engole as páginas dos livros, seus conhecimentos parecem inúteis porque o intelectual devora a informação só para si mesmo. O personagem nem sequer tem a pretensão de ser arauto. Carece até de uma função social. A paralisia e falta de sentido o levam ao suicídio. Depois de queimar quase todos os livros, ele enforca-se numa árvore. Num misto de espanto e desdém risonho, os dois visitantes usam os livros que sobraram como papel higiênico. Nenhum detalhe desse ritual nos é poupado na imagem. A cena parece o ápice de um questionamento brutal do intelectual, sem nenhum tipo de eufemismo, muito distante da crise reflexiva poética do Cinema Novo em *O desafio* (1965) de Paulo César Saraceni, *Terra em Transe* (1967) de Glauber Rocha e *O bravo guerreiro* (1968) de Gustavo Dahl. Afinal *Orgia* pertence ao polo oposto e pode ser pensado como parte da postura anti-intelectual de muitos filmes marginais feitos na Boca do Lixo.

É como se Bernardet não voltasse mais em *Opinião* aos assuntos já concluídos no passado. Coincidência ou não, o autor contesta mais os aspectos do nacional popular do Cinema Novo em outros jornais, não em *Opinião*. Talvez ainda fosse uma prática conjunta aos críticos engajados conter certos comentários negativos ao cinema brasileiro para não atrapalhar a bilheteria dos filmes, como se fazia no *UH* (Bernardet, 1978).

A teorização sobre a cultura popular de Nelson Pereira dos Santos sobre *O Amuleto de Ogum* (1974) foi poupada por Bernardet em *Opinião*. A diferença em relação a *Nordeste: cordel, repente, canção* é de quase um ano. O artigo sobre *Amuleto* é de fevereiro e o texto sobre Tânia Quaresma foi escrito em dezembro. Se os cinemanovistas passaram quase incólumes desse tipo de crítica na maior parte do tempo no jornal, o filme de Quaresma retomava a ligação do popular como discurso de classe de *Brasil em Tempo de Cinema*. Se provavelmente o critério é artístico, a diferença fica clara quando Bernardet comenta a produção de Leon Hirzsman. O crítico considerava todos os filmes do cineasta como *uma busca de um cinema popular.*[16] A utilização da palavra "busca" revela uma grande distância de objetivos em relação à *Nordeste: cordel, repente, canção*. Não se trata de encontrar a cultura popular, mas de uma tentativa, sem a pretensão de mostrar-se como acesso ao real. Portanto, havia os dois matizes de pensamento em *Opinião*. Existia espaço para os cinemanovistas colocarem suas ideias sobre a cultura popular, mas crescia uma crítica ao conceito de nacional popular. No geral, o jornal como um todo estava muito mais atrelado ao papel político do intelectual na resistência do que na sua crítica. Trata-se do novo e do velho olhar de 1970 sobre a cultura do nacional popular em *Opinião*. Bernardet (1978) explicou um pouco desse clima político. Os críticos temiam atrapalhar a conquista do mercado com comentários negativos, porque lutavam pelo cinema brasileiro. É por esse motivo que muitas discussões estéticas e políticas eram relegadas ao segundo plano. De acordo com

16 Bernardet, Jean-Claude. "Uma trajetória coerente". *Opinião*, n. 87, 8 jul. 1974, p. 16.

Bernardet, falar mal do Cinema Marginal ou da comédia erótica não causava problema. A dificuldade era atacar o cinema crítico.

A repercussão do artigo no meio cinematográfico

O artigo sobre Tânia Quaresma rende um debate com os cineastas dentro e fora do jornal. Em *Opinião,* Geraldo Sarno escreve uma carta em retaliação a Jean-Claude Bernardet.[17] O ponto de atrito foi o crítico colocar o nacional popular à prova no jornal e citar indiretamente a produção de Sarno como forma inautêntica de cultura popular. O cineasta acusa Bernardet de ter uma postura simplificadora e esquemática da realidade social. No texto, ele expõe a dificuldade de manter os produtos artesanais frente à investida do processo de industrialização. O realizador condena Bernardet por estar alheio aos obstáculos de comercialização dos documentários no Nordeste. Sarno endossa a importância da cultura nordestina na formação da cultura nacional. Depois se pergunta onde ficariam as obras de Glauber Rocha e de Guimarães Rocha que se "nutriram" da cultura popular. Trata-se de uma defesa da cultura do nacional popular, enquanto Bernardet questiona seu uso. O conceito de cultura popular de Sarno é o de expressão da resistência cultural às classes dominantes, típico daquele momento.

No fundo, Sarno defende a cultura popular como alicerce do nacionalismo para a afirmação da identidade nacional. Ligado ao PCB, o realizador estava ao lado da cultura do nacional popular. Assim, toda cultura por ser do povo é libertadora. Há outro aspecto interessante na carta de Sarno em dissonância com

17 Sarno, Geraldo. "A cultura apropriada. Carta dos leitores". *Opinião,* n. 166, 9 jan. 1976, p. 18.

o conceito apreendido por Bernardet. Segundo Michel Löwy e Robert Sayre (1995), o romantismo é uma crítica à modernidade e ao capitalismo. Por isso a nostalgia está no cerne da atitude romântica, e aparece na declaração de Sarno num conceito de povo amparado no passado, pelo folclore e pela volta a um tempo pré-capitalista. Não cabe ao jornal *Opinião* na área de cinema a caracterização de romântico, porque inexiste um sentimento anticapitalista. Ao contrário, o semanário toma o capitalismo por dado real, defendendo a necessidade de industrialização. A constatação de que cinema é mercado aparece como imperativo, não como sensação de desencanto. O que se quer mudar no jornal é a forma de conquistar o mercado, através do cinema crítico. Ao contrário, Geraldo Sarno busca não só a cultura popular congelada, mas também uma comunidade brasileira autêntica.

A opinião defendida por Geraldo Sarno era comum na época. Segundo Marcelo Ridenti (2000), trata-se de valorizar a tradição e a presença do passado, mas ao mesmo tempo perceber o progresso como dessacralização da sabedoria popular. Sarno oferece uma concepção de cultura atemporal e congelada para não gerar a perda de raízes. A visão traz um viés de autenticidade do popular, em oposição às transformações da realidade. Esse conceito mobilizou a defesa de um retorno ao passado porque a cultura brasileira seria um patrimônio a ser preservado. A finalidade era recrutar o Estado como guardião da memória frente à descaracterização das importações (Ortiz, 2006). A esta concepção cultural, Jean-Claude Bernardet se opõe constantemente. Diferente de Sarno, Sebastião Uchôa Leite (1965) vê a cultura popular como algo vivo e em transformação. Quando pensa a cultura do povo como algo cristalizado, o cineasta traz o ponto de vista da preservação estética. Existe na atitude de Sarno um fundo ético de desconfiar da mutabilidade dos valores por causa dos resultados negativos. Tentando preservar a autenticidade da cultura do polo das transformações, este conceito é uma falácia para Uchôa Leite porque pressupõe a ingenuidade dos produtores da arte popular.

A carta do cineasta retoma o debate de *Brasil em tempo de cinema* com dez anos de atraso. O argumento de Geraldo Sarno nos remete ao artigo de Roberto Schwarz, *Nacional por subtração* (1987), no qual o autor explica que a busca pelo caráter autêntico da cultura brasileira ocupava a ordem do dia da intelectualidade. Num espírito combativo prevalecia a ideia de preservar a cultura brasileira do comércio e da comunicação de massa, tal como Sarno. Assim, era comum defender a expulsão dos invasores imperialistas, porque estes impediriam o desabrochar da cultura autenticamente nacional. Esse raciocínio era usado com frequência em *Opinião*. Da "subtração" do que não era nacional, nem nativo, se localizaria a essência da brasilidade. Em *Opinião*, a ideia de essência do popular não era questionada, exceto por Bernardet.

Essa não foi a única polêmica de *Nordeste congelado pelo cinema*. A repercussão continuou fora do espaço do jornal com alguns comentários de especialistas no assunto, nem sempre favoráveis.[18] Ivan Cavalcanti Proença contou a Bernardet que o artigo foi motivo de comentários em quatro debates sobre a cultura popular. Se o texto foi o mais discutido, em geral provocou "reprovação". Especialista no assunto, o professor universitário entrou em contato com o crítico para dizer que estava "totalmen-

18 "Sobre o artigo de cultura popular, em *Opinião*". Cadernos de Anotações Manuscritos de Jean-Claude Bernardet. AJCB Pasta PI - 8 p. Arquivo Jean-Claude Bernardet. Centro de Documentação e Pesquisa da Cinemateca Brasileira.

te de acordo com o artigo", mas a publicação "foi inoportuna" e poderia ter servido a propósitos mais amplos. Provavelmente o lado inoportuno fosse colocar à prova o nacional popular, que era a semente comum da Frente Cultural. Se as observações de Proença tendiam mais para o negativo, Dieter Goebbels relatou que o artigo repercutiu a tal ponto num grupo, que Ivan Maurício e outros reformularam suas pesquisas.

Nesses relatos há uma pequena dimensão da dificuldade para qualquer crítico de cinema conseguir se opor aos valores do nacional popular. A condenação não vinha só do núcleo do nacional popular na figura de Geraldo Sarno, mas do meio cultural. Provavelmente Bernardet soubesse bem onde pisava ao comentar a cultura nacional popular. Em entrevista, ele afirmou que não havia problema algum em enfrentar o nacional popular em *Opinião*. Escolher publicar uma crítica aos cinemanovistas neste jornal ou em qualquer outro seria uma questão de acaso. Talvez esta liberdade envolvesse a extrema distinção em torno do nome de Bernardet. Afinal, os atritos internos do jornal no ano seguinte revelam a dificuldade de bater de frente com o nacional popular, como veremos.

José Arrabal e *A Gota d'água* à cultura do nacional popular no teatro

Natural do Espírito Santo, a luta contra o autoritarismo na política estava no sangue. Ainda durante o Estado Novo, o pai de José Arrabal Fernandes Filho desafiou as leis da censura e interrompeu seu discurso de orador da Faculdade de Medicina para pedir a democratização do país a Getúlio Vargas.[19] A família de origem hispâ-

---

19 Ver Arrabal, José. *A sociedade de todos os povos*. Barueri/São Paulo: Edi-

nica tinha na Guerra Civil Espanhola um dos assuntos preferidos ao longo das décadas. No mesmo ano do golpe militar, Arrabal entrou para a Faculdade de Direito da Universidade Federal do Rio de Janeiro. Era um estudioso do teatro. Em 1966, ele trabalhava como jornalista e crítico de teatro do *Jornal do Commercio* e dos *Diários Associados*. Ainda durante os primeiros anos da universidade, sua carreira foi interrompida em decorrência da situação política. Da sua turma de faculdade, muitos foram para a guerrilha urbana. Ana Maria Palmeira lhe passou os primeiros livros sobre marxismo em 1966. Um ano depois, Arrabal já era alguém assumidamente de esquerda. Ele começou dando apoio logístico a Vladimir Palmeira na DI - Dissidência Interna do Partido Comunista. Passou também como simpatizante pela Ação Libertadora Nacional (ALN). Na época, era do tipo "boi de piranha", abrigando em sua casa várias tendências políticas, às vezes como espaço de reunião ou acolhida aos que precisavam. Avesso à luta armada, José Arrabal começou como estrategista de segurança dos locais por onde passava Palmeira. Aos poucos, o trabalho de infraestrutura e de compra de suprimentos o aproximava da guerrilha urbana. Na época, ele sabia de cor a Convocatória da Guerrilha Urbana de Carlos Marighella. Quando percebeu que a guerrilha era um barco furado, já era tarde. Ele foi preso com um grupo de jovens estudantes em 1972. Tinha 25 anos. Naquela época fazia parte como simpatizante da Fração da Política Operária (Polop).

Naquele mesmo ano, surgia o jornal *Opinião* e Arrabal era um leitor assíduo. O sentimento geral era de que *Opinião* significava um apoio intelectual em anos difíceis. Na prisão, Arrabal e sua esposa foram muito torturados. Ele ficou muito doente e teve uma infecção renal por causa da tortura. Demorou quatro

---

tora Manole, 2010.

anos para se curar. Depois da primeira prisão, José Arrabal foi detido mais quatro vezes, por causa do seu jeito "muito ousado" de ser. A postura não era aprovada pelos colegas, mas mesmo assim ele entrava nos ônibus do Rio de Janeiro e batia palmas. Depois pedia a atenção de todos e contava que tinha sido preso e torturado. Passados alguns dias, vinham os telefonemas anônimos com promessas de novas prisões e sessões de tortura. Então Arrabal era novamente preso e apanhava muito. Segundo ele, as prisões tinham fundo "corretivo", para que Arrabal caísse na clandestinidade e pudesse ser perseguido mais ainda.

Por causa das prisões, José Arrabal não arranjava nenhum emprego. Quando ele conseguiu uma vaga de *freelancer fixo* num grande jornal, o editor voltou atrás no outro dia. Explicou que não poderia contratá-lo porque Arrabal seria preso no dia seguinte. No final de 1972, era impossível continuar vivendo no Brasil. Com a carteira de correspondente internacional de *Politika* e da *Tribuna da Imprensa*,[20] ele foi para o exílio no Chile e na Argentina. Trabalhava como jornalista e enviava matérias contando a situação do Chile durante o governo de Salvador Allende com o pseudônimo de Marcos Prado. Foi no Chile que ele escreveu o primeiro artigo para *Opinião*. No começo de 1973, Arrabal entrevistou o senador Carlos Altamirano, líder do par-

20 Durante o regime militar, Arrabal trabalhou em diversos jornais da imprensa alternativa: *Politika, Opinião, Movimento, Em Tempo* e em muitos outros veículos menores da imprensa alternativa, em vários estados brasileiros. Escreveu para a *Tribuna da Imprensa, Visão, Jornal do Commercio, Diários Associados* e anos depois para a *Revista Submarino*. Nos anos oitenta, ele decidiu se tornar escritor e desde lá já escreveu mais de quarenta livros, além de exercer a docência em Jornalismo e Letras na PUC, na Metodista, na Faap, na Universidade de Mogi das Cruzes e na Unip.

tido socialista, que defendia armar as favelas e impulsionar as formas de poder das organizações populares. Enquanto Arrabal pensava para qual jornal enviar a matéria, veio a sua mente *Opinião*.[21] A entrevista foi publicada com destaque no jornal e teve repercussão porque os temas não eram discutidos na opinião pública brasileira.[22]

Graças ao sogro, Arrabal e a esposa puderam voltar ao Brasil. Ele foi até a redação de *Opinião* e se identificou para Raimundo Pereira. O editor-chefe pediu uma matéria sobre teatro e o primeiro texto foi publicado ainda no começo de 1975. Naquela época, Arrabal se aproximava do trotskismo e estava na Libelu (Liberdade e Luta). Muitos colegas dessa convergência também foram para *Opinião*. A preferência era pelo Trotsky enquanto crítico literário. A aproximação dele com a Libelu acontecia porque o partido discutia a questão comportamental, enquanto o PCB e o PCdoB não só negavam essa discussão, mas desprezavam o tema.

O trabalho na seção de teatro de *Opinião* era dividido pelas cidades. Fernando Peixoto escrevia de São Paulo, enquanto Arrabal cobria o Rio de Janeiro. Quando Peixoto não assinava,

21 José Arrabal conta como era difícil transmitir as matérias para o Brasil. Geralmente ele recorria a um diplomata amigo ou enviava por carta os artigos para conhecidos da Argentina. Então os textos seguiam até o país por correio. Antes disso, o jornalista tentou despachar o material através da Varig, mas o funcionário não garantiu a entrega. Quando descia as escadas, Arrabal foi filmado por um policial como prova. A situação dos brasileiros era insustentável. Percebendo que haveria um golpe militar, Arrabal decidiu deixar o Chile.

22 Altamirano, Carlos. "O líder do PS Chileno: 'Avanzar sin tranzar'". Entrevista concedida a Marcos Prado (pseudônimo de José Arrabal). *Opinião*, n. 18, 05 a 12 mar. 1973, p. 16-17.

Arrabal publicava. Ele explica que a seção de teatro era muito censurada. A equipe mandava sempre textos em dobro porque o nome de Fernando Peixoto era constantemente vetado pelos censores por sua ligação com o PCB. Por esse motivo, Peixoto muitas vezes assinava Andrea Sarti, pseudônimo retirado do livro *A vida de Galileu* de Bertold Brecht. Era comum a censura interditar um artigo dele numa semana e liberar na semana seguinte o mesmo texto assinado por Andrea Sarti.

Existia entre os dois críticos certa "divergência" de ideias, por causa da diferença de idade e de formação. Arrabal tinha um profundo respeito pela trajetória de Peixoto como diretor e ator importante do Teatro de Arena e do Show Opinião. Na época, ele se definia como um estudioso de teatro, enquanto Peixoto colocaria em primeiro plano seu compromisso profissional com o ramo. A relação era pautada por um debate de ideias, com alguma "gozação" do "jovem rebelde" que "eu era". Arrabal gostava de falar para Fernando Peixoto: "O meu Brecht é comunista, o seu é liberal". Contudo, essa diferença de pensamento os afastava progressivamente.

De todos entrevistados, apenas Júlio César Montenegro e José Arrabal falaram abertamente sobre sua oposição direta ao nacional popular no jornal *Opinião*. Arrabal mudou sua postura sobre o nacional popular quando leu *O colapso do populismo no Brasil* de Octavio Ianni, publicado em 1968.[23] Foi quando ele percebeu que o populismo levou ao fracasso da esquerda. Esse foi seu grande divisor de águas. Além dessa guinada, duas leituras foram importantes na sua trajetória de oposição ao nacional popular. A primeira foi o artigo de Sebastião Uchôa Leite sobre a cultura popu-

23 Ianni, Octavio. *O colapso do populismo no Brasil*. Rio de Janeiro: Civilização Brasileira, 1968.

lar publicado em 1965 na *Revista Civilização Brasileira*.[24] Depois veio o livro de Jean-Claude Bernardet, *Brasil em Tempo de Cinema* de 1967. Desde aquela época, Arrabal não acreditava que o final da ditadura levaria o Brasil ao socialismo. Se o PCB se considerava um partido revolucionário, ele só via "conformismo". Se a mudança de pensamento de Arrabal veio nos anos sessenta, o ambiente cultural de *Opinião* possibilitava muitas trocas de ideias entre os críticos. Com os amigos Jean-Claude Bernardet e Ronaldo Brito, ele aprofundava ideias já sedimentadas. O jornal foi importante também na sua trajetória. Arrabal via Montenegro e Bernardet como intelectuais sofisticadíssimos que conheciam muito bem diversos autores como Michel Foucault, Roland Barthes, Pierre Bourdieu, que ele passou a conhecer melhor através de semanário de Fernando Gasparian.

José Arrabal não era um colaborador constante no jornal, mas chamava muito a atenção porque falava "coisas que ninguém dizia". Assim ele ficou marcado como o "crítico ao nacional popular" ou como a pessoa "que abriu a ferida". Há nele uma autocrítica forte ao proferir essas palavras. Sua busca naquele momento era pelas obras de arte com uma reflexão na linguagem e pela capacidade de recolocar signos. Essa postura não repercutia só com os leitores, mas no próprio campo intelectual. Sebastião Uchôa Leite disse a Arrabal que tinha apreciado muitos os textos dele em *Opinião*, além de admirar sua coragem. Por volta de 1976-77, José Arrabal foi ouvir Carlos Guilherme Mota numa palestra na USP e decidiu fazer uma pergunta. Mota respondeu que não poderia responder, porque o assunto era uma novidade trazida por

24 "Cultura Popular: Esboço de uma resenha crítica". *Revista Civilização Brasileira*, n. 4, set. 1965.

Arrabal. A reação da plateia foi de risos e o crítico de *Opinião* teve que se identificar publicamente.

Os artigos de Arrabal em *Opinião* têm um forte viés crítico ao nacional popular no teatro. O tema é vasto. Nossa abordagem aqui é introdutória e não aprofunda as questões específicas do campo teatral, nem tem a pretensão de relacionar os artigos com as peças em questão ou com os dramaturgos ligados ao nacional popular. Nosso foco é traçar alguns paralelos entre a oposição ao nacional popular na trajetória de *Opinião* e nos textos de Arrabal. Procuramos esclarecer algumas das famosas polêmicas da seção de teatro e observar algumas linhas de continuidade metodológica entre ele e o jornal.

O trabalho é feito com os dois artigos que causaram mais polêmica nos jornais de Fernando Gasparian. O primeiro texto é sobre a peça *Gota d'água* de Chico Buarque e Paulo Pontes e foi publicado no *Jornal de Debates*, quando o redator-chefe era Júlio César Montenegro. O artigo antecipa algumas linhas de crítica ao nacional popular que serão colocadas em prática por Montenegro em *Opinião*. Meses depois, Arrabal analisou a peça *Ponto de Partida* de Gianfrancesco Guarnieri no próprio *Opinião*, também sob o comando de Montenegro.

Gota d'água causou um rebuliço nos jornais de Fernando Gasparian. O texto de Arrabal foi publicado sem nenhum problema interno no *Jornal de Debates*. Mas depois da publicação, o artigo ocasionou muita "pedrada" em cima dele. Além deste, uma crítica a *Gota* foi vetada em *Opinião*, como veremos. O título escolhido por Arrabal já dá uma dimensão do tamanho das polêmicas pela comparação feita: *Gota d'água: essa noviça rebel-*

de.[25] O texto discutia se *Gota d'água* de Chico Buarque e Paulo Pontes representava alguma inovação no panorama cultural.

Além disso, Arrabal trazia aos leitores um pouco do dia a dia interno da crítica de teatro. Segundo o texto, o endeusamento dos dois autores impedia uma troca de ideias, tornando as polêmicas um assunto proibido. Arrabal vai contra essa trajetória, porque para ele só com reflexão crítica o debate poderia acrescentar algo novo a respeito das formas de apropriação da realidade. O artigo antecipa a fase final de *Opinião*, quando se passa a ver a discordância e o questionamento das produções como uma possibilidade de criar uma prática enriquecedora do processo cultural.

Parte da polêmica em torno de *Gota* parece passar pela questão da política cultural e da estratégia de ocupação dos mercados a qualquer custo. Como membro da futura Nova Esquerda, Arrabal contrapõe-se ao mercado e à totalidade desse processo, porque a tendência é gerar peças de teatro com feições conservadoras, para um público com alto poder aquisitivo. Nestes casos, o modelo de construção que impera é o do espetáculo comercial sofisticado e alienante, dotado de valores preconceituosos e uma visão de mundo passiva. Do outro lado, o polo elogiado pelas propostas originais é o de José Celso Martinez Corrêa e de Augusto Boal, porque ambos questionam o processo de produção.

Os comentários de Arrabal sobre *Gota* destacam a visão de mundo da peça e a escolha da tragédia enquanto forma. Mantendo parte do específico da crítica de artes de *Opinião*, ele procura pelo discurso político da peça. Começa pela trama, provavelmente porque não localiza nada de inovador na forma

---

25 Arrabal, José. "Gota d'água: Essa Noviça Rebelde". *Jornal de Debates*, n. 11, 12 a 18 abr. 1976, p. 9-10.

cênica utilizada. Abrindo um paralelo com a seção de cinema de *Opinião*, os comentários poderiam ser incluídos nos casos onde os críticos não veem um autor e analisam uma produção de gênero, voltada ao mercado. Por esse motivo, o texto concentra-se no enredo e na composição das personagens. A Medeia tropical da resistência é vista como a história de interesses do jovem sambista Jasão, que troca sua esposa Joana por Alma, filha do poderoso Creonte. Jasão é visto como o duplo do intelectual, que abandona suas raízes e seu compromisso com as classes populares em busca de poder.

Em entrevista, Arrabal contou que quando assistiu *Gota* viu uma obra com medo da ditadura. Mas a resistência "não pode ter medo", porque com medo ela é "derrotada". O crítico sentiu que a história defendia uma concepção de revolução lenta, parecida com o projeto de um intelectual de esquerda aburguesado. Ele nem saberia dizer se ela era mesmo parte do projeto do PCB (Partido Comunista Brasileiro), mas frisou no artigo que devido ao contexto, a peça roga ao poderoso Creonte mais moderação e o abandono da violência, deixando as coisas como estão.

O artigo traça um paralelo entre a postura "populista" da peça e um possível cunho moralista e liberal. Segundo o texto, a somatória desses elementos acabava por mascarar as relações de classe. Em sintonia com a forma típica de análise de *Opinião*, Arrabal deixa de lado completamente a análise da qualidade da obra, a autoria do diretor ou o desempenho do ator. Ele não irá questionar em nenhum momento a boa intenção dos dramaturgos e dos diretores, mas as representações ideológicas do mundo que as obras transmitem indiretamente. Só há um único comentário interno onde Arrabal elogia o distanciamento (brechtiano) do intérprete de Creonte, fazendo o público pensar sobre o personagem e o tempo através de sua entonação.

O artigo possui mais de uma crítica direta à cultura do nacional popular. Primeiro ele problematiza o conceito de povo. Arrabal se pergunta se Paulo Pontes entende povo como "camada subalterna", ou se incluiria o catedrático e o estudante no mesmo grupo. O comentário estende-se à própria massa, mostrada como "massa de manobra" do espetáculo. "Por que essa *massa* não pode pensar? Por que deve existir sempre quem pense por ela?" Como um desdobramento dessa questão, Arrabal chega ao receptor. Ele indaga a quem a peça vai libertar. Segundo ele, o público alvo não vai "implorar e aceitar que outros o libertem". Afinal o espectador não "engole" o recado e o "mundo continua como tal".

Na sequência Arrabal questiona dois aspectos da cultura do nacional popular. O primeiro é a cultura popular. "Fala-se em cultura de elite e em cultura popular: é preciso que esta última seja veiculada... através dos *canais competentes* da cultura de elite, é claro! E que fique tudo como dantes, no quartel de Arantes: santa ingenuidade!" Depois ele coloca em xeque a figura do intelectual arauto. "E em meio a esse clamor de protetores do povo, defensores de seus direitos, redentores de sua miséria, chancela de Chico, bandeira de Paulo". Para o crítico, a peça reedita o moralismo populista e coloca "o dedo no nariz do público, ensinando com autoridade de cátedra, o que é libertação. A frase feita, a coisa dada como evidente, picadinha e mastigada, para o público engolir, sem pensar, de preferência."

A consequência dessa postura em relação à intelectualidade é "reproduzir o velho populismo na crença elitista de que a nós, intelectuais, cabe o dever moral e a função redentora de manobrar a massa em favor de nossos ideais puros e inquestionáveis." Aqui, ao exigir uma autocrítica de Jasão, Arrabal propõe um tipo de questionamento no campo do teatro, como foi feito no Cinema Novo em *O desafio* (1965) de Paulo César Saraceni, *Terra em Transe* (1967) de Glauber Rocha, *O bravo guerreiro* (1968) de Gustavo Dahl.

O terceiro ponto analisado pelo artigo é a opção pela visão trágica do mundo. Se tudo já está previamente determinado, não há espaço para os homens mudarem seu destino. Para Arrabal, a forma da tragédia traz um discurso de autoridade que não aspira à transformação. Ao contrário, seu objetivo é manter o *status quo* que interessa aos poderosos, veiculando "a moderação, buscando um equilíbrio metafísico, de certo modo oportunista".

Nesse artigo, Arrabal inicia um debate sobre o mecanismo de identificação e catarse no receptor. Segundo ele, o moralismo da peça é o responsável por colocar o público numa postura de passividade, enquanto a tragédia funciona como uma advertência. Além disso, ela gera no espectador um "sentimento de autopunição compensado que o fará sair com alívio da terapia cênica a que se submeteu". Essa questão será aprofundada nos artigos em *Opinião*, quando o crítico discute o uso reincidente de personagens estereotipados, que cumprem a função de porta voz ideológico da sociedade e ajudam a entorpecer as pessoas através da empatia. Nesse processo, o naturalismo tem um papel importante, porque faz o público cair numa armadilha, quase a um passo da vocação autoritária. Após duas horas de catarse, a plateia consegue sentir-se aliviada pelos problemas morais apresentados. Arrabal revela, não só nesse artigo, como em outros do jornal *Opinião*, que no final das peças a autopunição é recompensada com o alívio da culpa e a possibilidade de voltar para casa sem problemas de consciência.

Sempre atento à inclusão das classes operárias na dramaturgia brasileira, Arrabal busca um contraponto à mistificação popular em cena, mas só encontra nas obras analisadas em *Opinião* a transfiguração numa participação individual com cunho moralista. Se o desejo dos autores de ir fundo nas relações sociais fica só na aparência, o projeto não consegue se concretizar. Arrabal questiona fortemente as peças que mostram o operariado como figura digna de pena, sem enfoque crítico. Ele tenta localizar a presença ativa em cena do operário sem a emoção. Se para ele a identificação resulta em falácia, Arrabal procura pelo distanciamento brechtiano para questionar a naturalização do espetáculo.

Se os artigos de Arrabal em *Opinião* questionaram o nacional popular mais de uma vez, um deles causou grande polêmica interna. Trata-se da peça *Ponto de Partida* de Gianfrancesco Guarnieri, sob a direção de Fernando Peixoto.[26] Nessa época, Peixoto já era editor de cultura de *Movimento*, mas continuava escrevendo para *Opinião*.

O texto não ignora a contribuição de Guarnieri à história do teatro contemporâneo. Arrabal elogia a inclusão das classes oprimidas no palco, embora de um ponto de vista romântico. Os comentários negativos não são de cunho pessoal. Eles não incidem na direção, autoria nem no específico do teatro, mas na análise do discurso ideológico. Arrabal observa como o nacional popular e a ideologia surgem sutilmente em peças tidas como inovadoras e progressistas.

O estudo começa pela trama e pela forma "autoritária" de conduzir o espetáculo em relação ao público. A história gira em

---

26 Arrabal, José. *Partida para onde? Opinião*. n. 211, 19 nov. 1976, p. 21.

torno do inquérito pela morte de Birdo e a indagação se ele se suicidou ou foi assassinado. "Birdo é o herói morto, por todo o tempo na forca, pendendo do galho de uma árvore, diante da plateia compulsoriamente comprometida com o drama". Arrabal observa que essa *mise en scène* cria uma penalização do público diante do herói morto. Daí surge uma inatividade e um regime de adoração de deuses vencidos e de passividade ante os heróis.

Observando a obra de Guarnieri, Arrabal vê uma preferência por heróis trágicos, encarregados de arrastar o público a um envolvimento quase catártico. É nesse sentido que ele fala em dirigismo, em atitude nostálgica e autoritária. Aqui é possível traçar um paralelo com a seção de cinema de *Opinião.* Se fosse cinema, *Ponto de Partida* seria analisado através da análise do discurso político, como um tipo de filme interessado em arrancar lágrimas do público.

Como no artigo sobre *Gota d'água*, a análise também incide na figura do intelectual, centrada no papel do pastor de ovelhas, interpretado pelo próprio Guarnieri. Dodô conduz o público e cumpre a função de consciência popular, porque sabe e pensa as coisas. Arrabal observa que o personagem sempre propõe um recuo diante da opressão, na postura típica de não-enfrentamento ao regime: "Sendo o condutor do público é um tanto também a expressão do ponto de vista último do próprio dramaturgo, no seu lamento envolvente da morte do herói e pelo fim dos tempos heroicos." O crítico se pergunta por que o lamento culposo e idealista pela morte do herói não serviu de discussão sobre a falência do herói. "Assim *Ponto de Partida* parece chorar pelo que não existiu, chorando por nada. E na sua dialética, promovendo um lamento um tanto culposo". O propósito parece definido de antemão: "aliviar a culpa" do público. Se no palco o operário não costuma ser retratado como protagonista, essa falta é suprimida pela plateia:

> As classes trabalhadoras estão ausentes do palco dos conflitos. No texto original, seriam interpretadas por bonecos, conforme a proposição de Guarnieri. No espetáculo, a ausência preenche-se por uma suposição convencional, projetando-se o desempenho dessas classes trabalhadoras por todo um processo de identificação com a plateia, que assim é traduzida ilusoriamente para o centro da ação dramática.
>
> (...) O público é levado a uma postura de penalização diante do herói morto. Feição que o teatro hoje deve evitar, caso se pretenda enquanto canal renovador de mentalidades, veículo de novos comportamentos e promotor de ideologias críticas frente ao real.

Arrabal observa que nas peças o povo tem sempre alguém como intermediário para pensar por ele. Assim não é preciso fazer nada, porque o poder será esmagado internamente graças as suas contradições internas. Para o crítico, a visão economicista e o mundo moralista da peça escondem a possibilidade de ação concreta das classes trabalhadoras. O questionamento de Arrabal incide na *forma* do teatro. Como alguns críticos de cinema de *Opinião*, ele procurava as obras que revelassem o processo de produção das obras. Por esse motivo, Arrabal se opõe às fórmulas do teatro convencional dada a sua insuficiência em termos críticos.

Indicando uma maior contenção à crítica ao nacional popular na seção de teatro, o texto sobre *Ponto de Partida* demorou para ser publicado. Se o método de Arrabal era comum para analisar os filmes estrangeiros hollywoodianos, ele criava problemas internos quando utilizado para autores engajados brasileiros do teatro. A matéria gerou muita repercussão e foi o último texto escrito por Arrabal em *Opinião*. Macksen Luís ficou em seu lugar, porque ele ficou muito exposto com a história. Arrabal conta que este foi seu único atrito em *Opinião*. Ele mesmo sugeriu que o semanário publicasse um texto favorável à peça para equilibrar o debate. O artigo de Arrabal só saiu depois que Fernando Gasparian pediu a opinião de duas pessoas, que aprovaram a publicação.[27] Uma delas, inclusive, teria apontado que existiria no texto uma leitura da luta de classe no teatro.

Arrabal analisa que a última fase de *Opinião* colocou em prática o projeto cultural de Júlio César Montenegro. É possível observar um movimento semelhante não só na seção de cinema, mas também na de teatro. Se no *Jornal de Debates* houve espaço para criticar o viés do nacional popular de *Gota*, a reincidência em *Opinião* foi punida. Fernando Gasparian teria vetado um texto sobre *Gota d'água* em *Opinião* por sua condenação direta à cultura do nacional popular. Ainda em 1991, Bernardo Kucinski citou não só os atritos entre os "dissidentes da cultura" e o proprietário do jornal por causa das peças *Gota d'água* e *Ponto de partida*, mas também relatos dos colaboradores sobre o veto de Gasparian a algumas matérias. Nas entrevistas que realizamos, os críticos de cinema confirmaram a história e o veto, mas não há consenso sobre a autoria do(s) texto(s). Os textos sobre *Xica da Silva* e *Ponto de Partida* conseguiram autorização para pu-

---

27 Alguém contou a José Arrabal em *off* que os dois leitores foram José Arthur Giannotti e Mário Covas. Este último era editor da sucursal de *Opinião* em São Paulo, mesmo cassado pelo regime.

blicação, mas a semente foi logo cortada, como veremos. No artigo sobre *Gota d'água* no *Jornal de Debates* e nos textos para *Opinião,* Arrabal bateu de frente contra os grandes nomes do nacional popular, procurando pela inserção do povo em cena. Jean-Claude Bernardet tinha feito a mesma coisa em *Brasil em Tempo de Cinema* nos anos sessenta, quando questionou a porção nacional popular do Cinema Novo. A consequência nos dois casos foi uma forte polêmica com o próprio campo.

De comum com as críticas de cinema de *Opinião,* parece existir nos textos de José Arrabal uma convicção de que a forma do espetáculo pode alterar a fruição do público. Por isso, ele defende a produção cultural interessada em transformar a realidade. A metodologia desse trabalho na crítica de teatro foi apresentada na matéria *Colunismo Social,* publicada em *Opinião.*[28] Neste artigo, Arrabal exige das peças uma lacuna discursiva entre a formação do dramaturgo e os papéis interpretados. Para ele, os personagens não podem ser um prolongamento discursivo dos dramaturgos, sem nenhum questionamento do diretor. Há neste texto uma variante da ideia de cinema contestatário. Embora em outro suporte, aqui é possível abrir um paralelo entre a aplicação da noção de tragédia em *Gota* com o sentido dado pelo jornal ao cinema comercial contestatário. "No fundo a tragédia é bem sucedida, por-

28 Arrabal, José. "Colunismo teatral". *Opinião.* n. 195, 30 jul. 1976, p. 32. O artigo é o ápice da postura autocrítica de Arrabal. O autor explica no texto que não tem a intenção de depreciar o trabalho dos colegas, até porque ele mesmo exerce o colunismo social. A terminologia se aplica aos textos que não têm a capacidade de transformar a realidade. Se o colunismo social é passível de uso pelo teatro comercial, o objetivo de Arrabal é localizar seu lugar histórico e demonstrar como a crítica de teatro pode ser uma ferramenta de mudanças sociais.

que não se aspira transformar nada, ainda que finja ser a transformação o seu objetivo final. Daí a farsa". Com esse comentário, o crítico relacionava o estudo do enredo com a forma da obra.

Os textos de Arrabal possuem a presença de uma forte autocrítica de matriz sartriana, exigindo que o intelectual repense constantemente sua trajetória. Ao buscar um personagem ativo em cena nas peças, ele procura por um duplo, capaz de criar a mesma postura no público. Vendo a gênese do espetáculo como uma forma incapaz de gerar a conscientização por causa da preferência por fórmulas estereotipadas, a solução apontada é a forma moderna da arte, como ocorreu na crítica de cinema de *Opinião*. A matriz de pensamento do articulista aproxima-se das propostas de Bertold Brecht, de José Celso Martinez Corrêa e de Augusto Boal, pela defesa da originalidade na forma teatral. Assim a luta de Arrabal é pelo desenvolvimento crítico das mentalidades e do comportamento, em direção a uma práxis de libertação, sem um moralismo libertário.

Opinião acabou sendo para Arrabal seu *ponto de partida* para continuar o trabalho de oposição ao nacional popular nos livros. Na coletânea *Anos 70*, ele organizou suas ideias como crítico (Novaes, 2005). Depois o debate sobre a cultura do nacional popular no universo cênico desdobrou-se no livro *Teatro, o seu demônio é beato* (Arrabal; Lima, 1983), da coleção *O nacional e o popular na cultura brasileira*, coordenado por Marilena Chauí. Arrabal comenta que provavelmente a origem dos semanários e dos livros organizados por Chauí estivesse no jornal *Opinião*. Afinal a maior parte dos autores da coletânea tinha colaborado no semanário de Fernando Gasparian.

José Arrabal passou por um longo processo de autocrítica desde os anos setenta. Na época do lançamento de *O Amuleto de Ogum* (1974) de Nelson Pereira dos Santos, Jean-Claude Bernardet perguntou a opinião dele sobre o filme. Arrabal respondeu que tinha gostado, mas condenaria *Amuleto* se fosse escrever. Afinal era obra nacional popular e reacionária. Foi então que Bernardet perguntou como ele podia ser uma pessoa tão "dividida" daquela maneira. A frase causou nele um "rebuliço" que durou anos. A partir daquele momento, Arrabal passou a se pensar como alguém partido ao meio. Como podia gostar de um filme e escrever contra? Para resolver internamente essa questão, Arrabal levou um longo tempo. Entre os nossos entrevistados, José Arrabal atinge o ápice da postura sartriana de autocrítica intelectual e oculta seu papel como pioneiro na crítica ao nacional popular no teatro. Ele analisa abertamente até sua própria contradição e pensa a si mesmo nos anos setenta mais como um rebelde do que como um revolucionário. Arrabal observa no seu passado uma expressão sectária e doutrinarista, porque a discussão ideológica deixava de lado a observação da realidade. Certo era o discurso dele; a realidade é que estava errada. Se por um lado o crítico acredita ter sido "cruel" com alguns autores, por outro lado conseguiu ser "politicamente correto" enquanto esquerda. De qualquer forma, a postura o levou ao sectarismo, explica. José Arrabal conclui hoje que era necessário na época ser mais fraterno. A esquerda tinha uma fraternidade. Nos textos, "eu os chamei de derrotados", mas eles não eram derrotados. "Eles foram combatentes que perderam a batalha", explica. O crítico acha que os dois lados tiveram seus equívocos, mas centrar apenas na luta ideológica os levou a um sectarismo radical.

A reavaliação do passado levou Arrabal a reconsiderar suas atitudes em relação a Fernando Gasparian e a Raimundo Pereira. Como parte do ambiente de radicalidade política da época, a equipe tinha uma tendência a "demonizar" o proprietário do jornal. O próprio Arrabal não queria nem ficar na mesma sala com o chefe. Mas Gasparian deveria ser bem lembrado porque não ganhou nada com *Opinião*. O jornal foi um dos momentos mais altos da imprensa brasileira e o "mais importante" veículo da imprensa alternativa. Afinal a intelectualidade do mundo inteiro escrevia no semanário. Apesar dos problemas internos com a equipe, Gasparian e a *Paz e Terra* deixaram um "legado", publicando livros que ninguém lançava naqueles tempos.

O mesmo pensamento é usado para repensar a postura de Raimundo Pereira, que Arrabal chegou a chamar de ditador. O editor-chefe de *Opinião* pode até ser ligado a um "discurso autoritário", mas foi "muito importante", e continua lutando até hoje por seu ideário político de construir um "jornalismo decente". Através dessa afirmação, Arrabal acabou por jogar luz na sutileza da censura interna de cunho político realizada na gestão de Raimundo. O último parágrafo da já citada entrevista com Carlos Altamirano foi cortado, quando o senador chileno fez uma crítica ao partido comunista. O editor-chefe alegou que não havia espaço suficiente. Além disso, o trecho aumentava muito a chance da censura vetar a entrevista completamente. Arrabal considerou correta a atitude. Mas se Raimundo não mentiu, havia também uma atitude política por detrás da motivação, relacionada à tentativa de não enfraquecer a *Frente Ampla* (ver Conclusão).

Do lado contrário a esse pensamento e como parte da futura Nova Esquerda, José Arrabal mudou mesmo sua postura em relação à classe trabalhadora[29] no comício de Luís Inácio Lula da

---

29 No final dos anos setenta, Arrabal aproximou-se da classe trabalhadora e passou a fazer trabalho voluntário no Capão Redondo, onde morou por

Silva na Vila Euclídes. Lula discursava sem microfone para 80 mil pessoas e os operários replicavam suas palavras para os companheiros de trás poderem ouvir. Ouvindo a fala deles todos juntos, Arrabal pensou "Eu não sou vanguarda de nada. Nós intelectuais não somos vanguarda de nada. Eles é que são vanguarda".

A luta pelo poder em *Xica da Silva*

A crítica de *Opinião* ao filme *Xica da Silva* (1976) de Carlos Diegues foi o mote para uma das maiores polêmicas culturais no final de 1970 entre artistas e intelectuais de esquerda. Em 1978, Carlos Diegues cunhou o termo "patrulhas ideológicas" numa entrevista concedida a Pola Vartuck d'*O Estado de S. Paulo*,[30] durante o lançamento de *Chuvas de verão* (1977). Se o sentido inicial da palavra remete à polícia ideológica, Diegues o aplicava à esquerda radical por submeter à arte aos imperativos políticos. A terminologia era entendida como conceito móvel, alargando o termo a múltiplos significados. Não demorou muito para vários artistas e intelectuais irem a público se declarar "patrulhados", seja por pessoas ou instituições, pela esquerda ou pela direita. Se o debate mobilizou muitos, como o próprio desenrolar provou, o cineasta tinha um alvo quando criou o termo. Os primeiros destinatários das condenações eram os críticos de *Opinião* e de *Movimento*,[31] que reprovaram *Xica da Silva* dois anos antes.

vinte anos. Deu cursos de redação, organizou um cineclube e trabalhou nas associações de moradores.

30 Diegues, Carlos. "Por um cinema popular sem ideologias". Entrevista concedida a Pola Vartuck. *O Estado de S. Paulo*, 31 ago. 1978, p. 16.

31 Roncari, Luís; Maar, Wolfgang. "O novo samba enredo de *Xica da Silva*". *Movimento*, n. 65, 27 set. 1976, p. 17. Para os articulistas, o filme elogia

Sucesso de público, o filme foi bem recebido pela grande imprensa. A história da escrava alforriada, que usava seus dotes sexuais para se tornar poderosa, era a forma escolhida para revelar a subversão dos oprimidos ao poder. O autor trazia a simbologia do modernismo e da carnavalização, quando os lados do oprimido e do opressor invertem-se bakhtianamente. Se o cineasta queria fazer uma crítica ao poder em múltiplas facetas, a imprensa alternativa não viu o filme do mesmo jeito. Três críticos de *Opinião* acusaram Diegues de usar o apelo da comédia erótica para conquistar o público, trazendo uma visão preconceituosa da mulher negra como objeto sexual.

Para compreender o posicionamento dos articulistas do *Opinião,* cotejamos as declarações de Carlos Diegues com os comentários dos críticos, porque o local de onde os articulistas falam altera a fruição e o entendimento do filme. Não procuramos por uma verdade na materialidade fílmica, afinal o objetivo do cineasta não condiz com a percepção dos críticos. Não analisamos a obra de Diegues, mas a emergência de novos atores sociais no jornal de Fernando Gasparian. A decomposição dos textos serve como a porta de entrada para acompanhar as mudanças em relação à cultura popular em *Tendências e Cultura*. Indiretamente *Opinião* conseguiu criar uma polêmica que permaneceu por mais de um ano em pauta na imprensa. O caso das patrulhas ideológicas foi um dos últimos debates culturais da esquerda engajada no contexto de abertura política, quando a

---

a malandragem e o poder de sedução da escrava, ocultando o conflito entre senhor e escravo. O artigo foi publicado mais ou menos quinze dias antes do texto de *Opinião* e vê Diegues como instrumento do ISEB, onde convergiam nacionalismos de esquerda e direita.

proposta do intelectual como porta voz dos interesses populares dava sinais de esgotamento (Napolitano, 2006).

Há em *Opinião* a emergência de uma discussão sobre o esgotamento do papel do intelectual-cineasta em relação à cultura popular, cujo ponto de atrito era um cineasta branco colocar-se como porta-voz das classes populares. Entre o lançamento de *Xica* e de *Chuvas de verão*, as questões internas da esquerda tinham mudado bastante. No final da década, já era improvável encontrar um consenso mínimo em torno das tarefas culturais na luta democrática (Napolitano, 2011). Pensamos este debate em *Opinião* como um componente da futura ruptura da frente oposicionista, cuja crise ficaria mais exposta tempos depois no sindicalismo. O declínio da cultura engajada deixava nos atores sociais uma sensação de falta de rumo, porque não havia uma estratégia política conjunta, nem uma visão homogênea do povo para localizar a identidade nacional.

Vendo o imperialismo como inimigo principal por causa da interpretação marxista, Carlos Diegues (2014) imaginou o enredo de *Xica* como uma fábula política, encarregada de romper a melancolia de sua geração e proclamar o projeto de um cinema nacional popular. Ele compôs os personagens com atores sociais do período: o imperialismo brutal no conde português, o povo em Xica, a burguesia nacionalista e covarde no contratador, as classes médias serviçais no sargento, no tendente e no pároco. Em seu livro de memórias, o cineasta lança algumas indagações. Talvez não se tenha percebido na época, "que não era de escravidão que o filme estava falando, mas do direito à felicidade em qualquer circunstância. Por que lamentar seria de esquerda e celebrar de direita?" (Diegues, 2014, p. 379). O realizador utilizava a carnavalização dos personagens para passar ideias "proibidas". Se o filme celebrava a personagem que destrói relações sociais, havia um tema caro aos anos sessenta: o "elogio" ao sexo como "forma superior das relações humanas". Numa "nova fase", Diegues explica que não queria mais atrelar "prazer" e "alegria" ao sentimento de culpa de um mundo imperfeito. *Xica* seria um "exercício" para a alegria de viver, para a abertura política e para a democracia.

Se Carlos Frederico em *Opinião* taxou *Xica* de pornochanchada, Diegues viu nessa atitude uma condenação ao sexo reprimido. A atitude seria de um conservadorismo moral, como se as relações sexuais na obra de arte só fossem respeitáveis se mostradas como violência e metáfora do mal estar da sociedade. Ao contrário disso, ele queria "recuperar, contra a perversão moralista da pornochanchada, o sexo bem-humorado dos modernistas, uma brincadeira cheia de jogos e preguiça, circulação livre de corpos" (Diegues, 2014, p. 378). O cineasta observa que enquanto a grande imprensa se esforçou para entender a "novidade" do filme, os críticos de *Opinião* procuraram por clichês morais e se chocaram porque *Xica* representava uma mudança nos "paradigmas do cinema brasileiro" (Diegues, 2014, p. 393). Neles, viria à tona o fantasma da instrumentalização política da obra de arte e a submissão aos interesses ideológicos dos partidos. Para Diegues, *Opinião* impôs um limite à criação artística, quando defendeu a historiografia oficial e o tratamento convencional dos costumes.

Mas não foram só os jornais *Opinião* e *Movimento* que se posicionaram contra o filme. De acordo com o próprio autor, Alex Viany, Eduardo Escorel e Joaquim Pedro de Andrade deram declarações negativas sobre *Xica*. Para Diegues (2014, p. 395), o melhor texto publicado na imprensa foi o de Roberto Da Matta, porque o antropólogo explicou os mistérios da obra. O cineasta só não informou que o artigo de Da Mata saiu exatamente no *Opinião*, para não amenizar o peso das acusações ao semanário alternativo.

Se *Xica da Silva* provocou comentários negativos em *Opinião*, os filmes anteriores de Carlos Diegues quase não foram tema de matérias do jornal.[32] No período de existência do semanário, Carlos Diegues fez três filmes: *Quando o carnaval chegar* (1972), *Joanna Francesa* (1973) e *Xica da Silva* (1976). Somente este último recebeu uma crítica propriamente no jornal. Entre 1972 e a publicação do artigo sobre *Xica* em 1976, a equipe do semanário tinha mudado bastante. Na última fase, Bernardet e Sérgio Augusto raramente escreviam. Contribuíam alguns críticos de maneira esporádica, como Carlos Frederico. Na fase anterior, Diegues também não recebeu elogios. Bernardet comentou *Quando o carnaval chegar* como uma chanchada ornamental, mas sequer fez referência ao nome do cineasta.[33] Enquanto isso, *Joanna Francesa* foi objeto de uma entrevista com alfinetadas recíprocas entre Diegues e Augusto.[34]

Xica da Silva ganha a capa de *Opinião* e um título que revela um pouco os embates internos travados na seção, através de in-

---

32 O silêncio indica duas possibilidades. Quando os críticos do *Última Hora* não gostavam de uma produção brasileira, não a comentavam para não atrapalhar a produção (Bernardet, 1978). Talvez os filmes tivessem sido tema de matérias em outros jornais. Augusto escreveu sobre *Joanna Francesa* e *Quando o carnaval chegar* em *Veja*, enquanto Bernardet (1978) analisou *Joanna Francesa* em *Argumento*.

33 Bernardet, Jean-Claude. "Chanchada, erotismo, cinema-empresa". *Opinião*, n. 25, 23 a 29 abr. 1973, p. 21.

34 Augusto, Sérgio. "O sol dos equívocos e dos acertos - entrevista com Cacá Diegues". *Opinião*, n. 40, 13 a 20 ago. 1973, p. 17.

terrogações: *Xica da Silva - Genial? Racista? Pornochanchada?*[35] A disposição espacial das matérias não apresenta um crítico como representante do jornal, mas a presença de um número considerável de especialistas analisando o mesmo filme: o cineasta Carlos Frederico, a historiadora Beatriz Nascimento, o sociólogo Carlos Hasenbalg, o escritor Antonio Callado e o antropólogo Roberto da Matta. Interessado em "aprofundar" as "polêmicas" causadas pelo filme desde o lançamento, o jornal procura se eximir de responsabilidade perante os textos; tratando-os como "visões" dos convidados.

O cineasta marginal Carlos Frederico[36] escolheu um título forte: *Abacaxica*. A palavra abacaxi era usada na crítica das décadas anteriores para apontar as semelhanças entre a fruta tropical e a baixa qualidade do nosso cinema. O texto dele é bem humorado e irônico ao extremo. Frederico chega a dar os parabéns a Diegues pelo sucesso em meio a comentários bastante negativos. Ele começa o artigo com uma comparação infundada entre Cinema Novo e pornochanchada:

> *Xica da Silva*, de Cacá Diegues, é o casamento oficial do cinema-novo com a pornochanchada, após o noivado (digno) de *Guerra Conjugal*, de Joaquim Pedro. *Xica da Silva* é também a primeira pornochancha-

---

35 "*Xica da Silva* - genial? Racista? Digno do Oscar? Abacaxi?" *Opinião*, n. 206, 15 out. 1976, p. 18-21.

36 Frederico, Carlos. "Abacaxica". *Opinião,* n. 206, 15 out. 1976, p. 18-21. Autor de *A possuída dos mil demônios* (1970) e de *Lerfa-mu* (1979), Carlos Frederico realizou muitos curtas e média metragens. Foi produtor de *Os homens que eu tive* (1973) de Tereza Trautman e de alguns filmes da Boca do Lixo.

> da-'culturalista' (e 'histórica') do cinema brasileiro; a primeira a vestir embalagem de super-produção.
>
> Por que pornochanchada? Porque, afinal, tudo gira em torno da cama e dos extraordinários dotes de Xica, queiram ou não os realizadores e incensadores do filme. Com as devidas proporções, a mesma história, as mesmas piadas, os mesmos traseiros e a mesma 'grossura' poderiam ser facilmente transplantadas pelo Mossy ou pelo Alcino Diniz para um motel da Barra, por exemplo...
>
> Mas não há razão para muita surpresa diante de semelhante 'amigação'. Na realidade, existem muitos pontos de contato entre o cinema-novo e a pornochanchada sobretudo nos aspectos de linguagem e postura cinematográficas.

A comparação entre Cinema Novo e pornochanchada não se sustenta no texto. É mais uma provocação. Os comentários podem ser lidos como parte da briga entre cinemanovistas e cineastas marginais. Para não desautorizá-lo, em nenhum momento Frederico é apresentado no jornal como participante do segundo grupo. Metade do artigo compara o Cinema Novo com sua "herdeira legítima", a "pornochanchada", que teria encontrado seus modelos e modismos no movimento autoral. A argumentação depende de algumas inversões. Ignorando o viés estético do Cinema Novo, Carlos Frederico quer provar que os filmes têm falas em excesso. O objetivo é descaracterizar o Cinema Novo como linguagem cinematográfica. Segundo ele, o movimento foi copiado grosseiramente pelos fazedores de pornochanchadas, porque tem a linguagem "mais falada" dos anos sessenta. Para provar a tese há um novo desvio argumentativo sobre a composição dos personagens e do enredo, tomados como "retilíneos, esquemáticos, estereotipados, superficiais, sem complexidade, sem 'vida'".

No texto, o Cinema Marginal permanece como núcleo não citado dos que trabalham "a forma cinematográfica" sem roteiros "planificados". Enquanto isso, o Cinema Novo "era veículo para mensagens e ideias" e nunca "um fenômeno em si". A condenação à ligação entre arte e mercado era típica dos atores sociais contrários ao nacional popular. Por isso, o Cinema Novo é acusado de aprender "lições de erotismo comercial", enquanto a pornochanchada aplicaria os "requintes" estéticos cinemanovistas. A questão central do artigo indiretamente gira em torno do espaço ocupado pelos cinemanovistas na Embrafilme e do auxílio dado pela empresa à comédia erótica. Vendo *Xica* como uma mera pornochanchada distribuída pela Embrafilme, Frederico traz à tona o debate sobre a necessidade de apoio estatal aos grandes lançamentos comerciais. Noutro artigo, ele irá retomar essa questão com maior clareza,[37] reclamando dos benefícios dados às superproduções. Se Frederico desqualifica *Xica* como uma pornochanchada, depois ele irá defender *Já não se faz mais amor como antigamente* (1976) de Anselmo Duarte como comédia erótica sem piadas grosseiras e sem apelo à nudez, porque o produtor é Anibal Massaini Neto.[38] Neste caso, Frederico age como Jairo Ferreira, incentivando a produção da Boca do Lixo.

Carlos Frederico não se dedica à análise interna detalhada do filme. Ele não aceita o lado farsesco, visto como "equivoca-

37 Frederico, Carlos. "Festival de Gramado - guerras intestinas no cinema brasileiro". *Opinião,* n. 222, 04 fev. 1977, p. 20-1.

38 Frederico, Carlos. "Já não se faz mais amor como antigamente". *Opinião,* n. 228, 18 mar. 1977, p. 21.

do", "teatral", "pretensioso", "ingênuo" e "acadêmico". O articulista condena a complacência dos críticos com a "encenação tão escola-de-samba-pra-turista-ver", parecida com a de *Orfeu do carnaval* (1959) de Marcel Camus. Atento à recepção, o autor observa que o filme agradou a gregos e troianos, tanto ao público "burguês", fascinado pela produção de época, quanto ao público "esclarecido", que identificou *Xica* como produto "histórico". Contudo, o filme é tão "histórico" quanto *Independência ou morte* (1972) de Carlos Coimbra. Na última parte do artigo, Frederico procura a razão dos elogios de todas as partes, porque nem os clássicos do Cinema Novo obtiveram "louvações" tão rápidas. Vendo *Xica* como uma "superprodução bacana", o incômodo vem exatamente da adesão dos críticos, que trataram o filme como um "marco" e um "caminho" para o cinema brasileiro.

O texto tem ainda mais dois alvos: o intelectual arauto e a massificação do mercado. Opondo o filme à vanguarda, Frederico condena a "alienação massificada" que atingiu a "intelligentsia nativa". O último ponto de atrito é a representação da cultura popular. No papel "estúpido" de mulher negra, "Xica imita os ricos, os brancos, os déspotas, os poderosos, e curte adoidado ser como eles - e o filme aplaude, deslumbrado!" Nesse trecho é possível aproximar Frederico da revista *Cahiers du Cinéma* e da crítica de origem marxista, porque os três exigem uma separação entre a formação discursiva do diretor e a visão de mundo do personagem. Esse raciocínio é exposto na sequência, quando Frederico afirma: "também não existe qualquer visão crítica sobre a personagem, embora ela seja extremamente dúbia, traidora, exibicionista, alienadora, e inconsequente". Ou ainda quando o articulista vê Xica como prolongamento do cineasta: "Mas, já que o próprio diretor do filme acredita que 'todo mundo tem obrigação de ser *Xica da Silva*; e tentar sê-lo' – o que dizer?"

O sociólogo Carlos Hasenbalg acompanhou o coro e condenou o filme,[39] mas o texto mais polêmico é o da historiadora e ativista do movimento negro Beatriz Nascimento.[40] Duas afirmações desse artigo motivaram a declaração de Carlos Diegues sobre as patrulhas ideológicas. O primeiro trecho em questão é realmente uma diatribe, bem ao gosto dos anos cinquenta: "O senhor Carlos Diegues é senil em sua obra-prima (porque eu espero que ele não confeccione outra e já lhe concedo o fim da sua carreira cinematográfica)." Depois Nascimento declara: "Quanto a sua penetração enquanto discurso e comunicação o condenaríamos ao 'índex' das obras proibidas". Foi desta parte do artigo que Carlos Diegues tirou a comparação entre Beatriz e a ação da censura.[41] Nem os textos mais radicais de *Opinião* condenam a produção hollywoodiana ao índex. A diatribe baseia-se num acirramento de posições, que tem relação com o lugar de origem. Nascimento emerge como o próprio sujeito social; como a mulher negra ofendida pelo filme. Não se trata da opinião de um crítico de cinema. Esse é o principal motivo do atrito. Para ela, *Xica* tem um "humor barato e grosseiro em cima dos estereótipos mais vulgares a respeito desse povo".

---

39 Hasenbalg, Carlos. "Copiando o senso comum". *Opinião,* n. 206, 15 out. 1976, p. 19. Segundo Napolitano (2011), na época Hasenbalg era doutorando em sociologia e ligado ao marxismo universitário.

40 Nascimento, Beatriz. "A senzala vista da casa grande". *Opinião,* n. 206, 15 out. 1976, p. 20-21.

41 Carlos Diegues (2014, p. 422) conta que na entrevista concedida a Vartuck referiu-se num dos momentos exatamente a esse trecho da crítica de Nascimento: "Então qual é a diferença que existe entre o sujeito que te cassa os direitos políticos e outro que cassa os direitos profissionais de um cara fazer um filme?"

Se a argumentação gira em torno da falta da "Xica da História", Nascimento não se opõe ao filme só por causa da veracidade histórica, mas pelo desconhecimento de um símbolo da cultura negra. Xica é tratada como "mito da sexualidade" e como personagem infantil, porque Diegues desconhece o comportamento "prepotente" e "dinâmico" da mulher africana. A autora posiciona-se como se parte da cultura popular pudesse surgir na sua figura para reivindicar ao realizador uma determinada representação do povo negro. O debate não toma o ponto de vista da discussão artística, porque a motivação é do movimento social: "Nesse momento", diz ela, "seu povo" procura se livrar exatamente desses estereótipos e Diegues atrapalha ao invés de ajudar. O trecho implode a ideia do intelectual arauto como alguém capaz de transmitir a cultura popular, porque Diegues não faz parte deste universo. Aqui há um limite tênue entre a autonomia da arte e a recepção do público. Para Nascimento, debater um assunto tabu sem criticá-lo é endossar os preconceitos. Mais uma vez o imperativo político e o conteúdo eram colocados à frente da autonomia estética.

Para provar a argumentação, Beatriz Nascimento começa a análise pelo enredo, como *Opinião* costumava fazer para decompor o discurso político dos filmes. Ao olhar somente para a trama, a autora não procura por outras significações da imagem. Vê um reforço do "mito do senhor bondoso" com os escravos. Haveria "uma escravidão amena e divertida!", porque os portugueses são opressores e exploradores, mas agem de forma complacente. Do outro lado, os escravos são vistos como passivos, rebeldes, inconsequentes, mas cheios de "bondade" e "generosidade do Senhor". Com essa estratégia, o conflito racial fica escondido e só aparece nas pessoas insatisfeitas com o casamento ou com o emprego. Se é proibido a Xica ir ao mar ou entrar na igreja, é sempre o branco bondoso que resolve a situação. Nessa representação, o negro surge como alguém passivo e incapaz até de pensar, explica Beatriz. A autora observa a imagem do africano como "primitivo e selvagem". No único momento presencial de sexo, Xica apresenta-se "metálica" e "animalesca", "idiotizada na própria ação". O argumento de Nascimento lembra *Cahiers du Cinéma*, que naquele período exigia do cineasta um grande distanciamento em relação aos personagens e à trama.

Além desse critério, é possível abrir um paralelo com a crítica marxista e com *Brasil em Tempo de Cinema,* quando Nascimento relaciona a classe social e a visão de mundo do realizador como prolongamento ou duplo de um personagem. Assim, Walmor Chagas vive angustiado no conflito entre o amor, o povo e a coroa, no papel de um intelectual burguês. "Será o imago do nosso cineasta em versão sec. XVIII?", se pergunta Nascimento. A conclusão não poderia ser outra. Pela comparação com Gilberto Freire, sutilmente Carlos Diegues aparece ao lado da direita, num jornal de resistência. No prolongamento entre diretor e filme, Beatriz envereda pela psicologia do diretor:

> (...) confesso que perdi as esperanças quanto à compreensão do intelectual branco brasileiro sobre a real história do negro. (...) Talvez haja uma explicação para esse procedimento. Se o senhor Carlos Diegues descesse um pouco de sua onipotência e fizesse uma reflexão sobre si mesmo e a implicação da história do seu povo em si antes de confeccionar o filme, entenderia que, devido às relações sociais e culturais, ele como um homem branco brasileiro possui introjetado, de forma

> específica, o negro brasileiro, sua oposição em termos de homem e de raça. Mas ele, como a maioria dos seus iguais, deve ter um grande receio de descobrir esse ponto oculto. Deste modo, reprime-o dentro de si, e, ao se debruçar sobre um episódio da sua própria história, colocando o negro (*Xica da Silva* – Teodoro) como seu herói, tripudia profundamente sobre ele.

Nascimento observa uma inaptidão do intelectual em representar com exatidão a cultura popular. Depois das muitas declarações de Nelson Pereira dos Santos sobre a possibilidade de colocar na tela a cultura popular sem preconceitos, a autora se contrapõe à missão do intelectual arauto. Para Nascimento, o cineasta não está habilitado a falar pelo povo. Pela primeira vez em *Opinião* se ouve a voz de alguém atrelado à cultura popular. Beatriz evoca sua condição de mulher negra e militante para expressar-se com mais autoridade do que Diegues. Contrária à autonomia da arte numa perspectiva que coloca o engajamento antes da estética, é como se fosse mais importante no debate seu lugar de origem do que a prática artística. A historiadora apresenta-se como ator social legítimo, não como intermediária. Se os umbandistas entrevistados por Bernardet só reclamaram da falta de veracidade histórica em algumas cenas de *Amuleto*,[42] Nascimento coloca em xeque a representação do cinema. No fundo, ela queria um personagem positivo, como era comum nos anos cinquenta. Se Diegues tivesse "carinho" e identificação com o herói, haveria uma alternativa na fuga para o quilombo.

---

42 Bernardet, Jean-Claude. "Os babalaôs resistem aos sociólogos". *Opinião*, n. 121, 28 fev. 1975, p. 24.

Na sequência, Beatriz pergunta-se porque Diegues "debocha" da cultura popular. Desta interrogação, ela coloca em questão toda a intelectualidade: "Qual o impasse cultural em que está mergulhada a classe intelectual brasileira?" O viés é de contestação à falta de autenticidade do cineasta para tratar a cultura popular: "Retira-se um episódio da História do Brasil, coloca-se acriticamente de forma que reforce todos os preconceitos e atira-se ao grande público, entendendo-se que isto é forma de fazer 'cultura' popular, extraída da própria tradição e compreensão do fenômeno pelo povo".

Se o artigo tira o cineasta do pedestal de arauto, a cultural popular aparece com papel relativo. Nascimento foge completamente de uma perspectiva de autenticidade e ausência de contradições do povo em relação a si mesmo: "mas quem disse, senhor Diegues, que a tradição e compreensão do fenômeno por esta entidade chamada povo é a mais justa, a mais honesta, a menos preconceituosa? Povo é monolítico e bom por essência?" Se o ensaio de Bernardet sobre *Amuleto* no *Manifesto por um Cinema Popular* explicou que a cultura popular não era composta por cristais límpidos, Nascimento aprofunda mais a fenda, trazendo um argumento inovador ao jornal.

Como resposta ao desprezo intelectual pela cultura popular, a historiadora traz a revanche do povo na mesma chave: "o senhor me faz pensar que sua classe de acordo com a sua tradição está dentro da Casa Grande jogando restos de comida na Senzala. (...) Por favor, nos esqueça, a nós negros". Isto é, o negro não precisa do intelectual porque pensa sozinho. Neste texto, Beatriz surge como um preâmbulo do povo como ator social na crítica de cinema. Ela é ao mesmo tempo historiadora e mulher negra. Reivindica sua autoridade para contestar um cineasta. Dois anos antes, o texto fez o prelúdio de um debate que explodiu em 1978 com a eclosão dos movimentos sociais.[43] Naquele mesmo ano, houve, por exemplo, a unificação dos movimentos negros (Singer, Brant, 1982). Neste caso, *Opinião* serviu como uma ponte para o início de uma discussão na opinião pública. Era em instituições sociais como esta que muitas associações encontraram uma primeira acolhida para abrir um espaço de atuação.

Algumas ideias apresentadas por Beatriz Nascimento e por Carlos Frederico encaminham-se para uma futura pauta comum à Nova Esquerda. Trata-se de um preâmbulo crítico ao nacional popular, que surge com força no final dos anos setenta. Há neste episódio um momento de encontro entre o movimento social, um cineasta que defende a vanguarda e a ala de *Opinião* contrária ao nacional popular. Todos eles condenam a velha esquerda nacionalista e comunista. A política frentista de alianças não era vista por esses grupos como algo positivo, porque era usada pelo regime militar e pelo mercado. Há uma sintonia entre esses três personagens que se opõem à massificação da cultura, percebendo nela uma forma autoritária de olhar o popular. Os críticos contrários à *Xica* defendem a experiência cultural do povo e diluem o papel do intelectual como arauto da consciência popular.

Carlos Diegues achou que o tema da subversão da ordem estabelecida e da contracultura seria visto como algo positivo entre os críticos de cinema, mas três convidados de *Opinião* não

---

43 Durante a maior parte do período ditatorial, os movimentos populares foram impedidos de vir à tona, pela repressão e pela censura. Reunidos num primeiro momento em associações comunitárias e em movimentos de base, as mobilizações de cunho mais social aumentaram a partir de 1978, revelando a insatisfação com os salários e com as condições de vida (Singer, Brant, 1982).

viram prazer algum no filme. Se a questão principal era a representação da cultura popular, havia nestes atores sociais uma oposição às regras do mercado, ao papel do intelectual e um desprezo ao prestígio dos cineastas.

Enquanto os intelectuais e artistas dos anos setenta definiam as patrulhas ideológicas com os mais diversos sentidos, aqui é possível trazer mais uma nuance. Diegues via uma esquerda ortodoxa que preferia o sofrimento ao prazer, numa espécie de religiosidade. Mas a condenação de *Opinião* não partiu de nenhum núcleo ortodoxo da esquerda, mas de sua oposição, seja a do Cinema Marginal ou a do movimento social. Talvez a riqueza do filme tenha sido permitir essas duas leituras. Contudo, os atores sociais envolvidos no debate não eram, de forma alguma, *patrulheiros*. Ao contrário. Diegues enxergava a polícia ideológica da esquerda, mas eclodia na sua frente uma representante do movimento negro. Falando com suas próprias rédeas, Beatriz Nascimento não estava interessada em discutir a crítica de cinema enquanto arte, mas como forma de reivindicação política. A patrulheira de Diegues estava autorizada a falar e se investiu desse papel, não do ponto de vista estético, mas do ponto de vista social.

Contudo, não era só esse lado que existia em *Opinião.* Tanto Antonio Callado quanto Roberto da Matta fizeram comentários positivos ao filme. Não nos concentramos nesses dois textos, porque nosso foco é apresentar a razão da polêmica em torno das patrulhas ideológicas. O artigo de Callado apresenta nuances laudatórias, concluindo que *Xica da Silva* e a atriz Zezé Mota são a mesma pessoa.[44] Enquanto isso, a argumentação de Da Matta é

44 Callado, Antonio. "Bem nascido e bem dotado". *Opinião,* n. 206, 15 out. 1976, p. 20.

bakhtiniana e explica o carnaval como momento de inversão do forte pelo fraco, encarregado de subverter a ordem do mundo.[45] Mas diferente dos opositores ao nacional popular, sutilmente no final do artigo, o antropólogo apela para a entrada em cena do intelectual arauto. Segundo Da Matta, a força mágica de Xica não consegue consolidar uma inversão do mundo. Esse processo só é concretizado quando ela encontra no final do filme o rebelde revolucionário no convento, num típico exemplo de elogio à função do arauto: "É preciso que tal força esteja alijada aquela que emana do revolucionário, aquele que se rebela contra as regras do jogo social. A grande mensagem desse filme foi acasalar o poder dos fracos (poder místico da esperança) com o poder secular do teórico revoltado". Estava selada assim a briga interna em *Opinião* entre a cultura do nacional popular e a sua oposição.

A disposição balanceada de textos contrários e a favor do filme criou uma polêmica bem fundamentada no semanário de Fernando Gasparian. Portanto, tachar *Opinião* de *patrulha* não se sustenta, porque a equipe da seção de cultura estava exatamente do lado contrário. Conseguir uma unanimidade ao tratar da cultura popular quase no alvorecer da entrada em cena dos movimentos sociais era uma utopia. No fundo, a reclamação de Carlos Diegues tem um endereço mais específico: as fissuras da esquerda dentro da redação do jornal, que é o tema do próximo tópico.

Júlio César Montenegro: a Frente do Atrito

O episódio de *Xica da Silva* surgiu na redação de *Opinião* de forma espontânea. O ex-editor de cultura do *Opinião* relem-

45 Matta, Roberto da. "A hierarquia e o poder dos fracos". *Opinião*, n. 206, 15 out. 1976, p. 19.

bra que Beatriz Nascimento foi até o jornal revoltada com mais um filme que mostrava a mulher negra subindo pela cama. Júlio César Montenegro tinha uma visão parecida: Diegues teria recebido para fazer um filme "vitrine". Quando a conheceu, o editor de cultura ficou "encantado" com a "revolta" dela e se indagou: "Como pensa o negro?" Sem saber responder à pergunta, ele viu uma oportunidade para mostrar esse lado. Prometeu publicar o texto, caso Beatriz escrevesse. Se todos falavam bem de *Xica*, o editor queria criar um contraponto, porque a proposta da seção cultural era questionar e abrir polêmicas. Não foi só Nascimento quem se dirigiu à redação. O cineasta marginal Carlos Frederico detestou *Xica da Silva*. Achou um cartão postal. Os dois vieram "feridos" ao jornal, relembra Montenegro.

Nessa época, o jornal era "cheio de vida", explica Montenegro. As matérias incentivavam a participação do público. As cartas eram publicadas na íntegra, sem cortes, muitas vezes como artigos de colaboradores. O trotskista Júlio César Montenegro trazia "sangue novo" para o jornal. Na área de literatura, o núcleo da PUC do Rio de Janeiro se aproximou do semanário, trazendo líderes estudantis, líderes clandestinos, participantes de grupos de estudo, poetas marginais (Moriconi, 1996). A equipe de colaboradores externos era grande, enquanto a lista de pessoas que ajudavam diariamente e davam sustentação a Montenegro é menor: Wilson Nunes Coutinho, Katia Muricy, Heloisa Buarque de Hollanda, Cacaso, Heloisa Daddario, José Castelo, Laymert Garcia dos Santos. Dentro da redação, Ronaldo Brito, Heloisa Daddario e José Castelo. De Paris, Laymert Garcia contribuía. Montenegro contava com o escultor Zé Resende de São Paulo e Waltércio Caldas Jr. do Rio para discutir e fazer sugestões, além dos ilustradores Diter Stein, Rico Lins, Cassio Loredano e Leib.

Como havia poucos recursos, o editor chamava os conhecidos para participar. Foi após o episódio de *Xica* que Frederico tornou-se colaborador do jornal.

Montenegro nos contou que a figura dele crescia entre os colegas porque a equipe estava preocupada com o destino da cultura no dia a dia do jornal. Ronaldo Britto o escolheu como líder. As últimas reuniões do racha de 1975 aconteceram na casa dele. Talvez esse afastamento progressivo da equipe cultural tenha surgido antes da criação de *Movimento*, quando o coletivo negociava a saída de Raimundo Pereira de *Opinião* no início de 1975. Kucinski (1991) relembra que o conselho encarregado de representar todas as tendências do jornal rompeu exatamente por causa de uma divergência com o grupo da cultura sobre a gestão do novo jornal de propriedade coletiva de jornalistas. Por essa razão muitos teriam ficado em *Opinião*. Desde aquela época, *Tendências e Cultura* apregoava a independência total das seções e a ausência de um comando central. Montenegro defendia que o editor-chefe só poderia ter acesso às matérias após a publicação. A outra ala queria uma estrutura centralizada. Para Raimundo Pereira (Azevedo, 2011), o editor deveria ter o poder de ler e vetar as matérias antes da publicação. Pela pequena diferença de um voto, o grupo de cultura teria perdido a votação e abandonado o conselho (Azevedo, 2011).

Essa disputa com a seção de cultura de *Opinião* cresceu especialmente na última fase do semanário. A redação tentava colocar em prática uma política de autogestão. As pessoas julgavam-se donas do jornal, porque Gasparian pagava salários muito abaixo do mercado. Durante o pacto com Raimundo Pereira, o dono do semanário deu grande liberdade à equipe. Mas no período final essa linha de manobra tornou-se mais difícil. Raramente o proprietário participava das reuniões de pauta. Marcos Ribas de Faria explica que ele nunca se metia de frente, mas entrava por caminhos indiretos. Um dia, Gasparian chamou o editor de cultura para dizer que Montenegro não deveria publicar os textos sobre *Xica da Silva*. Ele teria ficado irritadíssimo com a palavra *abacaxica*. Era o pior que se poderia dizer de um filme. Gasparian não queria divulgar os textos para não ofender Carlos Diegues. Mesmo assim, Montenegro publicou as críticas. Além disso, o editor de cultura escolheu para a capa imagens dos "artigos encomendados" pelo proprietário. Era uma clara provocação, mas provavelmente a primeira página tenha sido alterada, porque a edição final trouxe apenas o busto de *Xica da Silva* em tons de preto e branco com abacaxis e bananas desenhados. Em contrapartida, Gasparian solicitou dois artigos dos "amigos" Antonio Callado e Roberto da Matta para defender o filme e contrabalancear as críticas contrárias à obra. O equilíbrio entre textos favoráveis e desfavoráveis decorre desse processo. Segundo Montenegro, a coletânea sobre *Xica da Silva* gerou muita repercussão. Publicar um artigo em *Opinião* dava muita visibilidade na opinião pública e com certeza isso aconteceu com Beatriz Nascimento.

A reação de Carlos Diegues teria sido forte. Montenegro relembra que ele mandou uma carta "irada", impublicável por causa dos palavrões. O editor queria tornar pública a resposta do cineasta, mas Gasparian não permitiu.[46] Se *Xica da Silva* causou grande polêmica em outubro de 1976, este não foi o primeiro caso de desavença interna. Os entrevistados contam que

46 Glauber Rocha contou que a proposta da carta de Carlos Diegues era criar um debate ideológico em outro nível, mas ela foi devolvida por Gasparian

meses antes houve um confronto por causa da peça de teatro *Gota d'água* de Chico Buarque e Paulo Pontes. O artigo teve péssima repercussão na redação e a matéria não foi publicada.[47] Em janeiro de 1976, saiu a crítica de Macksen Luís elogiando ao máximo *Gota d'água*.[48] Se o texto sobre *Gota* não foi impresso, Arrabal tornou-se o pioneiro por fazer a oposição ao nacional popular na seção de teatro.

Naquela época, Júlio César Montenegro foi assistir *Gota d'água* e detestou por causa do nacional popular. Tudo era "muito PCB" e "extremamente autoritário". Naquela noite, ele foi o único a não se levantar quando a peça terminou. "Achei chato, esquerda babaca, era político. Não aplaudi. Achei que era político e não me levantei". O editor de cultura sabia que não adiantaria solicitar um texto a Fernando Peixoto, porque o crítico era totalmente favorável ao nacional popular. Pediu para José Arrabal escrever. A crítica foi publicada em 1976 no *Jornal de Debates*, de propriedade de Fernando Gasparian, quando Montenegro era redator-chefe.

Criticar a peça de Chico Buarque criou "um problema", relembra Montenegro. O dono do jornal o chamou para conversar, mas não o demitiu. Gasparian relatou a Vani Kenski (1990) que a equipe condenava artistas ilustres e aliados do jornal. Por isso, ele teria sido obrigado a interferir diretamente no dia a dia.

---

com um bilhete, afirmando que a resposta não poderia ser publicada no jornal, nem ficar nos arquivos pessoais dele (Hollanda; Messeder, 1980).

47 Não há consenso entre os entrevistados sobre quem foi o autor do artigo vetado. Segundo Montenegro, o texto de *Opinião* questionava a entrada de Bibi Ferreira no palco como estrela, quando a peça pretendia criticar a burguesia. Portanto, a trama não trabalhava a coletividade, mas trazia personagens excepcionais.

48 Luiz, Macksen. "A medeia da marginalia". *Opinião*, n. 167, 16 jan. 1976, p. 22.

Segundo Bernardo Kucinski, a redação decidia tudo por votação e os "dissidentes da cultura" insistiam em ter liberdade total de escrita. Gasparian não conseguia substituí-los, nem recompor uma equipe alinhada ao seu lado. Os conflitos ressurgiam na cobertura de cultura por causa do apoio da corrente ligada ao PCB. "Gasparian não admitia a crítica a seus amigos num jornal sob censura que do seu ponto de vista deveria priorizar a crítica ao poder". Naquele momento, a redação "estava cansada da resistência pela resistência" e levantava novas bandeiras, como a crítica à complacência na área cultural (Kucinski, 2003, p. 336).

A disputa entre a arte engajada e a crítica ao nacional popular polarizava-se no jornal. De acordo com Jean-Claude Bernardet, Fernando Peixoto estaria ao lado do "violão" e de Chico Buarque, enquanto Montenegro preferia a "guitarra elétrica" e Caetano Veloso. Essa disputa foi crescendo na redação. O ex-editor resume que o semanário "fervia" com a "garotada", mas ficava péssimo com os "medalhões da esquerda". Ele incorporou este termo do conto *Teoria dos Medalhões* de Machado de Assis (1994)[49] para referir-se a Ferreira Gullar e Fernando Peixoto, que recebiam o apoio no jornal de Carlos Diegues e Nelson Werneck Sodré. Mesmo exilado, Ferreira Gullar publicava em *Opinião*, graças à ideia de Sérgio Augusto de substituir seu prenome por Frederico e depois colocar na gráfica o nome verdadeiro. Além de dramaturgo e membro do PCB, Fernando Peixoto exercia a função de crítico de teatro de *Opinião.*

49 Na história, o pai ensina a arte da política para o filho conseguir se consagrar através de ideias alheias e canonizadas, com a ajuda das amizades, da publicidade e da imprensa.

Gasparian não queria enfrentar a ala dos "medalhões da esquerda" porque era um "jogo pesado", resume Montenegro. Segundo ele, "foram para cima do Gasparian nos esculhambando", mas "essa não foi a minha primeira briga com a *intelligentsia* brasileira", nem foi a primeira vez que "esculhambei os intelectuais". A luta em *Opinião* não significava uma questão pessoal, explica o ex-editor, mas o acirramento político sobre as formas de realizar a resistência.

Em meio ao clima de confronto nas últimas edições do semanário, Gasparian chamou Montenegro para conversar. Explicou que "eles" não continuariam a escrever, se o editor de cultura ficasse no jornal. Cheia de "apadrinhamentos", a cena cultural brasileira "preferiu acertar com o patrão a minha demissão", conta ele. Gasparian o demitiu, convidando-o a sair. Muitos colegas deixaram o semanário em "solidariedade à defenestração". Depois de duas ou três edições, o jornal fechou. Segundo Montenegro, o motivo não foi a censura, mas o "confronto com a redação". A briga final teria sido motivada porque *Tendências e Cultura* não aceitava um "único comando". Num texto manuscrito de maio de 2002, Montenegro expôs o que aconteceu nos bastidores de *Xica*:

> Cacá no ventilador
>
> As recentes erupções de Cacá Diegues em defesa de seus negócios nas áreas de Cultura e Artes Ltda me lembram ataques semelhantes quando ele lançou o filme *Xica da Silva* e eu era editor de Tendências e Cultura do *Opinião* (seminário dos anos 70 financiado pelo milionário Fernando Gasparian, recém-chegado de exílio na Inglaterra, para lutar contra a ditadura e abrir novamente um caminho para ele na cena nacional. No *Opinião* escreveram estrelas como

Fernando Henrique Cardoso e pessoas que mantiveram a integridade como Otto Maria Carpeaux, Jean-Claude Bernardet e outras).

Mal estreara *Xica da Silva* e apareceu no *Opinião* uma professora universitária negra e linda, Beatriz Nascimento, revoltada com o filme que, segundo ela, mais uma vez mostrara uma negra usando o sexo para ascender socialmente. Veio também um cineasta, Carlos Frederico, com um artigo intitulado Abacaxica.

Preocupado com a frente-única-contra-a-ditadura o dono do *Opinião*, com intelectuais amigos dele, conseguiu artigos favoráveis ao filme que foram publicados junto com os desfavoráveis no mesmo número em que a capa era sobre a obra de Cacá.

Em resposta à tentativa salomônica de apaziguá-lo, Cacá mandou uma carta, segundo Gasparian, impublicável pelos vários palavrões. Cheia de compadrios, de apadrinhamentos, patotas, de curriolas, a cena-cultural-brasileira-que-aparece-mais-na-mídia se sentiu incomodada com os artigos polêmicos e descompromissados que publicávamos e, como Cacá, desacostumados/inseguros com a discussão PÚBLICA de diferentes visões & concepções, preferiu um entendimento com o patrão, o dono do jornal, a uma discussão com os empregados, nós jornalistas.

Para evitar que *Opinião* continuasse incomodando aos senhores da cultura, Gasparian exigiu minha demissão. Frequentadora, senão dos salões, das bocas livres da Casa Grande, a esquerda que conta-e-faz-conta exigiu minha saída da editoria. A redação, que já so-

> fria com a censura da ditadura, não aceitou a censura de nossos aliados e se demitiu solidariamente. Um ou dois números depois *Opinião* deixou de circular. Ganharam então os cacás da cultura. E agora?

A demissão foi o resultado da "aliança de forças em torno de Gasparian". Montenegro explicou que a pressão era conjunta. Portanto, a ação não foi feita por uma pessoa em especial, porque sozinho cada um não tinha peso. A força vinha quando estavam juntos; seria como uma ameaça sob a forma de um "temor", não de uma "execução". As figuras importantes escreviam de graça e Gasparian pedia muitos textos. Na verdade, o proprietário de *Opinião* respeitava seus aliados e não queria prescindir dessas relações, esclarece Montenegro. Isso não significava um controle partidário ou algo do tipo. O grupo queria que a imprensa falasse bem do nacional popular, porque eles produziam para a "burguesia". O objetivo era ter a imprensa favorável, sem colocar as ideias em xeque. Para Montenegro, eles "queriam repercussão, queriam acontecer". Enquanto isso, Gasparian sentia que perdia o controle do jornal, porque "as pessoas estavam se juntando e formando uma corrente", relembra o ex-editor. A existência de uma esquerda crítica atrapalharia a luta comum contra a ditadura. Por isso, o intuito era "matar uma semente que estava nascendo". Para Montenegro, os medalhões da esquerda não queriam dividir, porque estavam no comando, mas o processo de divisão já estava em curso.

Os atritos em torno de *Xica da Silva* e *Gota d'água* podem ter sido os maiores confrontos internos da seção cultural, mas não foram os únicos. Júlio César Montenegro organizou uma série sobre Jornalismo Cultural para analisar o esquema de artes e espetáculos em pormenores.[50] Os textos revelam um pouco dos bastidores de *Opinião*. Para esta coletânea, Montenegro solicitou um artigo a Jean-Claude Bernardet, que deixou Gasparian muito irritado. O texto de Bernardet expunha com todas as letras o que acontecia dentro das redações, explicando como o tom acadêmico dos jornais facilitava a aprovação dos textos pela chefia, mesmo quando o ponto de vista ideológico não coincidia.[51] Quando uma matéria era clara na explicação, havia atritos com os chefes; explica Bernardet fazendo referência indiretamente aos atritos internos do *Opinião*. Para garantir a publicação, a solução era diluir as opiniões e descontextualizar a situação histórica. Portanto, essa série de confrontos na seção cultural teria levado à demissão de Montenegro a longo prazo.

Uma edição antes do artigo de Bernardet, *Opinião* publicou uma carta com um visível nome falso: Gregório Alves Guerra. O missivista expunha a disputa interna do jornal, citava o nome dos editores com intimidade e no final mandava beijos para a equipe.[52] A autora da carta é, na verdade, Tânia Brandão da Silva.[53] No tex-

---

50 Brito, Ronaldo. "Jornalismo cultural - entre os spots e as academias". *Opinião,* n. 219, 14 jan. 1977, p. 20. Montenegro, Júlio César. "O refresco da cultura". *Opinião,* n. 219, 14 jan. 1977, p. 21. Bernardet, Jean-Claude. "Jornalismo cultural - de Bourdieu a Cid Moreira". *Opinião*, n. 223, 11 fev. 1977, p. 24.

51 Bernardet, Jean-Claude. "Jornalismo cultural - de Bourdieu a Cid Moreira". *Opinião*, n. 223, 11 fev 1977, p. 24.

52 Guerra, Gregório Alves (pseudônimo de Tânia Brandão da Silva). "(Jornalismo Cultural) Acadêmico e mundano, embora crítico". *Opinião*, n. 222, 04 fev. 1977, p. 24.

53 O tom pessoal da carta, mandando beijos à equipe com grande intimidade, nos instigou a descobrir a autoria. Relendo o texto, Júlio César Mon-

to, ela declara sua preferência pela "arte do atrito" de Júlio César Montenegro com "boas risadas", numa "tendência leve e brincalhona", em relação à arte "embolorada" do engajamento. Era mais um ataque ao nacional popular, agora endereçado pelos leitores. O artigo foge de uma dicotomia entre a arte engajada e a contracultura para assim poder compreender a existência das duas tendências. Tânia Brandão reconhece a necessidade de ambas existirem. Não se deve dividi-las entre "más e espúrias", "dignas e boas" porque a supressão de uma significaria uma "postura fascista". Se a carta tenta equilibrar os dois lados da resistência, ao mesmo tempo não esconde as próprias preferências. A autora defende o maior alcance crítico da "arte do atrito" de Montenegro por seu trabalho denso e transformador. A análise não vem à tona sem críticas. Para Brandão, o viés do atrito permite à pequena burguesia impotente uma forma de consolo nostálgico para exercitar seu poder. O artigo, inclusive, antecipa o choque entre as duas tendências que ocorreu semanas depois. Tentando minimizar as disputas internas, a missivista explica que a arte do atrito não deve bater de frente, se o desejo é o debate. O modelo do equilíbrio descrito funcionaria exatamente no *Opinião*, por ser capaz de neutralizar as controversas. E termina: "Continuem, o Brasil conta com vocês". Triste ironia porque o jornal morreu edições exatamente em meio a esses choques.

Nesta mesma edição, a ala do nacional popular contra-atacou com os elogios de Maria Elisabeth Viviane às peças: *Gota*

---

tenegro lembrou que se tratava de Tânia Brandão da Silva, hoje docente da Universidade do Rio de Janeiro. Na época, ele também ficou intrigado com o pseudônimo. Só poderia ser alguém conhecido, porque o missivista o tratava pelo primeiro nome. Tempo depois, Tânia Brandão confessou-se a autora do artigo. Ela nos confirmou a história por email.

d'água de Paulo Pontes e Chico Buarque, *O último carro* de João das Neves e *Ponto de Partida* de Gianfrancesco Guarnieri.[54] Elisabeth defendia os três dramaturgos em nome da união da esquerda. Criticar qualquer um deles seria uma postura "radical" e "nociva" para "o momento brasileiro". Respondendo às críticas internas, a autora condena os setores da esquerda que "engolidos na política das massas" acusavam peças progressistas de serem populistas, paternalistas e didáticas.

O nome de Montenegro permaneceu como editor até o número 228. Na edição seguinte, o quadro com a equipe desapareceu. Provavelmente a demissão tenha se dado entre essas duas semanas. No número seguinte (n. 230), a apresentação dos colaboradores voltou, mas não há nem o nome de Montenegro, nem o dos demais editores.[55] Nessa época, Fernando Gasparian tentou colocar Ferreira Gullar como editor-chefe, quando ele retornava do exílio, mas o processo não deu certo (Kucinski, 1991).

Mesmo após a saída de Montenegro, a disputa interna ressurgia na seção de cartas. Por causa do artigo de Maria Elisabeth Viviane, Jean-Claude Bernardet enviou uma carta, porque foi citado no texto para endossar ideias com as quais ele não concordava.[56] Maria Elisabeth Viviane pediu desculpas se a redação deu margem a uma interpretação equivocada. Mas mesmo

---

54 Viviane, Maria Elisabeth. "Paulo Pontes, João das Neves e Guarnieri". *Opinião*, n. 226, 04 mar. 1977, p. 21.

55 Provavelmente tenha existido uma segundo motivação para a demissão dos editores de outras seções. Segundo Kucinski (1991), se aproximava o mês de abril e a data do dissídio coletivo dos jornalistas do Rio de Janeiro. Gasparian decidiu não dar os aumentos, assinou a carta de demissão dos principais jornalistas e passou a ler todas as matérias antes da publicação.

56 "Carta de Jean-Claude Bernardet". *Opinião*, n. 229, 25 mar. 1977, p. 21.

assim, ela aproveitou o ensejo para criticar a seção *Tendências e Cultura*: "O meu artigo procurou criticar, de modo especial, uma determinada corrente de ideias sistematicamente veiculadas pela seção 'Tendências e Cultura' desse semanário".

Marcos Penchel foi escolhido como representante da equipe cultural para ficar na transição do jornal. Numa noite, Penchel ligou para Montenegro e contou que iria sair algo negativo contra ele. Os dois foram até a gráfica e colocaram uma resposta a Viviane no pequeno espaço disponível. A nota dava aos leitores atentos o sinal de que Montenegro não estava mais no semanário. "Fui escondido antes da impressão e enfiei uma nota curta de resposta no final do 'ataque'. Por causa dessa nota o Marcos Penchel foi demitido". Na carta, Montenegro não assina como editor, mas como leitor externo do jornal. Ele explica que na seção de cultura escrevem representantes das ideias mais diversas, inclusive Viviane. Por isso, pede maiores definições sobre as tais *tendências* citadas:

> facilitaria um eventual trabalho detetivesco definir qual é a citada 'corrente de ideias sistematicamente veiculadas pela seção Tendências e Cultura deste jornal'. E como esta seção já teve vários editores, seria também necessário marcar o nascedouro dessa 'corrente de ideias sistematicamente veiculadas'. Isto se se deseja uma discussão de ideias e não uma profissão de fé baseada em indiretas e alusões sem direção determinada. (Júlio César Montenegro).

Duas edições depois, Fernando Peixoto criticava abertamente a seção cultural de *Opinião*.[57] Literalmente no último número do semanário, ele elogiou o nacional popular sob a forma de "teatro de responsabilidade social" por sua capacidade de problematizar e provocar uma reflexão transformadora no público, numa situação histórica adversa. Com a última palavra num jornal moribundo, essa edição sequer circulou, porque foi apreendida pela polícia. Nela, o crítico atacava os oponentes: "No nível do pronunciamento da imprensa, nenhum dos espetáculos chegou a provocar, por insuficiência dos críticos (ou por censura dos jornais) uma discussão mais consequente." Havia uma condenação aberta a José Arrabal: "reflexos de radicalismo, por exemplo, surgiram num discutível ataque que José Arrabal desferiu com extrema violência, visando provocar reações através da inoportuna técnica de acirrar contradições existentes, contra o texto de Guarnieri".

Se a disputa interna aparece no conteúdo do jornal, nas cartas e documentos, na época esta polêmica era chamada de *censura interna* e envolvia o nome de Fernando Gasparian. No seu livro, Montenegro (1985) relatava o clima que gerou sua demissão:

> Trabalhei num jornal que se opunha à Ditadura. Foi onde tive pessoalmente a experiência de que a exploração e a opressão são fortes na medida em que não se concentram em torno de um só Ditador, antes se espalham por muitos (nem tanto...) exploradores e opressores. (...) No jornal, escrevíamos contra os patrões que, à sombra da Ditadura, exploravam seus empregados. (...) Negávamos ao governo o direito

57 Peixoto, Fernando. "A recusa da inércia". *Opinião*, n. 231, 08 abr. 1977, p. 16.

> de censurar, de esconder o que Eles achavam inconveniente que Outros soubessem. Mas raras eram as discussões dentro do jornal em torno do direito que Nós tínhamos de esconder o que não achávamos conveniente que Outros soubessem. E os que achavam que o jornal não devia censurar, eram censurados (Montenegro, 1985, p. 25).

A poetisa Ana Cristina César também comentou o mesmo tema em suas cartas:

> (...) o *Opinião* fechou. O Gasparian demitiu todo mundo no culminar de uma crise. A princípio ele dava liberdade aos editores mas ninguém tinha carteira assinada. No momento que ele começou a pressionar as editorias e exercer censura interna (especialmente contra ataques a figuras "de esquerda" - Callado, Houaiss, Werneck etc.) (e assuntos considerados "irrelevantes" como sexo), o pessoal chiou e chegou-se a um impasse com todo mundo exigindo carteira assinada e direitos trabalhistas ("Já que você quer se impor como PATRÃO, trate-nos então como um patrão"). Conclusão: demissão coletiva e fechamento do jornal (sob desculpa de censura). (César; Hollanda, 1999, p. 144).

Deixando os relatos de época, quarenta anos depois, Montenegro comenta as disputas internas da seguinte maneira:

> Pelo que lembro, o opinião formou-se com 2 *centros* de poder:

> 1) o proprietário da operação, o dono da publicação que tinha como projeto a derrubada dos inimigos do derrubado presidente amigo dele;
>
> 2) os operadores, reunidos em torno do prestígio de *adversário da ditadura* escolhido editor-chefe
>
> Esse poder negociado partiu-se quando rachaduras na ditadura foram permitindo novas infiltrações. O dono substituiu a *redação de combate* por uma outra *profissional*, quer dizer, apta a funcionar com *superiores controles*. Imagino que inclusive razões financeiras levaram ao fim da experiência com nomes firmados na mídia comercial (Sérgio Augusto, Argemiro Ferreira, Elice Munerato) e a volta dos, *menos exigentes salarialmente,* OPERADORES + engajados. O que distinguia o grupo reunido em tendências & cultura era a tentativa de trazer a discussão das regras impostas de fora **pela ameaça da força** pelas etiquetas religiosamente absorvidas **internamente** via **cultura**. Em resumo, tratava-se mais de *articulações ENTRE TENDÊNCIAS* do que deliberações de **eminentes saliências**. Simbolicamente **fios soltos** podem ser desATADOS por poder concentrado. **Tramas** dando panos pras mangas vem de **fios tecidos**.[58]

A tensão entre os lados ocorria porque um deles colocava como ordem do dia o combate contra a ditadura, sem dissolver a Frente. A outra ala preferia realçar a crítica cultural como forma de resistência, lutando pela autonomia da crítica. Se existia essa divisão, Montenegro explica que todos estavam unidos no

58 Essa declaração em especial foi obtida via email em 22. jul. 2014. Os grifos são do autor.

"cimento" contra a ditadura: "não podia dividir, a ideia era juntar". Essa opção política ligava os dois lados. Havia "discussão de ideias", não uma hegemonia de partidos. Segundo os entrevistados, as acusações de censura interna teriam ocorrido somente no período final do jornal. "Não seria esta uma resposta sobre o projeto editorial?", nos indaga um deles.

Para Montenegro, o dono do jornal escolheu o nacional popular porque esse grupo tinha mais status no período. Por esse motivo, seria desgastante enfrentá-lo. Não se tratava de uma preferência pessoal, mas de um projeto político. Gasparian pretendia caracterizar o semanário somente como frente anti-ditatorial. Isto é, ele não queria diluir a Frente de oposição. Montenegro relata que o proprietário tinha grande dificuldade de conviver com linhas diferentes na redação e preferia entregar o comando para pessoas com peso na carreira sob o trilho do Partidão. Se o controle era indireto, ele garantia que os editores-chefes não iriam atacar Jorge Amado, por exemplo. Mas nem sempre Gasparian ficou ao lado do nacional popular. Ao contrário. Quando Mário Pamplona escreveu uma carta chamada "Jorge Amado cansado de glória" [59], o editor de cultura publicou "com carinho".[60] A carta desencadeou uma enxurrada de missivas contrárias ao Partidão e à cultura do nacional popular. De acordo com Montenegro, Gasparian gostou porque o episódio

59 Pamplona, Mauro. "Jorge Amado, cansado de glória". *Opinião*, n. 7, 25 dez. a 01 jan. 1973, p. 2.

60 Mário Pamplona era amigo de Montenegro do Ceará. Fez algumas traduções para o *Opinião* e quando voltou para Fortaleza, leu o livro de Jorge Amado. Foi então que resolveu mandar a carta ao semanário. Segundo Montenegro, a equipe percebeu quantas pessoas eram contrárias ao escritor pela enorme quantidade de cartas.

aumentou muito o volume de cartas; não porque se criticava alguém dessa linha.

Percebe-se que as acusações de censura interna do passado apontam para as disputas de poder entre os núcleos da resistência e tem como objetivo evitar a fragmentação da esquerda e a eclosão de temáticas distantes da Frente Anti-Ditatorial. A dissolução gradual da *Frente* de *Opinião* não caminhou sozinha. Trata-se de um processo interno de diluição da hegemonia da arte engajada nos anos setenta (Napolitano, 2011). No decorrer desse processo, os artistas e intelectuais aprofundavam suas divergências sobre o *como* fazer. Se o tropicalismo e a contracultura desencadearam o processo, nos últimos anos da década de setenta entrava em cena um novo ator social: a Nova Esquerda, que colaborou para a dissolução do nacional popular.

Embora anteceda o surgimento desses novos atores sociais em 1978, *Opinião* é parte desse processo. Em seu microcosmo, alguns destes núcleos incidiram diretamente no episódio com Carlos Diegues. Júlio César Montenegro é o personagem oculto das *patrulhas ideológicas*. Foi ele quem permitiu a eclosão na crítica de cinema de um ator social atrelado ao movimento popular. Há neste evento um começo do desatar dos *nós* das Frentes Jornalísticas, que segundo Bernardo Kucinski (1991) se romperam de vez nos sucessivos rachas de *Movimento* algum tempo depois. Na polêmica em torno de *Xica da Silva*, três grupos aparecem com mais força: os liberais, os comunistas e os opositores ao nacional popular. Estes últimos compunham um conjunto heterogêneo, ligado ao trotskismo, ao cinema *underground* ou ao movimento social. Se essas pessoas faziam parte do jornal, o semanário não participou do ápice deste processo, porque saiu de circulação um ano antes da eclosão das greves de 1978. Portanto, há apenas uma prerrogativa no *Opinião* em direção à Nova Esquerda.

Os atritos em torno de *Gota d'água* e *Xica da Silva* são alguns dos elementos de uma futura articulação da esquerda dentro da imprensa alternativa quase um ano depois. Foi Bernardo Kucinski quem observou *in loco* alguns traços desse movimento: "Como se adivinhassem a eclosão das primeiras grandes greves operárias, que só aconteceram um ano depois, as esquerdas articuladas nos jornais alternativos portadores de projetos nacionais começaram a se dividir em dois grandes campos já a partir de meados de 1977." (Kucinski, 1991, p. 161). O processo descrito aqui ocorreu um pouco antes desse limiar. Se em *Opinião* surgiu Beatriz Nascimento como parte do movimento negro, os rachas no interior dos jornais alternativos foram antecipados pela reaparição do operário. Kucinski explica que as tensões se acumulavam graças à ação das CEBs (Comunidades Eclesiais de Base) e dos movimentos populares. Como parte desse processo, a Nova Esquerda se formava também no interior da imprensa alternativa com forte presença trotskista, tendo suas raízes na ex-Ação Popular (AP) ou nos antigos grupos anti-stalinistas.

Esse processo coincide com o final de *Opinião* e a eclosão na mesma época do racha de *Movimento* em abril de 1977, quando a Nova Esquerda se rebelou contra o domínio do PCdoB (Kucinski, 1991). Um episódio semelhante de disputas internas da Nova Esquerda deu origem a jornais como *Em Tempo* e *Beijo*.

Foi exatamente do racha da seção cultural de *Opinião* que surgiu em 1977 não só *Em Tempo*, mas também *Beijo*, pelas mãos de Júlio César Montenegro, Ronaldo Brito e Genilson César. De *Opinião* vieram também José Castelo, Wilson Coutinho, Rodrigo Naves e Ana Cristina César (Moriconi, 1996). A antiga equipe do jornal lançava o veículo como forma de reação ao autoritarismo nas relações internas de *Opinião*. Daí que as diretrizes dizem muito sobre os atritos internos do semanário.[61] *Beijo* surgiu como crítica aos grupos de esquerda com seu dogmatismo, moral conservadora, culto ao sacrifício e repressão sexual (Kucinski, 1991). A proposta era discutir comportamento, sociologia e cultura, pregando a importância do prazer e da sexualidade. O jornal trazia Michel Foucault como maior pensador e a esquerda como alvo das críticas.

Portanto, observar o pensamento de figuras-chave desses jornais possibilita entender melhor a dinâmica por detrás dos rachas da imprensa alternativa. Se a Nova Esquerda é o segmento menos estudado pela historiografia sobre a resistência cultural (Napolitano, 2011), traçar o *perfil* de Júlio César Montenegro é parte desse trabalho sobre o *Opinião*. As alterações internas da seção cultural foram um trabalho conjunto da equipe, mas o editor de cultura parece ter sido o aglutinador das preocupações trotskistas e da Nova Esquerda em *Tendências e Cultura*. Como personagem central da dissolução progressiva da Frente de *Opinião* e como pioneiro na crítica ao nacional popular no jornal, Montenegro inaugurou a fase do *Jornalismo Cultural Reflexivo*.

O trotskista Júlio César Montenegro entrou para *Opinião* para fazer *crítica:* crítica da esquerda, do jornalismo, da produção cultural, do sistema interno de espetáculo, dos deputados.[62]

61 Algumas diretrizes de *Beijo:* a desmontagem da Frente Ampla, a descentralização da estrutura do poder e da intervenção autoritária do intelectual, os temas recalcados pela imprensa e o descompromisso em noticiar os artistas canonizados ou os aliados da Frente (Moriconi, 1996).

62 Montenegro começou como correspondente político em Brasília. Desmascarando os deputados oposicionistas, ele foi acusado na redação de

Como editor, ele não queria reproduzir ou noticiar os fatos, mas colocar sob questão a própria imprensa. Muito do que praticava no jornal vinha das leituras de Leon Trotsky e daí surgiram seus problemas com o semanário. O interesse por Trotsky surgiu logo após o golpe, porque o Partido o colocou no Índex. Ele leu "Minha Vida" e se encantou. Passou a ver o Partidão como uma instituição conservadora e dogmática.

Naquela época, era difícil encontrar livros de Trotsky no mercado, mas Montenegro comprou *Literatura e Revolução* num sebo. A obra o influenciou bastante na sua concepção de cultura, porque ele percebeu que a "cultura não pode ser compartimentalizada". No jornal, Montenegro colocava em prática algumas das ideias do autor: a necessidade de fazer a crítica da cultura e defender a autonomia da arte em relação aos partidos (Trotsky, 1980). Tentando trazer todas as alas da esquerda sem beneficiar nenhuma, os primeiros atritos surgiram desta posição, porque algumas pessoas temiam uma tentativa de dissolver a *Frente* e enfrentar a política da esquerda.

Levando vida cultural intensa, Montenegro estava por dentro da produção artística do Rio de Janeiro para sugerir as pautas. Os atritos surgiam porque ele procurava ir na contra corrente e localizar aspectos contrários ao nacional popular. Para Montenegro, a única coisa boa da ditadura foi "quebrar" a hegemonia da esquerda. Sua preferência como editor era por "gerar polêmicas", porque elas são muito mais "estimulantes", em especial quando os autores respondem às críticas.

---

ser comprado pela ditadura. Foi quando alguns colegas o aconselharam a não falar mal dos aliados para não enfraquecer a resistência.

Com o objetivo de fazer a crítica da esquerda, Montenegro enfrentou a oposição de parte da redação desde o início, porque a equipe estava unida contra a ditadura. Provavelmente nesse sentido o *projeto editorial* para a área cultural esteja na preferência pela cultura do nacional popular e na luta contra o regime militar. Montenegro conta uma história para ilustrar o ambiente interno da esquerda no jornal. Certa vez durante uma palestra na PUC do Rio de Janeiro, Raimundo Pereira teria dito em tom negativo: "tem gente que quer discutir corpo". A frase servia para ironizar Foucault e os que tomavam banho de sol enquanto o povo era explorado. Nessa vontade de fazer a crítica da esquerda, Montenegro só encontrou o apoio interno de Fernando Henrique Cardoso.[63] O contato com ele surgiu através de Gasparian, que levou os principais editores até o Cebrap duas vezes. Na segunda reunião, antes de assumir o comando da cultura de novo, Montenegro sugeriu fazer a crítica da esquerda. "Fernando Henrique foi o único que disse que dava para fazer". Ele explica que o sociólogo era favorável à ideia porque ela era praticada na França. Montenegro voltava da Europa, tinha "consciência" de fazer parte da "Nova Esquerda" e queria implantar a crítica da esquerda europeia no jornal. Ele era o único na redação a pensar dessa forma, porque o restante da equipe não se opunha tanto ao nacional popular.[64]

63 Se Montenegro cita Fernando Henrique como aliado na crítica à esquerda, a lembrança de Bernardet é diferente. O sociólogo foi chamado para interceder pela equipe, porque o salário não dava nem para viver. Mas o sociólogo preferiu defender a importância da luta contra a ditadura e tomou partido de Gasparian, que era seu amigo.

64 Segundo Montenegro, talvez Ronaldo Brito e Genilson César tivessem simpatia pela crítica ao nacional popular. Ele explica que Bernardet não

Gasparian rejeitou veementemente a proposta, porque temia a desunião da esquerda. Naquela época, todos acreditavam que o jornal deveria primeiro unir forças contra a ditadura para depois abordar questões relativas à cultura e à sexualidade. A visão de Montenegro sobre isso era bem diferente: "No fundo eles iriam fazer como na Rússia; iriam nos esmagar. Vencia muito ser stalinista no jornal com a ideia de não quebrar a frente contra a ditadura".

A mudança da equipe em relação ao nacional popular só veio após o "rompimento do pacto" com Raimundo Pereira. Na fase do *Jornalismo Cultural Reflexivo* (1976-1977), Montenegro conseguiu colocar suas ideias em prática. Os artigos que explicam a proposta da nova fase encontram-se na série sobre o Jornalismo Cultural, escrita por Ronaldo Brito, Jean-Claude Bernardet e pelo próprio Montenegro. Em *O refresco da cultura*, o editor conta um pouco sobre o trabalho feito em *Opinião*. Se as seções culturais auxiliam na promoção do circuito cultural, diz ele, os donos dos jornais ainda veem a cultura como momento de relaxamento e lazer.[65] Montenegro esclarece: "as polêmicas são incomparavelmente mais estimulantes quando o parecer do crítico é desfavorável à obra ou lhe faz severas restrições". Isso porque elas desfazem "a falsa impressão de uma sapiência uniformemente distribuída". Como desagregador da frente, Montenegro expõe no artigo o que não se fazia no jornal:

---

se dedicava à crítica da esquerda de maneira explícita, mas o trabalho dele era parte dessa renovação. Outros se aproximariam do viés crítico pelas ilustrações, como Cássio Loredano ou Carlos Clémen.

65 Montenegro, Júlio César. "O refresco da cultura". *Opinião*, n. 219, 14 jan. 1977, p. 21.

> Mas primeiro, claro, isso que tem que ser considerado um assunto jornalisticamente relevante. Até que Foucault, Szasz, e outros nomes famosos da *intelligentsia* internacional discutissem a loucura não seria doidice pensar em fazer matérias sobre o tema? E o sexo cotidianamente praticado, ou pelo menos pensado, pela imensa maioria, quando é considerado digno de matérias sobre? Quando aparece nos filmes ou nos livros, por exemplo. (...) Há aqui uma outra divisão que arbitra uma separação entre os assuntos considerados de interesse geral e os problemas pessoais. Não quer dizer que estes não atinjam a maioria esmagadora ou todas as pessoas. Em termos de imprensa, significa apenas que tais temas ainda não foram institucionalizados para discussão. Ou, em termos de seção de variedades, que só podem ser tratados como leve contrapeso às coisas sérias e relevantes que merecem ir para os espaços das outras seções.

Na conclusão do artigo, o editor de cultura conta aos leitores que alguns colegas seus consideraram uma matéria publicada em *Opinião* sobre o corpo como um assunto sem seriedade e indigno de interesse jornalístico. Abrindo um atrito direto com o conceito do intelectual arauto, Montenegro conclui no texto: "Será que o maior problema não seria o tratamento de um assunto que interessa a todos que tem corpos (...) e sobre o qual todos podem participar com idêntico grau de especialização ou de ignorância? Não será um tanto incontrolável politizar um assunto tão próximo de todos?"

A provocação era dupla. O editor de cultura defendia num jornal político como *Opinião* tratar o sexo como elemento digno e de quebra ainda questionava o conceito do intelectual arauto.

Para provar a argumentação, ele declarava a igual sabedoria de *todas* as pessoas quando o assunto é o corpo. A matéria em questão foi feita a partir do *Nouvel Observateur*. Montenegro decidiu aplicar o mesmo modelo e mandou dois repórteres entrevistarem personalidades para saber como elas encaravam seu próprio corpo. O resultado é *Tirando o corpo fora,*[66] que consegue equilibrar profundidade de análise e muito humor. O tema causava grande surpresa nos entrevistados e o texto reproduz a conversa travada no telefone. As pessoas não acreditavam que a matéria fosse de um jornal "sério" como *Opinião*. Enquanto Clarice Lispector disse "meu corpo sou eu", Nelson Werneck Sodré declarou que o corpo dele não importava. Para Montenegro, a declaração de Sodré mostrava o desprezo do PCB pelas questões da sexualidade. A matéria trazia a diferença de pensamento das alas da esquerda, mas Sodré foi reclamar com o dono do jornal porque não "apareceu bem" e "me botou numa situação difícil com Gasparian", conta Montenegro. A equipe teria uma "crítica danada" dele por aplicar o conceito de "feudalismo" ao Brasil.

As mudanças da segunda fase são muito evidentes. Michel Foucault era uma grande referência para o editor de cultura e é tema de várias matérias. Muitos textos abordam homossexualismo e divórcio. Outros são bastante provocativos já na manchete: "A práxis e o êxtase, uma relação grilhada".[67] O subtítulo dizia: "abaixo o sexual, viva o social! Essa é a palavra de ordem que comanda o ódio stalinista à sexualidade e o sucesso mundano da 'ala direita' psicanalítica. E os fascistas repudiam também o

66 Leon, Ethel; Branco, José Castello. "Tirando o corpo fora". *Opinião*, n. 216, 24 dez. 1976, p. 20.

67 Vasconcelos, Gilberto. "A práxis e o êxtase, uma relação grilhada". *Opinião*, n. 210, 12 nov. 1976, p. 22.

'pansexualismo' o tal do sexo em tudo." Se as matérias podiam causar espanto em alguns leitores, Gasparian deve ter se surpreendido bem menos, porque Montenegro já tinha feito o mesmo no *Jornal de Debates*.

Na seção de cinema, esse processo era acompanhado numa velocidade bem mais lenta. A mudança foi mais rica em outras rubricas. O ápice no cinema foi mesmo a crítica a *Xica da Silva*, mas alguns indícios apareceram antes. Por exemplo, a crítica de Jean-Claude Bernardet ao papel do intelectual em *Lição de amor* coincide com esse momento de debate interno. Esse viés aparece também quando Bernardet coloca em xeque *Nordeste: cordel, repente, canção* (1975) de Tânia Quaresma e a produção do nacional popular, como vimos. Timidamente surgem algumas matérias sobre o Cinema Marginal em artigos de força diminuta, como no texto sobre *Nenê Bandalho* (1970) de Emilio Fontana.[68] Uma mudança importante em relação à cultura popular aconteceu pelas mãos de Carlos Frederico, que publicou pela primeira vez as preferências do público e a lista de maiores bilheterias.[69]

Quantitativamente a fase é curta. Pela cronologia exposta por Marquardt (2003), a segunda direção de Montenegro começou em junho de 1976 e foi até abril de 1977. Nessas 44 edições há poucas matérias sobre cinema. Nem se pode dizer que existisse um crítico de cinema *do* jornal. Bernardet publicou poucos artigos nessa época. Na nova fase, escreveram mais Marcos Ribas de Faria, Carlos Frederico, Oscar Guilherme Lopes, Wilson Nunes Coutinho, Florestan Fernandes Filho. Cada um deles publicou

68 Lopes, Oscar Guilherme. "Um filme debochado?" *Opinião*, n. 227, 11 mar. 1977, p. 21-22.

69 Frederico, Carlos. "Um balanço da indústria cinematográfica". *Opinião*, n. 225, 25 fev. 1977, p. 24.

entre dois a cinco artigos. O espaço imenso dado ao Cinema Novo não existia mais. O que vencia mesmo eram as análises do discurso político dos filmes.

Se em muitas matérias da seção cultural aparecia a temática do comportamento, o interesse de Montenegro pelo assunto não era novo. Para ele, o prazer é a coisa "mais subversiva do mundo" e é a melhor forma de combate, quiçá contra a ditadura, porque a pessoa não aceita nenhuma autoridade. A postura não teve relação com o universo da contracultura. Naquela época, ele considerava os hippies alienados que usavam drogas. O editor só mudou de opinião, quando foi cobrir o Festival de Saquarema em 1976 [70] e achou incrível a partilha dos pertences, como uma forma de "comunismo cristão primitivo". A defesa do prazer surgiu ainda na infância, atrelada ao universo da natureza e tinha relação com "um espírito crítico às regras de repressão social e familiar".

Montenegro era sempre o primeiro aluno da turma para conseguir um desconto na mensalidade e aliviar os gastos da família com o colégio caro. Sentindo diariamente o peso da responsabilidade e da repressão ao prazer, o sonho do garoto de família tradicional do Ceará era ser diplomata. O tio abriu as portas para o sobrinho estudar engenharia no ITA, porque era um dos fundadores do instituto. Embora não gostasse da área, Montenegro fez o curso para adquirir independência financeira e conseguir realizar o sonho de escrever e exercer a diplomacia. Durante

70 Não havia muitas pessoas ligadas à contracultura na seção cultural. José Castelo Branco tinha mais simpatia e cobriu o Festival de Saquarema. A "garotada" convidou Montenegro para ir junto porque era o único com carro e carteira de motorista. Ver: Branco, José Castelo. "Um Oasis com som e surf". *Opinião*, n. 187, 04 jun. 1976, p. 3-4. Montenegro, Júlio César. "A descoberta dos outros". *Opinião*, n. 187, 04 jun. 1976, p. 04.

esse período, ele abandonou um pensamento de direita e trocou a religião pela crença no comunismo. Conheceu Raimundo Pereira no ITA quando os dois escreviam no jornal da turma. Ainda com um pensamento militar forte, Montenegro atacou Fidel Castro violentamente num texto por causa da tomada do poder. Então, Raimundo e os colegas decidiram fazer uma troça. Escreveram uma carta em inglês com elogios ao pensamento de Montenegro assinada pela "Rainha da Inglaterra".

Após uma estadia na Europa, Júlio César decidiu emplacar a carreira de jornalista para lutar contra a ditadura. Morou no Rio de Janeiro entre 1971 a 1979. Zuenir Ventura ofereceu-lhe o primeiro estágio na revista *Visão*. Um mês depois, Raimundo Pereira o levou para a revista *Realidade* para fazer o número especial *Nossas Cidades*. Ele começou como administrador e por causa das intervenções tornou-se correspondente no Rio de Janeiro e depois em São Paulo. Fazia ainda resenha de livros para *O Globo* e para a *Leia Livros* da Brasiliense, além de atuar como tradutor de francês e inglês em jornais e livros. Por exemplo, a tradução de *Cinema e política* de Leif Furhammar (1976), da coleção dirigida por Bernardet e Paulo Emilio Salles Gomes, é dele.

Provavelmente o jeito alegre, bem humorado e provocador de Montenegro fosse o responsável por conquistar muitos colaboradores. Ele inspirou Marcos Ribas de Faria a uma "guinada total" em direção a uma maneira livre de viver e pensar. O crítico conta que o editor teria "liderado a cabeça" dele até na relação com a revista *Cahiers du Cinéma*, sua formadora. Montenegro o "libertou" da "ditadura da esquerda e da direita" e o influenciou na maneira de ver os filmes e escrever. "Foi a pessoa mais importante no jornalismo para mim", explica Ribas.

Se muitos gostavam de Montenegro, outros tantos não tinham "simpatia" pelo editor. Seria a ala dos "stalinistas", que lutavam contra a ditadura, conta o ex-editor. "Havia um pessoal ridículo em posição moral comunista, mas eram pequenos burgueses, intelectuais com casa e família. Achavam que as questões de etnia ficariam numa segunda fase, depois da revolução proletária". Por isso essas questões foram "abafadas" e um jornal "responsável" como *Opinião* não falava bem do Cinema Marginal. O atrito vinha porque ele era o mais "desbundado", isto é, não era engajado na luta de sacrifício contra a ditadura. Montenegro enxergava na produção da cultura do nacional popular um tipo de "mobral da esquerda", que ele detestava por ver nela uma "empresa capitalista" com a pretensão de educar o povo.

Algumas portas da imprensa alternativa teriam se fechado para o editor de cultura por causa de seu jeito livre e "odara". Ele não foi chamado para *Movimento* porque "o jornal era bem mais stalinista que *Opinião*". Afinal não havia o contraponto a Raimundo na figura de Gasparian. "Nunca me convidaram, porque sabiam que eu não era do pessoal e que iria destoar do coro". O escolhido para ser editor da seção cultural de *Movimento* foi exatamente Fernando Peixoto (Azevedo, 2011). Montenegro relembra que os mais sérios foram para *Movimento*, enquanto as pessoas mais "críticas" me escolheram como "aglutinador e eu fui assumindo esse papel". Na época, "eu era considerado meio desbundado" e "um tanto alienado da necessária conscientização do nosso povo". Contrário aos partidos, quando alguém na redação dizia "Lenin disse tal coisa", ele respondia: "e eu com isso?" "Eu era meio herege", explica.

Na última fase de *Opinião* temos uma parte desse processo de enfraquecimento da cultura do nacional popular. A vontade de Montenegro era criticar e desmoralizar a *intelligentsia*, mas essa ideia já vinha nele de longa data. O processo significou um choque e uma ruptura desde o final dos anos cinquenta. Fascinado pela alta cultura por causa da família, ele teve um distanciamento da cultura patriarcal e um entrosamento com a cultura popular, "não com a cultura abençoada pela esquerda", mas a cultura popular "incontrolável". Concluiu isso ao ver a montagem do livro de Ariano Suassuna *Romance d'a Pedra do Reino e o Príncipe do Sangue do Vai-e-Volta*. No começo da peça, Montenegro ficou irritado porque achou que era TBC (Teatro Brasileiro de Comédia), mas não era. Pensou: "mais uma droga do Nordeste, tipo 'o povinho que não é sério'". Depois ficou fascinado, percebeu o quanto ele mesmo era "reacionário" e escreveu uma resenha que Zuenir Ventura publicou na revista *Visão* em meados de 1971. A mudança em relação à cultura popular é tão importante, que no final da década de setenta, Montenegro decidiu tornar-se agricultor. Aprendeu a cuidar da casa e cozinhar com o que havia disponível da colheita.[71]

Se ele foi o principal editor de *Tendências e Cultura*, esse grau de pioneirismo e influência tinha limites sobre a crítica de cinema. O processo só mudou no final do jornal, um pouco antes do conceito ser questionado no interior da esquerda. O pensamento de Montenegro aproxima-se da definição de cultura popular comunitária e diária defendida pela Nova Esquerda. Trata-se da ideia de aceitar a cultura popular e se misturar com o povo,

71 Tudo isso aconteceu depois de um episódio de depressão, quando ele trabalhava como jornalista, mas já tinha terminado a experiência na imprensa alternativa. Depois de alguns anos, Montenegro voltou a atuar como administrador de empresas até se aposentar.

tal qual descrito por Florestan Fernandes (1976), por Antonio Gramsci (1968) e por Jean-Paul Sartre (1994).

Conclusão

Um jornal de intelectuais e para intelectuais, marca de um pensamento progressista e original sobre a crítica de cinema. Um jornal aberto às ramificações da resistência com espaço até aos independentes, seguindo a história dos rachas da esquerda. Um jornal entre a estética e a política, com diversas gradações, porque luta ao mesmo tempo pelo imperativo político e pela autonomia estética. Um jornal censurado com múltiplas possibilidades de leitura. Um jornal que acompanha o nacional popular e faz oposição ao nacional popular. Um jornal de intelectuais arautos e um jornal crítico ao arauto. É dessas antinomias, meios termos e pêndulos com idas e vindas, que se pode caracterizar melhor a crítica de cinema de *Opinião.* Encontrar uma homogeneidade em meio a tanta diversidade de *opinião* seria planificar a crítica de cinema. Portanto este livro representa mais uma abertura de significações do que um fechamento de temas.

A trajetória de *Opinião* na seção de cinema segue a dinâmica do frentismo cultural com arestas bem polidas e desgastadas. A cada ano, novas camadas de cimento intercalavam-se a blocos maciços com reticências, adendos, ondulações e disputas. Pensando em periodizações de cunho didático, é possível falar em duas fases. A primeira delas (1972-1976) situa-se entre a gestão de Raimundo Pereira até a saída de Argemiro Ferreira e dialoga mais com a cultura do nacional popular. Nesse período, a seção *Tendências e Cultura* teve dois editores, Júlio César Montenegro e Sérgio Augusto. A segunda fase (1976-1977) estabelece um espaço de oposição ao nacional popular sob o comando novamente de Júlio César Montenegro. Constitui o que chamamos de *Jornalismo Cultural Reflexivo*.

Na primeira fase, os valores frentistas são majoritários na crítica de cinema. A *Frente Cinematográfica* de *Opinião* defende a cultura do nacional popular, o intelectual arauto, a linguagem acessível ao público e a ocupação do mercado. O jornal confirma o sucesso da linha frentista no cinema, o que demonstra o quanto a cultura do nacional popular transborda para vários segmentos da sociedade. Alguns desses valores tornam-se bandeiras de críticos e cineastas engajados, mas também da política cultural com signos invertidos.

Mais importante do que detectar continuidades, é nos pequenos atritos do jornal que encontramos a origem dos dissensos dos anos posteriores. Trata-se de entender *como* os valores são construídos e *como* se mantêm internamente. Neste percurso, vislumbramos algumas alterações nos conceitos, numa tensão constante entre estética e política na crítica de cinema. Desse estudo, localizamos muitas aberturas na *Frente Cinematográfica de Opinião*. A primeira delas diz respeito ao uso de uma *linguagem acessível* para conquistar o público e o mercado. Ante o inimigo maior do imperialismo americano, críticos e cineastas apoiam uma linguagem cinematográfica de fácil entendimento. A defesa é acompanhada de um atestado de culpa: o hermetismo do Cinema Novo nos anos sessenta. *Opinião* segue a onda de condenar indiretamente o cinema moderno e elogiar a linguagem clássica. Mas desse consenso inicial sobre a linguagem surgem várias ressalvas por causa da preferência estética de cada crítico. No fundo, o desejo de ocupar o mercado não significa uma boa vontade em relação às produções sem apuro artístico. O critério comum de análise entre os críticos do jornal aponta para os valores estéticos e para o cinema autoral. As variações dependem do colaborador e do filme em questão. O tabu em *Opinião* é a impossibilidade de defender completamente a ocupação do mercado se os colaboradores desaprovam o cinema de gênero e as preferências do grande público.

Um dos principais temas de consenso no jornal é o papel do intelectual na resistência e na conscientização do público. A defesa frentista do arauto serve à missão do próprio jornal, à ideia de tradutor das demandas sociais e à função de explicador do país à intelectualidade. Assim, as alterações discursivas em direção ao intelectual mediador neutro no jornal geralmente retornam ao ideal do arauto. Essa discussão ocorre fora do gênero opinativo e significa uma outorga a terceiros no espaço da entrevista. Portanto, realçamos o lugar de onde se fala. É muito significativo *Opinião* entregar a palavra aos cinemanovistas discutirem seu próprio papel na sociedade. A eleição desse grupo revela uma exclusão de outros atores sociais no debate, como os cineastas marginais. De maneira indireta, o pêndulo vai em direção aos cinemanovistas pela tentativa de aproximação com o público. Dessa lacuna do espaço opinativo surge quase um alinhamento do jornal. Só na fase do *Jornalismo Cultural Reflexivo*, o seminário contesta o arauto pela ambição de se representar como porta voz do popular.

O elogio frentista do intelectual faz parte de algo maior: a defesa do nacional popular, quiçá quase como um projeto editorial.

Na primeira fase, não há grandes contestações a este conceito. No segundo período, os casos de condenação captam a dinâmica do trajeto interno da esquerda, rumo a uma maior fragmentação. Essa força já estava latente, mas não conseguia bater de frente contra a direção do jornal. Quando a crítica ao nacional popular surge com força em vários episódios, Montenegro é demitido. Se a semente do atrito é cortada, nos anos seguintes ela vai crescer cada vez mais na esquerda. No episódio da demissão coletiva de vários membros da equipe de cultura, narrado por Kucinski, se percebe o papel aglutinador e desagregador do nacional popular. Ele surge para alguns como a liga e a base de sustentação entre os atores sociais. Para os opositores do conceito, ele é apenas sinônimo de autoritarismo e contenção do povo no debate. Como a resistência tinha no nacional popular uma fonte de união, os defensores dessa cultura política viram sua implosão como a ruína da *Frente Jornalística*.

Se o nacional popular iria desmoronar anos depois, um item importante se mantém de pé no jornal: o nacionalismo. Ele é a base que unifica as alas de *Opinião*. A luta contra o imperialismo americano jamais seria tema de dissenso no jornal. Afinal o nacional ainda era definido pela negação do estrangeiro (Schwartz, 1987). Na seção de cinema, o combate à ideologia dos filmes americanos não é pensado como resquício da cultura do nacional popular. Afinal o nacionalismo cumpre a função de uma chave explicativa para tudo. Dessa forma, *Opinião* não antecipa a discussão do campo intelectual sobre o tema. No mesmo ano em que o semanário termina, Carlos Guilherme Mota (2008) denuncia o nacionalismo como forma de ideologia. Se a crítica ao nacional popular não era absoluta, o nacionalismo funcionava no jornal como uma liga contra a ditadura. No fundo, o debate aponta para uma falta de questionamento da ideia de essência (Bourdieu, 2007).

O último ponto frentista do jornal a destacar é a conquista do público e do mercado. Trata-se de um consenso entre muitos críticos, cineastas, produtores, incluindo até a política cinematográfica com viés nacionalista. Mas mesmo nesse quesito, os textos de *Opinião* esbarram em discordâncias internas, porque o mercado parece como algo negativo por causa da indústria cultural. Além disso, existe uma dualidade entre apoiar a industrialização do cinema e preferir o cinema autoral. A maior dificuldade interna para os críticos é conciliar a escolha pelo autor com o gosto do espectador, sem abrir mão da responsabilidade social do cinema. Como conquistar um público culto e popular ao mesmo tempo? Se *Macunaíma* (1969) de Joaquim Pedro de Andrade parecia a melhor solução, o sonho de alcançar os dois tipos de espectadores morre em *Opinião* com *O Amuleto de Ogum* (1974) de Nelson Pereira dos Santos.

Essa relação dual com o mercado não era só do cinema, mas uma questão central entre a arte e a política no Brasil (Napolitano, 2011). Após o golpe militar, o artista de esquerda ainda tinha uma visão do mercado como canal de distribuição das suas ideias. Essa relação muda a partir de 1967, quando se problematiza a incompatibilidade de atuar politicamente na indústria cultural. A primazia do mercado nas discussões culturais tinha relação com o contexto ditatorial. De acordo com Jean-Claude Bernardet (1978), os críticos faziam a defesa do cinema brasileiro pelo imperativo de mercado e pelo local de origem, porque as análises políticas eram censuradas. Para eleger o cinema brasileiro, esses dois argumentos eram suficientes. A consequência disso era polarizar a discussão entre a nacionalidade e o imperialismo americano. Teria sido o contexto político o responsável por criar uma crítica de caráter desenvolvimentista que misturava temas como estética, política, indústria e mercado, sem se importar com as divergências. Na junção dessas temáticas, os críticos deixavam de lado alguns problemas do cinema brasileiro com receio de atrapalhar o mercado. Portanto, a defesa do cinema do ponto de vista econômico era encarregada de impedir o florescimento de contradições internas, que levariam à desunião entre os cineastas (Bernardet, 1979).

Em *Opinião*, o nacionalismo e a defesa da ocupação do mercado contra o imperialismo americano se transformavam em tema consensual e amálgama entre o proprietário e a redação. Os liberais, que eram donos dos meios de comunicação de massa, tiveram papel fundamental na resistência, quando abriram espaço para a manifestação da cultura do nacional popular, trazida pelos agentes culturais da esquerda (Napolitano, 2011). A esquerda, principalmente a comunista, fornecia quadros importantes para a produção de conteúdo dos meios de comunicação de massa. Através dessa união, a indústria cultural assimilava vários projetos de ação da resistência. Fernando Gasparian cumpriu muito bem esse papel em *Opinião*. Ele abriu caminho para a intelectualidade de esquerda expor suas ideias. Portanto, a relação dele com Raimundo Pereira pode ser vista como parte da aliança e dos dissensos na resistência entre liberais progressistas e a esquerda. No pacto com o editor-chefe, havia uma simbiose, uma troca de recursos e de ideias. A aproximação de Gasparian com a ala do nacional popular não acontecia somente pelo status dos "medalhões da esquerda", mas porque os valores compartilhados satisfaziam aos dois lados: a defesa do nacionalismo, da revolução etapista e da aliança entre amplos setores da sociedade.

Com a dissolução do acordo com Raimundo Pereira e o fim do contrato com Argemiro Ferreira, Gasparian teve que dialogar de perto com a oposição ao nacional popular. Esse núcleo crescia e se delineava cada vez mais na seção cultural. A diferença é que a aliança entre o nacional popular e os liberais era menos conflituosa. O acordo entre Gasparian e a oposição ao nacional popular na seção *Tendências e Cultura* era muito tênue, porque essa última ala não aceitava os valores da Frente e expunha a olho nu a própria instituição jornalística. A ideia de fazer a crítica ao nacional popular num jornal de Frente era um trabalho delicado. À frente da tarefa, o perfil de Júlio César Montenegro vai além da dicotomia simplista entre engajamento e desbunde, porque há nele um tipo de resistência que explicita a diversidade da esquerda. No final, a vitória do nacional popular na última edição do semanário não cerceava só a pluralidade do jornal, mas significava uma derrota a médio prazo para a Frente. Portanto, na história das disputas internas de *Opinião* percebe-se o acompanhar dos rachas da esquerda e a existência de uma tribuna da intelectualidade contrária ao nacional popular.

Além de inaugurar a oposição ao nacional popular, a fase do *Jornalismo Cultural Reflexivo* traz uma grande inovação do ponto de vista jornalístico. Júlio César Montenegro antecipa alguns elementos da futura imprensa basista,[1] quando incorpora os leitores do jornal como colaboradores. Colocar o público a par da dinâmica do circuito cultural e realizar a crítica ao jornalismo dentro do próprio espaço da imprensa foi um projeto original de

1 A imprensa basista nasce do trabalho cooperativo entre jornalistas e os movimentos sociais no final dos anos setenta. Sobre a imprensa basista, ver Kucinski (1991).

Montenegro. Mesmo com os atritos com Fernando Gasparian, fica a pergunta: qual dono de jornal permite a publicação de críticas ao próprio veículo? Nenhum. Portanto *Opinião* inovou nesse aspecto. Em nenhuma redação da grande imprensa nos anos 1970 teria sido possível revelar os conflitos internos nas matérias, como aconteceu no semanário de Gasparian. Só a aliança em torno da resistência entre atores sociais tão diversos permitiu concretizar essa experiência de autogestão, mesmo que parcial.

Indiretamente, o *Jornalismo Cultural Reflexivo* expõe as disputas internas do semanário não só na etapa final, mas também na primeira fase. De acordo com o relato de Montenegro, desde o início ele queria fazer a crítica da esquerda, mas só conseguiu colocar em prática seu plano nos dois últimos anos de *Opinião*. Nesse sentido o jornal teria sido pioneiro na crítica ao nacional popular, conforme pontuou José Arrabal em entrevista. De alguma forma, o período inicial sob o comando de Raimundo Pereira e Fernando Gasparian não abriu espaço para a crítica ao nacional popular. Afinal o projeto editorial estava mais voltado à luta contra a ditadura. Isso só foi possível na fase final, quando o nacional popular se enfraquecia. A briga com a seção cultural não aconteceu porque Montenegro colocou em prática a *Microfísica do poder* para analisar o meio cultural através das ideias de Michel Foucault. O choque final veio quando o questionamento ampliou-se para a política, atacando diretamente a cultura do nacional popular e seus cânones artísticos. Afinal a dissidência no jornal só poderia ir até certo ponto. Quando a oposição interna da esquerda tenta se mostrar de corpo inteiro ao público, o nacional popular toma o poder de volta.

Ao longo dos capítulos, deixamos algumas indagações para o futuro. Quando há duas versões ou informações conflitantes, não apagamos com a borracha da objetividade as dúvidas. Ao longo do livro, fornecemos acesso aos registros de memória dos críticos, geralmente através de frases com aspas, para quem sabe contribuir com novas pesquisas. Afinal nosso recorte é a seção de cinema do jornal. Portanto não temos pretensão à universalidade e ao absoluto porque cotejamos a construção da memória dos entrevistados com a pesquisa documental, com o material publicado e com o percurso histórico daquele momento. Acreditamos que a pesquisa, seja ela acadêmica ou jornalística, deva trazer os sujeitos portadores dos pontos de vista, jamais os apagar ou homogeneizar. O percurso prevê ainda espaço para o leitor tirar suas conclusões e quem sabe construir outras significações.

Nos relatos dos críticos de cinema, Montenegro surge como o grande personagem da seção cultural de *Opinião*. Há uma filiação em torno dele na memória dos ex-colegas. Assim se reforçam também alguns sentimentos de contraposição ao nacional popular. As referências ao passado centradas em Montenegro mantêm a coesão dos críticos. Existe, inclusive, uma adesão do grupo ou uma "comunidade afetiva" (Pollak, 1989) centrada nele. Se estes comentários são sobre a construção da memória, não deixamos de lado a representação de Júlio César como encarnação da afetividade em pessoa, no contraponto ao discurso com ares espartanos de Raimundo Pereira, narrado mais de uma vez pelos entrevistados.

Montenegro nos falou abertamente sobre as disputas internas do jornal nas diversas entrevistas. Alguns críticos de cinema comentaram um ou outro episódio, mas a tendência geral foi relatar o desinteresse pelo debate interno da esquerda e pelas questões políticas do cinema. A exceção no quesito engajamento pelo cinema brasileiro é Jean-Claude Bernardet. Se todo relato individual tem um núcleo resistente, um fio condutor e um *leitmotiv* em cada história de vida, isso é válido para o tema do engajamento. Alguns entrevistados falaram da atuação política como questão central da esfera pessoal daqueles anos. Outros declararam sua preferência pelo cinema como arte, longe do engajamento. Afinal não se trata somente de relatos de fatos, mas de instrumentos de reconstrução de identidade *in loco* e *a posteriori*.

Quando o assunto é a censura interna, a questão da memória é central. O tema causa nos críticos algumas pausas para pensar antes das respostas. Algumas histórias foram narradas em *off* e assim permaneceram, indicando algum desconforto em torná-las públicas. Os entrevistados perderam o contato ao longo dessas décadas, mas há entre eles um discurso sintonizado que demonstra um consenso sobre os mesmos fatos e um processo de seletividade e negociação entre a memória individual e a coletiva. No tema da censura interna, o indivíduo define seu lugar social e suas relações com os outros. Às vezes o silêncio pode até significar uma condição necessária para a manutenção do diálogo com seu próprio meio (Pollak, 1989). A tendência dos entrevistados é reforçar a coesão social. Na média, há um trabalho social de controlar as feridas, tensões ou quem sabe até mesmo as contradições da própria esquerda. O silêncio tem por função não expor questões pessoais a maus entendidos. Nosso intuito é pensar a censura interna como exemplo das disputas entre as alas do jornal, mas para os entrevistados invariavelmente o tema passa pelo nome dos amigos e dos dirigentes. Há nesse processo o mesmo relato de Michel Pollak das zonas de sombras, silêncios e não-ditos. Como o tema envolve também questões pessoais, no caso de Raimundo Pereira a tendência é minimizar os dados, até o desaparecimento completo, mas isso não é feito com Fernando Gasparian.

A palavra censura interna incorpora a figura do interventor do regime militar no jornalista encarregado de editar os textos. É como se o clima político causasse uma projeção do censor no colega de trabalho. O termo revela o quanto os colaboradores exigiam um tratamento em pé de igualdade entre todas as alas da esquerda, porque se tratava de um jornal de Frente Ampla. O sonho latente é a liberdade total de escrita, porque um veículo envolvido na luta contra a ditadura deveria ser democrático na edição dos textos. Por outro lado, através dos depoimentos se percebe como a questão na grande imprensa envolvia uma autonomia de escrita bem menor.

É possível dividir o tema da censura interna em dois tipos. Uma conclusão definitiva precisa incorporar os relatos e documentos de outras editorias do jornal, especialmente a de política. Através da análise dos depoimentos e das cartas do passado, percebe-se que a maior parte dos relatos dizia respeito ao processo cotidiano de edição do jornalismo, alterando trechos dos textos. Em nenhum dos relatos, Raimundo Pereira é citado por ter vetado artigos completos, como aconteceu com Gasparian na fase final de *Opinião*. Nesse sentido, provavelmente o silêncio dos entrevistados seja uma pausa de autoavaliação sobre as regras do jornalismo. É inegável que o contexto político gerou uma atmosfera de radicalidade. Há até relatos de cartas de leitores pedindo a demissão de colaboradores por causa de uma grafia escrita errada ou pelo posicionamento político. A função de *copydesk* em meio a tantas solicitações de diferentes alas políticas não deveria ser tarefa fácil. Ao que tudo indica, Raimundo Pereira nem sempre solicitava a autorização dos autores para alterar os textos. Afinal ele editava as matérias vírgula por vírgula até de madrugada. Diferente dele, Sérgio Augusto (2006) pedia o consentimento dos colaboradores no árduo trabalho para aprimorar a linguagem empolada dos artigos dos intelectuais.

O segundo tipo de *censura interna* surge nos documentos de época e *indiretamente* nos relatos. Trata-se da tentativa de impedir o florescimento nos textos da crítica interna da esquerda. Nesses casos, o objetivo parece ser o de evitar a dissolução da união em torno da *Frente Ampla*. As acusações de época eram diversas: impedir o florescimento de críticas ao nacional popular e aos nomes renomados dessa cultura, diminuir o espaço de outras tendências de pensamento político ou tentar manter a qualquer custo a *Frente Ampla*. Embora a aplicação da palavra censura interna seja inadequada para os dirigentes de um jornal de resistência, ela dá uma boa dimensão do sentimento da equipe. Ao que tudo indica, a reclamação é de cunho político.

Numa carta de época, Jean-Claude Bernardet deixava claro o quanto a censura interna tem como remetente a Frente Ampla.[2] O crítico expõe o clima de tensão entre o proprietário do jornal e as editorias. Ele relaciona os conflitos de *Opinião* com a "coligação de forças heterogêneas de oposição", possível em 1972, mas que tende a estourar no governo Geisel após as eleições. Para ele, Gasparian tem uma perspectiva totalmente "adesista" e totalmente MDB.[3] Além disso, tende a colocar o jornal a serviço

---

2 Correspondência de Jean-Claude Bernardet a Paulo Emilio Salles Gomes. Rio de Janeiro, 07 fev. 1975. Pasta PE/CP 1085 a 1088. Arquivo Paulo Emilio Salles Gomes – Centro de Documentação e Pesquisa da Cinemateca Brasileira.

3 *Opinião* elogiava o grupo dos autênticos do MDB (Movimento Democrático Brasileiro) e criticava a postura conformista dos moderados, incluindo alguns amigos de Gasparian. Kucinski (1991) afirma que dada à força interna do PCdoB em *Opinião*, houve um posicionamento contrário ao

de seus interesses. Enquanto isso, a editoria geral [4] busca iniciativas "à frente do MDB", gerando os conflitos. Ela procura dar ao jornal uma "função clara e definida no atual jogo político" para conquistar os leitores. Contudo, esse viés cria uma tensão entre a editorial geral e a seção *Tendências & Cultura*. Para os dirigentes, as páginas finais deveriam ser mais "leves" porque cinema também é "divertimento", mas Jean-Claude Bernardet aponta que os críticos são mal humorados, "pixam" tudo. E termina "somos censurados internamente".

Bernardet fez a crítica à ideia de *Frente* como conjunto uniforme na matéria *Jornalismo Cultural – De Bourdieu a Cid Moreira* publicado em *Opinião* em 1977.[5] O artigo problematizava as fissuras no campo intelectual, revelando que a resistência não era um bloco homogêneo do ponto de vista ideológico. Ao contrário, o campo intelectual, descrito no texto pelo eufemismo do jornalismo, é "cheio de tensões e contradições" entre as

---

MDB nas eleições de 1974. Ele vê o episódio como uma prova do envelhecimento do jornal, porque a redação estava alheia às demandas dos leitores, que votaram em peso no partido. Acreditamos que essa questão seja ainda mais complexa, porque os articulistas de *Opinião* colocavam em xeque o MDB e debatiam o quanto a oposição do partido ao regime era insuficiente (Lindoso, 1997). Ou seja, nos parece que *Opinião* fazia a crítica interna da esquerda também na seção de política, seguindo a tendência comum da seção cultural.

4 O termo Editoria Geral carece de definição e ao pé da letra poderia apontar para um atrito com alguma seção do jornal ou com os dirigentes. Os entrevistados não se lembram do seu significado. Um deles sugeriu que talvez a palavra indique uma maneira velada de se referir ao poder de Raimundo Pereira.

5 Bernardet, Jean-Claude. "Jornalismo Cultural – de Bourdieu a Cid Moreira". *Opinião,* n. 223, 11 fev. 1977, p. 24.

formas de realizar a resistência. Como comentamos no capítulo anterior, o artigo teria deixado Gasparian muito irritado.

Bernardet não era o único da equipe a relacionar a censura interna à Frente de Oposição à ditadura. Uma carta de Ana Cristina César de 1976 também comentou a dificuldade de questionar a Frente Ampla. No teor do texto, percebe-se o quanto a censura interna não é algo pessoal, mas uma tentativa de controle dos outros setores da oposição:

> Acho muito legal discutir essa história de cultura nacional, esse conceito, e mais o nacionalismo e o populismo. Há como que uma briga se articulando, digamos, nas esquerdas – de um lado a "frente ampla", partidão, Movimento, nacionalismo, raízes populares, gota d'água, união contra o inimigo real do momento, vale tudo contra a ditadura, não vale falar mal nem criticar quem tá no mesmo saco. De outro lado (nem é um lado, estou sendo grossa, me entende, *please*) alguns grupos ou pessoas que não estão aceitando muito essa frente ampla e começam a criticar, *Opinião*, Montenegro, esse artigo do Renato da Silveira, o José Arrabal falando de teatro... Eu acho tão complicado isso, gostaria muito de discutir essas coisas. Em princípio, acho que não dá essa frente ampla dogmática ("a censura é o mal do teatro atualmente" é uma das frases lapidares); porra, não é só a censura; a censura vira desculpa, vira ponto de união de um saco de gatos onde entram inclusive os maiores filhos da puta. Mas, me argumentam os estrategistas – qual é afinal a diferença entre estratégia e tática? – mas é hora de união, não vale a pena atacar o inimigo errado no momento. Desconfio, desconfio. Nesse ponto acho o Adorno ótimo (César; Hollanda, 1999, p. 136-7).

Do lado oposto, é possível entender a preocupação de Fernando Gasparian e Raimundo Pereira em não trazer as disputas internas da esquerda para não atrapalhar a Frente Ampla. De qualquer forma, com o processo de abertura política, o destino da Frente Jornalística era mesmo a separação. Tratava-se de duas maneiras diferentes de pensar a resistência cultural: os dirigentes apoiavam a união em torno de objetivos comuns, enquanto *Tendências e Cultura* exercia a crítica interna da esquerda.

O movimento de rivalidade interna do jornal não faz parte somente da Frente Ampla, mas da própria dinâmica do campo cultural (Bourdieu, 2001). Todo campo é um campo de disputas em constante construção: "a história do campo é a história da luta pelo monopólio da imposição das categorias de percepção e apreciação legítimas; é a *própria luta* que faz a história do campo; é pela luta que ele se temporaliza" (Bourdieu, 2001, p. 88).

Pensar qualquer campo como parte de disputas internas evita idealizar a imprensa alternativa como bloco homogêneo e ligamento imune às *infiltrações*. A homogeneidade da resistência foi construída pela memória historiográfica (Napolitano, 2011). Afinal, nenhuma esfera de resistência estava imune às contradições. O esforço final é evitar ver os atritos da resistência na imprensa alternativa como um dado negativo só pela existência das lutas e tensões internas. Muito melhor é explicar a união da resistência e as rupturas da Frente Ampla de forma dialética e poética como fez Júlio César Montenegro: "Simbolicamente **fios soltos** podem ser desATADOS por poder concentrado. **Tramas** dando panos pra manga vem de **fios tecidos**".

Bibliografia

ABREU, Nuno César. *Boca do lixo - cinema e classes populares*. Campinas: Editora Unicamp, 2006.

ACERVO Jean-Claude Bernardet. Cinemateca Brasileira.

ACERVO Paulo Emilio Salles Gomes. Cinemateca Brasileira.

ADAMATTI, Margarida Maria. "A comédia erótica na crítica de cinemas dos jornais alternativos *Opinião* e *Movimento*". *Revista Movimento*. n. 1, jun. 2012.

______. "Brasil em tempo de cinema como método de análise fílmica de Jean-Claude Bernardet". *Revista E-Compós*, Brasília, v. 19, n. 3, set./dez. 2016.

______. "O Amuleto de Ogum e a discussão do cinema popular na crítica de cinema". In: CÁNEPA, Laura Loguercio; SOUZA, Gustavo da Silva (orgs.). *I Estudos de Cinema Intercom*. São Paulo: Intercom, 2015.

______. "O pensamento de Gustavo Dahl sobre o cinema político: entre a estética do silêncio e o jogo discursivo com o regime militar". In: MORETTIN, Eduardo; NAPOLITANO, Marcos. *O cinema e as ditaduras militares - contextos, memórias e representações audiovisuais*. São Paulo: Intermeios/Fapesp; Porto Alegre: Famecos, 2018.

ADORNO, Theodor. "Engagement." In: *Notas sobre literatura III*. v. 3. Rio de Janeiro: Tempo Brasileiro, 1973.

______. "O ensaio como forma". In: *Notas de literatura I*. São Paulo: Editora 34/ Duas Cidades Editora, 2003.

AGGIO, Alberto (org.). *Gramsci, a vitalidade de um pensamento*. São Paulo: Fundação Editora da Unesp, 1998.

ALMEIDA, Maria Hermínia Tavares de. *Tomando partido, formando Opinião: cientistas sociais, imprensa e política*. São Paulo: Editora Sumaré, 1992.

ALTHUSSER, Louis. *Aparelhos Ideológicos de Estado: nota sobre os aparelhos ideológicos de Estado*. Rio de Janeiro: Edições Graal, 1985.

AMENGUAL, Barthélemy [et. al]. *Cinema, arte e ideologia*. Porto: Afrontamento, 1975.

ANDRADE, João Batista de; CAETANO, Maria do Rosário (org.). *Alguma solidão e muitas histórias - um cineasta em busca da urgência e da reflexão*. São Paulo: Imprensa Oficial, 2010.

AQUINO, Maria Aparecida de. *Censura, Imprensa, Estado Autoritário (1968-78) - o exercício cotidiano da dominação e da resistência: O Estado de S. Paulo e Movimento*. Bauru: Edusc, 1999.

ARRABAL, José. *A sociedade de todos os povos*. Barueri/São Paulo: Editora Manole, 2010.

______; LIMA, Mariangela Alves. *Teatro, o seu demônio é beato*. Coleção O Nacional e o Popular na cultura brasileira. São Paulo: Brasiliense, 1983.

ASSIS, Machado de. "Teoria do Medalhão". In: *Papéis avulsos*. Obra completa. v. II. Rio de Janeiro: Nova Aguilar, 1994 [1882].

ASSOCIAÇÃO DOS DOCENTES DA USP. *O controle ideológico na USP: 1964-1978*. São Paulo: Adusp, 2004. Publicado originalmente com o título *O livro negro da USP - o controle ideológico na Universidade* [1978].

ASTRUC, Alexandre. "Nascimento de uma nova vanguarda: a 'câmera-stylo'". In: OLIVEIRA, Luís Miguel (org.). *Nouvelle vague*. Lisboa: Cinemateca Portuguesa, 1999.

AUGUSTO, Sérgio. *As penas do ofício - ensaios de jornalismo cultural*. Rio de Janeiro: Agir, 2006.

______. *Lado B*. Rio de Janeiro: Record, 2002.

______. "Precisamos democratizar o elitismo". Entrevista concedida a Fabrício Marques. *Suplemento Literário de Minas Gerais*, Edição especial *Reflexões sobre jornalismo cultural*, Belo Horizonte, n. 698, 12 fev. 2012. Reproduzido no *Observatório da Imprensa*, ano 17, n. 785, 14 fev. 2014. Disponível em: <http://www.observatoriodaimprensa.com.br/news/view/_ed698_precisamos_democratizar_o_elitismo>. Acesso em 14 fev. 2014.

AUMONT, Jacques. *As teorias dos cineastas*. Campinas: Papirus, 2012.

______. *Moderno? Por que o cinema se tornou a mais singular das artes*. Campinas: Papirus, 2008.

AUMONT, Jacques; MARIE, Michel. *A análise do filme*. Lisboa: Edições Texto & Grafia, 2009 [2004].

AUTRAN, Arthur. *O pensamento industrial cinematográfico brasileiro*. São Paulo: Hucitec Editora, 2013.

AVELLAR, José Carlos. *Imagem e som, imagem e ação, imaginação*. São Paulo: Paz e Terra, 1982.

______. *O cinema dilacerado*. Rio de Janeiro: Alhambra, 1986.

AZEREDO, Ely. *Olhar crítico - 50 anos de cinema brasileiro*. São Paulo: Instituto Moreira Salles, 2009.

AZEVEDO, Carlos. *Jornal Movimento - uma reportagem*. Belo Horizonte: Editora Manifesto, 2011.

BAECQUE, Antoine de. *Cinefilia - invenção de um olhar, história de uma cultura 1944-1968*. São Paulo: Cosac Naify, 2010 [2003].

BARTHES, Roland. *Crítica e verdade*. São Paulo: Perspectiva, 2003a.

______. *Mitologias*. Rio de Janeiro: Difel, 2003 [1957].

BAZIN, André. *O cinema: ensaios*. São Paulo: Brasiliense, 1991.

______. *Orson Welles*. Rio de Janeiro: Jorge Zahar, 2005.

BERABA, Marcelo (org.). "Manifesto por um cinema popular". Cineclube Macunaíma, Cineclube Glauber Rocha, Federação de Cineclubes do Rio de Janeiro, 1975.

BEREID, José Luís Bendicho. "A função social dos intelectuais". In: AGGIO, Alberto (org.). *Gramsci, a vitalidade de um pensamento*. São Paulo: Fundação Editora da Unesp, 1998.

BERNARDET, Jean Claude (org.) *Anos setenta: cinema*. Rio de Janeiro: Ed. Europa, 1979-1980.

______. "A questão do público". *Revista Civilização Brasileira*, n. 2, maio 1965.

______. *Brasil em tempo de cinema*. São Paulo: Cia das Letras, 2007 [1967].

______. *Cineastas e imagens do povo*. São Paulo: Editora Brasiliense, 1985.

______. *Cinema Brasileiro: propostas para uma história*. Rio de Janeiro: Paz e Terra, 1979.

______. "Cinema Novo: anos 60-70: a questão religiosa". In: SCHWARTZ, Jorge; SOSNOWSKI, Saúl (org.). *Brasil: o trânsito da memória*. São Paulo: Edusp, 1994.

______. "Entrevista". *Margem Esquerda: Ensaios Marxistas*, São Paulo, n. 3, abr. 2004, p. 9-31. Entrevista concedida a Ricardo Musse, Marcelo Ridenti, Alfredo Catani. São Paulo: Boitempo Editorial, 2004a.

______. *Historiografia clássica do cinema brasileiro.* São Paulo: Annablume, 2004 [1995].

______. *O autor no cinema: a política dos autores: França, Brasil anos 50 e 60.* São Paulo: Brasiliense/Edusp, 1994.

______. *Piranha no Mar de Rosas.* São Paulo: Nobel, 1982.

______. "Resistência e Rebeldia". In: MELO, J. M. de. *Pensamento comunicacional uspiano - impasses mundializadores na Escola de Comunicações e Artes (1973-2011).* v. 2. São Paulo: Escola de Comunicações e Artes da Universidade de São Paulo, 2011.

______. *Trajetória Crítica.* São Paulo: Polis, 1978.

______; GALVÃO, Maria Rita. *Cinema: repercussões em caixa de eco ideológica - as ideias de "nacional" e "popular" no pensamento cinematográfico brasileiro.* São Paulo: Brasiliense, 1983.

BOBBIO, Norberto (org.). *Dicionário de política.* Brasília: Editora Universidade de Brasília, 1998 [1983].

BONITZER, Pascal. "Film/Politique (Cinema/Ideologie/Critique)". *Cahiers du Cinéma*, n. 222, jul. 1970.

BORDWELL, David. *La narración en el cine de ficción.* Barcelona: Paidós, 1996.

BOSI, Alfredo. *A dialética da colonização.* São Paulo: Cia das Letras, 1992.

BOSI, Alfredo (org). *Cultura brasileira - temas e situações.* São Paulo: Editora Ática, 2003.

BOSI, Alfredo [et al]. "Cultura como tradição". In: *Cultura Brasileira: tradição/contradição.* Rio de Janeiro: Jorge Zahar/Funarte, 1987.

BOSI, Ecléa. *Cultura de massa e cultura popular: leituras de operárias.* Rio de Janeiro: Vozes, 2007 [1972].

______. "Problemas ligados à cultura das classes pobres". In: QUEIRÓS, José; VALLE, Edênio. *A cultura do povo.* São Paulo: Educ, 1982.

BOURDIEU, Pierre. *A distinção - crítica social do julgamento.* São Paulo: Edusp/ Porto Alegre: Zouk, 2007.

______. *A produção da crença: contribuição para uma economia dos bens simbólicos.* São Paulo: Zouk, 2001.

______. *As regras da arte.* São Paulo: Cia das Letras, 1996.

______. *O poder simbólico.* Rio de Janeiro: Bertrand Brasil, 2011 [1989].

BRECHT, Bertold. "Pequeno organon para o teatro". In: *Estudos sobre teatro.* Rio de Janeiro: Nova Fronteira, 2005.

BROWNE, Nick. *Cahiers du Cinéma: 1969-1972: The politics of Representation.* v. 3. London: Routledge, 1996.

BURCH, Noël. *Práxis do cinema.* São Paulo: Perspectiva, 1992 [1969].

BYWATER, Tim; SOBCHCK, Thomas. *Introduction to film criticism.* New York: Longman, 1989.

CALIL, Carlos Augusto; MACHADO, Maria Teresa (org.). *Paulo Emilio, um intelectual na linha de frente.* São Paulo: Brasiliense/ Rio de Janeiro: Embrafilme, 1986.

CANDIDO, Antonio. *A educação pela noite.* Rio de Janeiro: Ouro sob Azul, 2011 [1986].

______. *Literatura e sociedade: estudos de teoria e história literária.* Rio de Janeiro: Ouro sobre Azul, 2011a [1985].

CARNEIRO, Maria Luíza Tucci (org.). *Minorias silenciadas.* São Paulo: Edusp, 2002.

CASTRO, Rui; VIANNA, Antonio Moniz. *Um filme por dia: crítica de choque (1946-1973).* São Paulo: Companhia das Letras, 2004.

CESAR, Ana Cristina; HOLLANDA, Heloisa Buarque de, FREITAS Filho, Armando (org). *Correspondência incompleta.* Rio de Janeiro: Aeroplano, 1999.

"Cinéma/idéologie/critique". *Cahiers du Cinéma*, Paris, n. 216, out. 1969, p. 11-15.

CHAPARRO, Manuel Carlos da Conceição. *Jornalismo, discurso em dois gêneros.* Tese (Livre Docência em Ciência da Comunicação) - Escola de Comunicações e Artes - Universidade de São Paulo, São Paulo, 1997.

______. *Linguagem de conflitos.* Coimbra: Minerva Coimbra, 2001.

______. *Pragmática do Jornalismo: buscas práticas para uma teoria da ação jornalística.* São Paulo: Summus Editorial, 1994.

CHAUÍ, Marilena. *Conformismo e resistência: aspectos da cultura popular no Brasil.* São Paulo: Brasiliense, 1986.

______. "Cultura do povo e autoritarismo das elites". In: QUEIROZ, José; VALLE, Edenio (org). *A cultura do povo.* São Paulo: Cortez e Moraes, 1979.

______. *Cultura e democracia: o discurso competente e outras falas.* São Paulo: Editora Moderna, 1981.

______. *O que é ideologia.* São Paulo: Brasiliense, 1980.

______. *Seminários.* Coleção "O nacional e o popular na cultura brasileira". São Paulo: Brasiliense, 1983.

CHINEM, Rivaldo. *Imprensa alternativa - jornalismo de oposição e inovação.* São Paulo: Ática, 1995.

COSTA, Flávio Moreira da (org.). *Cinema moderno, Cinema Novo.* Rio de Janeiro: José Álvaro, 1966.

COUTINHO, Afrânio. *Crítica e poética.* Rio de Janeiro: Livraria Acadêmica, 1968.

______. *Da crítica e da nova crítica.* Rio de Janeiro: Civilização Brasileira, 1975.

CZAJKA, Rodrigo. *Páginas de resistência: intelectuais e cultura na Revista Civilização Brasileira.* Dissertação (Mestrado em Sociologia da Cultura) - Instituto de Filosofia e Ciências Humanas - Universidade Estadual de Campinas, Campinas, 2005.

DAHL, Gustavo. "Censura e Cultura". In: *Mostra Internazionale del Nuovo Cinema, 11. Il Cinema Novo Brasiliani.* 1º Testi e documenti. Pesaro: Quaderno Informativo 64, 1975.

______. "Cinema novo e estruturas econômicas tradicionais". *Revista Civilização Brasileira*, n.5/6, mar. 1966, p. 193-204.

______. "Cinema Novo e seu público". *Revista Civilização Brasileira*, n. 11/12, dez. 1966, p. 192-202.

______. "Mercado é cultura". *Cultura*, Brasília, v. VI, n. 24, jan./mar. 1977, p. 125-127.

______. "Premissas a um projeto de cinema brasileiro". *Filme Cultura*, n. 20, mai./jun. 1972, p. 50-2.

DIEGUES, Carlos. *Cinema brasileiro: ideias e imagens.* Seleção de textos de Sérgio Roberto Silva. Porto Alegre: Editora da Universidade Federal do Rio Grande do Sul, 1988.

______. *Vida de cinema - antes, durante e depois do Cinema Novo.* Rio de Janeiro: Objetiva, 2014.

DOSSE, François. *História do estruturalismo - campo do signo (1945/1966).* v. 1. São Paulo: Ensaio; Campinas: Editora da Universidade Estadual de Campinas, 1993 [1991].

______. *História do estruturalismo - o canto do cisne, de 1967 a nossos dias.* v. 2. São Paulo: Ensaio; Campinas: Editora da Universidade Estadual de Campinas, 1994 [1991].

DOUCHET, Jean. *Nouvelle vague*. Paris: Cinémathèque Française/ Hazan, 1998.

DUCROT, Oswald. "Implícito e Pressuposto". In: *Dizer e não dizer. Princípios de semântica linguística*. São Paulo: Editora Cultrix, s.d. [1977].

EAGLETON, Terry. *Marxismo e crítica literária*. São Paulo: Unesp, 2011 [1976].

______. *The function of criticism: from the Spectator to post-structuralism*. London: Verso, 1984.

ESCOREL, Eduardo. "Jean-Claude Bernardet". *Piauí*, n. 61, out. 2011. Disponível em:<htp://revistapiaui.estadao.com.br/edição-61/questões-cinematograficas/jean-claude-Bernardet>. Acesso em 13 nov. 2013.

ESPECIAL Gustavo Dahl. *Filme Cultura*, n. 55, dez. 2011.

FAUSTO, Boris. *História concisa do Brasil*. São Paulo: Edusp, 2010 [2001].

FÁVERO, Osmar [et al]. *Cultura popular e educação popular: memória dos anos 60*. Rio de Janeiro: Graal, 1983.

FERNANDES, Florestan. *A sociologia numa era de revolução social*. Rio de Janeiro: Zahar, 1976.

FERREIRA, Jairo; GAMO, Alessandro (org.). *Críticas de Jairo Ferreira: críticas de invenção: os anos do São Paulo Shimbun*. São Paulo: Imprensa Oficial, 2006.

FERRO, Marc. *Cinema e história*. São Paulo: Paz e Terra, 2010 [1977].

FESTA, Regina; LINS DA Silva, Carlos Eduardo. *Comunicação popular e alternativa no Brasil*. São Paulo: Ed. Paulinas, 1986.

FIGUEIRÔA, Alexandre. *Cinema Novo - a onda do jovem cinema e sua recepção na França*. Campinas: Papirus, 2004.

FOUCAULT, Michel. *Microfísica do poder.* Rio de Janeiro: Graal, 1984.

FREDERICO, Celso. "A sociologia da literatura de Lucien Goldman." *Estudos avançados*, São Paulo, v. 19, n. 54, mai./ago. 2005.

______. "Presença de Lukács na política cultural do PCB e na universidade". In: MORAES, João Quartim de (org.). *História do marxismo no Brasil - Os influxos teóricos.* v. 2. Campinas: Editora Unicamp, 2007.

FREIRE, Paulo. "Conscientização e alfabetização: uma nova visão do processo". In: FÁVERO, Osmar [et al]. *Cultura popular e educação popular: memória dos anos 60.* Rio de Janeiro: Graal, 1983.

FURHAMMAR, Leif; FOLKE, Isaksson. *Cinema e política.* Rio de Janeiro: Paz e Terra, 1976.

GALVÃO, Maria Rita. "Uirá, em busca do cinema brasileiro". *Debate e Crítica - Revista Quadrimestral de Ciências Sociais*, n. 5, mar. 1975, p. 105-117.

GATTI, André Piero (org.). *Embrafilme e o cinema brasileiro.* Coleção Cadernos de Pesquisa. São Paulo: Centro Cultural São Paulo, 2008.

GERBER, Raquel. *Cinema brasileiro e o processo político e cultural: de 1950-1978.* Rio de Janeiro: Embrafilme, 1982.

______. *O mito da civilização Atlântica: Glauber Rocha. Cinema, política e a estética do inconsciente.* Petrópolis: Vozes, 1982.

GINZBURG, Jaime. *Crítica em tempo de violência.* São Paulo: Edusp/Fapesp, 2012.

GOLDMAN, Lucien. "La sociologie de la littérature: situation actuelle et problèmes de méthode ". *Revue Internationale des Sciences Sociales*, v. XIX, n. 4, 1967, p. 531-554.

GOMES, Paulo Emilio Salles. *Crítica de cinema no Suplemento LITERÁRIO*. v. 2. Rio de Janeiro: Paz e Terra, 1981.

______. *Cinema: trajetória no subdesenvolvimento*. Rio de Janeiro: Paz e Terra, 1980. Publicado originalmente na revista *Argumento*, São Paulo, n. 1, out. 1973.

GRAMSCI, Antonio. *Cadernos do Cárcere*. v. 2. Rio de Janeiro: Civilização Brasileira, 2010.

______. *Os intelectuais e a organização da cultura*. Rio de Janeiro: Civilização Brasileira, 1968.

GRUPPI, Luciano. *Conceito de hegemonia em Gramsci*. Rio de Janeiro: Edições Graal, 1978.

HADDAD, Vera; PUPPO, Eugênio. *Cinema Marginal e suas fronteiras: filmes produzidos nas décadas de 60 e 70*. Brasília: Centro Cultural Banco do Brasil, 2004.

HERMETO, Miriam de Sá Motta. *'Olha a gota que falta', Gota d'água: um evento no campo artístico intelectual brasileiro (1975-1980)*. Tese (Doutorado em História) - Faculdade de Filosofia e Ciências Humanas - Universidade Federal de Minas Gerais, Belo Horizonte, 2010.

HERZOG, Clarice; HERZOG, Ivo (org.). *"Resistir é preciso..." - Os protagonistas desta história - a imprensa alternativa, clandestina e no exílio, no período 1964-1979 (do golpe à Anistia)*. São Paulo: Imprensa Oficial, 2011. (DVD'S)

HILLIERS, Jim; BROWNE, Nick. *Cahiers du Cinéma: The 1950s: neo realism, Hollywood, New Wave*. v. 1. London: Routledge, 1996a.

______. *Cahiers du Cinéma: 1960-1968: New Wave, New Cinema, Re-evaluating Hollywood*. v. 2. London: Routledge, 1996.

HOLLANDA, Heloisa Buarque de. *Impressões de viagem: CPC, vanguarda e desbunde - 1960-70*. São Paulo: Aeroplano, 2004 [1980].

______; MESSEDER, Carlos (org.). *Patrulhas ideológicas.* São Paulo: Brasiliense, 1980.

HUISMAN, Denis. *A estética.* Lisboa: Edições 70, 2013 [1994].

HUNT, Lynn. "Apresentação: história, cultura e texto". In: *A nova história cultural.* São Paulo: Martins Fontes, 1992.

JOHNSON, Randal. *Cinema Novo x 5 - Masters of contemporary Brazilian film.* Austin: University of Texas Press, 1984.

______. "Embrafilme, Concine, and a new direction in state policy, 1969-1980." In: *The film industry in Brazil: culture and the State.* Pittsburgh: University of Pittsburgh Press, 1987.

______; STAM, Robert. *Brazilian Cinema.* East Brunswick/London/Toronto: Associated University Presses, 1982.

KAEL, Pauline. *Criando Kane e outros ensaios.* Rio de Janeiro: Record, 2000.

______. *Talking it all in.* New York: Holt/Rinehartand Winston, 1980.

______; AUGUSTO, Sérgio (org.). *1001 noites no cinema.* São Paulo: Companhia das Letras, 1994.

KENSKI, Vani Moreira. *O fascínio de Opinião.* Tese (Doutorado em Educação) - Faculdade de Educação – Universidade Estadual de Campinas, Campinas, 1990.

KRACAUER, Sigfried. *Ornamento das massas.* São Paulo: Cosac&Naif, 2009.

KUCINSKI, Bernardo. *Jornalistas e revolucionários - nos tempos da imprensa alternativa.* São Paulo: Editora Página Aberta, 1991/ Edusp, 2003.

LAHUERTA, Milton. "Gramsci e os intelectuais: entre clérigos, populistas e revolucionários (modernização e anticapitalismo)".

In: AGGIO, Alberto (org.). *Gramsci, a vitalidade de um pensamento*. São Paulo: Fundação Editora da Unesp, 1998.

______. *Intelectuais e transição: entre a política e a profissão.* Tese (Doutorado em Ciência Política) - Faculdade de Filosofia Letras e Ciências Humanas - Universidade de São Paulo, São Paulo, 1999.

LE GOFF, Jacques. *História e Memória*: Campinas: Editora da Unicamp, 1998.

LEITE, Sebastião Uchôa. "Cultura Popular: Esboço de uma resenha crítica". *Revista Civilização Brasileira*, n. 4, set. 1965, p. 269-289.

LIMA, Hamilton Garcia de. *O ocaso do Comunismo Democrático - o PCB na última ilegalidade (1964-84)*. Dissertação (Mestrado em Ciência Política) - Instituto de Filosofia e Ciências Humanas, Universidade Estadual de Campinas, Campinas, 1995.

LINDOSO, José Antonio Spinelli. *Repensando a democracia: o jornal Opinião (1972-1977)*. Tese (Doutorado em Educação) - Faculdade de Educação, Universidade de São Paulo, São Paulo, 1997.

LIMA, Haroldo. *História da Ação Popular: da JUC ao PC do B*. São Paulo: Alfa-Ômega, 1984.

LÖWY, Michel; NAÏR, Sami. *Lucien Goldman - ou a dialética da totalidade.* São Paulo: Boitempo, 2008.

LÖWY, Michel; SAYRE, Robert. *Revolta e melancolia - o romantismo na contramão da modernidade.* Petrópolis: Vozes, 1995.

MACHADO, José Antonio Pinheiro. *Opinião X Censura: momentos de luta de um jornal pela liberdade.* Porto Alegre: L&PM, 1978.

"Manifesto Luz & Ação". In: AUTRAN, Arthur. *Documentos para a história do cinema brasileiro*. São Paulo: Cinemateca Brasileira, 2006. [mimeo]

MANNHEIM, Karl. "O problema da 'intelligentsia: um estudo de seu papel no passado e no presente". In: *Sociologia da cultura*. São Paulo: Perspectiva/ Editora da Universidade de São Paulo, 1974.

MANTEGA, Guido (org.). *Sexo e poder*. São Paulo: Brasiliense, 1979.

MARCHI, Edivaldo Batista. *Frente Ampla (1966- 1968) - alianças, contradições e limites*. Dissertação (Mestrado em Ciências Sociais) - Pontifícia Universidade Católica de São Paulo, São Paulo, 2001.

MARCONDES FILHO, Ciro. "Mediacriticism ou o dilema do espetáculo de massas". In: PRADO, José Luis Aidar (org.). *Crítica das práticas midiáticas*. São Paulo: Hacker, 2002.

______. *O capital da notícia*. São Paulo: Ática. 1986.

MARCONI, Paolo. *A censura política na imprensa brasileira: 1968-1978*. São Paulo: Global Editora, 1980.

MARIE, Michel. *A Nouvelle Vague e Godard*. Campinas: Papirus, 2011.

MARQUARDT, Eduard. *Cultura em Opinião - as páginas de Tendências Culturais (1972-1977)*. Dissertação (Mestrado em Literatura) - Centro de Comunicação e Expressão - Universidade Federal de Santa Catarina, Florianópolis, 2003.

MARTINEZ ALBERTOS, José Luis. *Curso general de redaccion periodistica*. Barcelona: Editorial Mitre, 1983.

MARX, Karl; ENGELS, Friedrich. *A ideologia alemã*. São Paulo: Centauro, 2002.

MELO, José Marques de. *A opinião no Jornalismo brasileiro*. Petrópolis: Vozes, 1985.

Memória do Cinema Brasileiro: w.w.w.memoriacinebr.com.br

Memórias Reveladas: www. memoriasreveladas.gov.br

METZ, Christian. *A significação no cinema*. São Paulo: Perspectiva, 1972.

MEYER, Marlyse. *Folhetim, uma história*. São Paulo: Companhia das Letras, 1996.

MICELI, Sérgio (org.). *Estado e Cultura no Brasil*. São Paulo: Difel, 1984.

MICELI, Sérgio. *Intelectuais à brasileira*. São Paulo: Companhia das Letras, 2001.

MILLIET, Sérgio. *Diário Crítico de Sérgio Milliet*. v. 2. São Paulo: Livraria Martins Editora/Edusp, 1981.

MONTENEGRO, Júlio César. *A gente vai ficando velho*. Fortaleza: Ed. do autor, 1985.

______. "Imprensa: além da censura". *Revista de Cultura Vozes*, Petrópolis, ano 70, v. LXX, n. 4, mai. 1976.

MORAES, João Quartim de. "A influência do leninismo de Stálin no comunismo brasileiro" In: MORAES, João Quartim de (org.). *História do marxismo no Brasil - O impacto das revoluções*. v. 1. Campinas: Editora Unicamp, 2007.

MORAES, João Quartim de (org.). *História do marxismo no Brasil - Teorias. Interpretações*. v. 3. Campinas: Editora Unicamp, 2007.

MORETTIN, Eduardo Victorio. *Os limites de um projeto de monumentalização cinematográfica. Uma análise do filme "Descobrimento do Brasil (1937)*. Tese (Doutorado em Artes) - Escola de Comunicações e Artes - Universidade de São Paulo, São Paulo, 2001.

MORETTIN, Eduardo; *et al*. *História e Cinema*. São Paulo: Alameda Editorial, 2007.

MORICONI, Ítalo. "O cenário. Políticas do sujeito". In: *Ana Cristina César: o sangue de uma poeta*. Rio de Janeiro: Relume-Dumará, 1996.

MOTA, Carlos Guilherme. *Ideologia da cultura brasileira (1933-1974)*. São Paulo: Editora Ática, 2008 [1977].

MOTTA, Rodrigo Patto Sá. "O PCB e a moral comunista". *Locus - Revista de História*, Juiz de Fora NHR, UFJJ, v. 3, n. 1, 1997, p. 69-83.

MOURÃO, Dora; CAETANO, Maria de Rosário; BACQUÉ, Laure. *Jean-Claude Bernardet: uma homenagem*. São Paulo: Imprensa Oficial do Estado de São Paulo/Cinemateca Brasileira, 2007.

NAPOLITANO, Marcos. "A relação entre arte e política: uma introdução teoria-metodológica". *Revista Temáticas*, IFCH/Unicamp, n. 37-8, 2011a, p. 25-56.

______. *Coração civil: arte, resistência e lutas culturais durante o regime militar brasileiro (1964-1980)*. Tese (Livre-Docência) - Faculdade de Filosofia, Letras e Ciências Humanas - Universidade de São Paulo, São Paulo, 2011.

______. *Cultura brasileira: utopia e massificação (1950-1980)*. São Paulo: Contexto, 2001.

______. "O caso das patrulhas ideológicas na cena cultural brasileira do final dos anos 70". In: FILHO, João Roberto Martins (org.). *O golpe de 1964 e o regime militar - novas perspectivas*. São Carlos: Edufscar, 2006.

______. *Seguindo a canção - engajamento político e indústria cultural na MPB (1959-1969)*. São Paulo: Annablume/Fapesp, 2001a.

NEVES, David. *Cinema Novo no Brasil*. Petrópolis: Vozes, 1966.

______; CALIL, Carlos Augusto (org.). *Telégrafo visual: crítica amável de cinema*. São Paulo: Editoral 34, 2004.

NOVAES, Adauto. *Anos 70: ainda sob a tempestade*. Rio de Janeiro: Aeroplano/Senac Rio, 2005.

NOVAES, Audálio (org.). *Cultura Brasileira? Tradição contradição*. Rio de Janeiro: Jorge Zahar Editor, 1987.

OLIVEIRA, Luís Miguel (org.). *Nouvelle vague*. Lisboa: Cinemateca Portuguesa, 1999.

ORLANDI, Eni Puccinelli. *As formas do silêncio - no movimento dos sentidos*. Campinas: Editora da Unicamp, 2007.

ORTIZ, Renato. *A moderna tradição brasileira. Cultura brasileira e indústria cultural*. São Paulo: Brasiliense, 1995.

______. *Cultura brasileira e identidade nacional*. São Paulo: Editora Brasiliense, 2006 [1985].

PARANAGUÁ, Paulo (org.). *Le Cinéma Bresilien*. Paris: Editions du Centre Pompidou, 1987.

PASTAS da Cinemateca Brasileira. Recortes de jornais da época sobre filmes, diretores, movimentos cinematográficos, política cinematográfica, *releases*, etc.

PÉCAUT, Daniel. *Os intelectuais e a política no Brasil: entre o povo e a nação*. São Paulo: Editora Ática, 1990.

PINTO, Pedro Plaza. *Paulo Emilio e a emergência do Cinema Novo: débito, prudência e desajuste no dialogo com Glauber Rocha e David Neves*. Tese (Doutorado em Ciência da Comunicação) - Escola de Comunicações e Artes, Universidade de São Paulo, São Paulo, 2008.

POLLAK, Michel. "Memória, esquecimento, silêncio". *Estudos Históricos*, CPDOC /FGV, Rio de Janeiro, v. 1, n. 3, 1989, p. 3-15.

PONTES, Heloisa. *Destinos Mistos - os críticos do grupo Clima em São Paulo (1940-68)*. São Paulo: Cia das Letras, 1998.

PRUDENZI, Ângela; RESEGOTTI, Elisa. *Cinema político italiano - anos 60 e 70*. São Paulo: Cosac Naify, 2006.

RAMOS, Alcides Freire. *Canibalismo dos fracos*. Bauru: Edusc, 2002.

______; PATRIOTA, Rosangela. "Fernando Peixoto: um artista engajado na luta contra a ditadura militar (1964-1985)". *Revista Fênix - Revista de História e Estudos Culturais*, ano III, v. 3, out./nov./dez. 2006, p. 1-34.

RAMOS, Fernão. *Cinema Marginal (1968-1973) - A representação em seu limite*. São Paulo: Brasiliense/Embrafilme, 1987a.

______. *História do cinema brasileiro*. São Paulo: Art Editores, 1987.

______ (org.). *Teoria Contemporânea do Cinema*. v. 2. São Paulo: Senac, 2005.

______; MIRANDA, Luis Felipe (Org.). *Enciclopédia do cinema brasileiro*. São Paulo: Editora do Senac, 2000.

RAMOS, José Mario Ortiz. *Cinema, estado e lutas culturais (anos 50/60/70)*. Rio de Janeiro: Paz e Terra, 1983.

REIS FILHO, Daniel Aarão. "O maoísmo e a trajetória dos marxismos brasileiros." In: MORAES, João Quartim de (org.). *História do marxismo no Brasil - O impacto das revoluções*. v. 1. Campinas: Editora Unicamp, 2007.

REIS FILHO, Daniel Aarão; SÁ, Jair Ferreira de (org.). *Imagens da revolução - documentos políticos das organizações clandestinas de esquerda dos anos 1961-1971*. São Paulo: Editora Expressão Popular, 2006.

RIBEIRO, Darcy. *Uirá sai a procura de Deus: ensaio de etnologia e indigenismo*. Rio de Janeiro: Paz e terra, 1974.

RIDENTI, Marcelo. *Em busca do povo brasileiro: artistas da revolução, do CPC à era da TV*. Rio de Janeiro: Editora Record, 2000.

ROCHA, Glauber. *Revisão crítica do cinema brasileiro*. São Paulo: Cosac & Naify, 2003 [1963].

______. *Revolução do Cinema Novo*. São Paulo: Cosac & Naif, 2004 [1981].

ROSENFELD, Anatol. *O teatro épico*. São Paulo: Perspectiva, 2008.

______. *Teatro moderno*. São Paulo: Perspectiva, 2008.

RUBIM, Antonio Albino Canelas. *Partido comunista, cultura e política cultural*. Tese (Doutorado em Sociologia) - Faculdade de Filosofia, Letras e Ciências Humanas - Universidade de São Paulo, São Paulo, 1987.

______. "Partido Comunista e políticas culturais: uma tentativa de periodização". *Ciências Sociais Hoje*, Vértice/Editora Revista dos Tribunais/ANPOCS, São Paulo, 1988.

______. "Os comunistas e a questão da cultura contemporânea". *Trabalho apresentado no XII Encontro Anual da Anpocs*. Águas de São Pedro, 1988a. Disponível em:<http://portal.anpocs.org/portal/index.php?option=com_docman&task=doc_view&gid=6632&Itemid=369 >. Acesso em 16 out. 2013.

RÜDIGER, Francisco. "Da cultura popular como estratégia de recuo". *Comunicação e Sociedade*, ano III, n. 6, set. 1981.

SALLES, Francisco Luiz de Almeida. *Cinema e verdade: Marylin, Buñuel, etc. por um escritor de cinema*. São Paulo: Companhia das Letras, 1988.

SARTRE, Jean-Paul. *Em defesa dos intelectuais*. São Paulo: Ática, 1994.

______. "Presentation". *Les Temps Modernes*, n. 1, out. 1945, p. 1-21.

SCHATZ, Thomas. *O gênio do sistema: a era dos estúdios em Hollywood*. São Paulo: Cia das Letras, 1991.

SCHWARZ, Roberto. *Cultura e política*. São Paulo: Paz e Terra, 2009.

______. "Nunca fomos tão engajados". *Folha de S. Paulo*, 26 jun. 1994, p. 5.

______. *Que horas são: Ensaios*. São Paulo: Companhia das Letras, 1987.

SECCO, Lincoln. *Gramsci e o Brasil*. São Paulo: Cortez, 2002.

SEGATTO, José Antonio. *Breve História do PCB*. São Paulo: Livraria Editora Ciências Sociais, 1981.

SICLIER, Jacques. *Nouvelle vague*. Paris: Cerf, 1961.

SILVA, Carlos Eduardo Lins da. *Muito além do jardim botânico. Um Estudo sobre a audiência do Jornal Nacional da Globo entre os trabalhadores*. São Paulo: Summus, 1985.

SIMIS, Anita. *Estado e cinema no Brasil*. São Paulo: Annablume/ Fapesp, 1996.

SIMÕES, Inimá Ferreira. *Aspectos do cinema erótico paulista*. Dissertação (Mestrado em Artes) - Escola de Comunicações e Artes - Universidade de São Paulo, São Paulo, 1984.

______. *O imaginário da Boca*. São Paulo: Secretaria Municipal de Cultura, 1981.

______. *Roteiro da intolerância: a censura cinematográfica no Brasil*. São Paulo: Editora Senac, 1999.

SINGER, Paul; BRANT, Vinicius Caldeira. *São Paulo: o povo em movimento*. Petrópolis: Editora Vozes, 1982.

SMITH, Anne-Marie. *Um acordo forçado: o consentimento da imprensa à censura no Brasil*. Rio de Janeiro: Editora FGV, 2000.

SOARES, Rosana de Lima; SILVA, Gislene. "Para pensar a crítica de mídias". XXII Encontro Anual da Compós, Universidade Federal da Bahia, Salvador, 04 a 07 de junho de 2013.

SODRÉ, Nelson Werneck. "O controle da imprensa".In: *História da imprensa no Brasil*. Rio de Janeiro: Mauad, 1998.

SOUZA, José Inácio de Melo. *Carga da brigada ligeira: intelectuais e crítica cinematográfica 1941-45*. Tese (Doutorado em Artes) -

Escola de Comunicações e Artes - Universidade de São Paulo, São Paulo, 1995.

______. *Paulo Emilio no paraíso*. São Paulo: Record, 2002.

STAM, Robert. *introdução à teoria do cinema*. Campinas: Papirus, 2003 [2000].

TROTSKY, Leon. *Literatura e revolução*. Rio de Janeiro: Zahar, 1980.

TRUFFAUT, François; SCOTT, Hellen. *Hitchcock/Truffaut: entrevistas*. São Paulo: Cia das Letras, 2004.

VENTURA, Zuenir. "A crise da cultura brasileira". *Visão*, v. 39, n. 1, 05 jul. 1971, p. 52-58.

______. *Minhas histórias dos outros*. São Paulo: Editora Planeta do Brasil, 2005.

______. "Os impasses da cultura". *Visão*, v. 49, n. 6, ago. 1973, p. 101- 130.

VIANY, Alex. *O processo do Cinema Novo*. Rio de Janeiro: Aeroplano, 1999.

"Vitória do Cinema Novo". Debate realizado com Alex Viany, Gustavo Dahl, Carlos Diegues, David Neves, Paulo César Saraceni. *Revista Civilização Brasileira*, n. 2, mai. 1965, p. 227-248.

WEBER, Max. "Ciência (e política) como vocação". In: *Ciência e Política - duas vocações*. São Paulo: Cultrix, 2007 [1967].

WILSON, David. *Cahiers du Cinema: 1973-1978: History, Ideology, Cultural Struggle*. London: Routledge, 2000.

XAVIER, Ismail (org). *A experiência do cinema*. Rio de Janeiro: Edições Graal/Embrafilmes, 1983.

______. *Alegorias do subdesenvolvimento: Cinema Novo, Tropicalismo, Cinema Marginal.* São Paulo: Brasiliense, 1993/ Cosac Naify, 2012.

______. *Cinema brasileiro moderno.* São Paulo: Paz e Terra, 2001.

______. "Em torno de São Bernardo". *Argumento*, n. 3, jan. 1974.

______. *O discurso cinematográfico - a opacidade e a transparência.* São Paulo: Paz e Terra, 2005.

______. *O olhar e a cena - melodrama, Hollywood, Cinema Novo, Nelson Rodrigues.* São Paulo: Cosac & Naify, 2003.

______. "O olhar e a voz - a narração multifocal do cinema e a cifra da História em São Bernardo". *Literatura e Sociedade - Revista de Teoria Literária e Literatura Comparada*, n. 2, 1997.

______. *Sertão Mar - Glauber Rocha e a estética da fome.* São Paulo: Cosac & Naif, 2007 [1983].

______. *Sétima arte: um culto moderno - o idealismo estético e o cinema.* São Paulo: Perspectiva, 1978.

XAVIER, Ismail; BERNARDET, Jean Claude; PEREIRA, Miguel. *O desafio do cinema - a Política do Estado e a Política dos Autores.* Rio de Janeiro: Jorge Zahar Editor, 1985.

______; MENDES, Adilson (org.). *Ismail Xavier/Encontros.* Rio de Janeiro: Beco do Azougue, 2009.

Agradecimentos

Agradeço de maneira muito especial a Eduardo Victorio Morettin, cuja orientação durante o mestrado e o doutorado foi fundamental na minha formação como pesquisadora, seja através da sugestão do tema dessa pesquisa, da amizade sincera em todas as horas, dos incontáveis comentários e da dedicação integral a todos os orientandos.

Este livro é fruto também da participação e das entrevistas com os críticos de cinema do *Opinião*: Clóvis Marques, Júlio César Montenegro Bastos, Jean-Claude Bernardet, Marcos Ribas de Faria, Sérgio Augusto, José Carlos Avellar e José Arrabal. Agradeço infinitamente pela disponibilidade deles em responder às minhas inúmeras perguntas e dúvidas. Pela simpatia ao me receberem, recontando em detalhes histórias, trajetórias, repensando sentidos. Pelas conversas sempre animadas horas a fio. Sem essa interlocução, o trabalho teria ficado incompleto. Foi um enorme prazer poder conversar com tantas pessoas que eu já admirava de tantos anos e de tantos textos. A Clóvis Marques pela disponibilidade em conversar tão prontamente sobre a crítica de cinema, abrindo a agenda de contatos da equipe do jornal. A Marcos Ribas de Faria pelo relato sincero, pela vibração apaixonada pelo cinema. Ao José Carlos Avellar por enriquecer outras maneiras de pensar a crítica de cinema e o período. Agradeço a Sérgio Augusto pela conversa alegre e pela paciência de contar duas histórias ao mesmo tempo, o seu percurso como crítico de *Opinião* e como editor do jornal. Agradeço a José Arrabal pelo tratamento afetuoso e pelas muitas horas de bate papo que passaram num minuto. Agradeço a Jean-Claude Bernardet pela acolhida e pelo debate de ideias enriquecedor. A participação de Júlio César Montenegro neste livro é fundamental. Com imensa paciência e generosidade, Montenegro me concedeu inúmeras entrevistas, que já nos primeiros contatos tornaram-se parte do dia a dia em conversas muito alegres. Fiz um amigo nesse percurso, mais do que um entrevistado.

Aos meus pais, Maria Aparecida e Gentil com meu amor incondicional. Pela leitura atenta, pela revisão do texto até nos pontos e vírgulas e pela presença marcante. Pela disponibilidade em fazer o possível e o impossível para me ajudar, e pelo apoio nas pequenas e grandes coisas. A Fábio Raddi Uchôa pela companhia e pelas conversas animadíssimas. Agradeço demais pela revisão e inúmeros comentários, pelas ótimas sugestões e pela força.

Agradeço os comentários de Marcos Napolitano, que me auxiliaram a ampliar os horizontes dessa pesquisa, assim como a interlocução aberta com Arthur Autran desde o mestrado. Minha gratidão aos funcionários da ECA, em especial à Márcia Rangel, Elaine, Roselly, Bill, João e Paulo e à equipe numerosa da Cinemateca, que fica aqui registrada através dos nomes de Olga Futemma, Alexandre Miyazato e de Gabriela Souza de Queiroz. Por fim, agradeço à amiga de todas as horas Cristiane Oliveira Reimberg, pela troca de ideias sobre as nossas pesquisas desde a época da faculdade.

Alameda nas redes sociais:

Site: www.alamedaeditorial.com.br
Facebook.com/alamedaeditorial/
Twitter.com/editoraalameda
Instagram.com/editora_alameda/

Esta obra foi impressa em São Paulo, no inverno de 2019. No texto foi utilizada a fonte Minion Pro em corpo 10,5 e entrelinha de 15,5 pontos.